# 森林资源监督管理
## 工作手册

王志高　■　主编

中国林业出版社

**图书在版编目（CIP）数据**

森林资源监督管理工作手册／王志高主编. —北京：中国林业出版社，2013.1

ISBN 978-7-5038-6915-0

Ⅰ. ①森⋯　Ⅱ. ①王⋯　Ⅲ. ①森林资源管理 – 东北地区 – 手册　Ⅳ. ①F326. 273-62

中国版本图书馆 CIP 数据核字（2012）第 003817 号

策　　划：邵权熙
责任编辑：于界芬
电话：(010) 83229512　　　　传真：(010) 83227584

出　版：中国林业出版社（100009 北京西城区德内大街刘海胡同 7 号）
电　话：(010) 83224477
网　址：http://lycb. forestry. gov. cn
发　行：中国林业出版社
印　刷：北京卡乐富印刷有限公司
版　次：2013 年 5 月第 1 版
印　次：2013 年 5 月第 1 次
开　本：787mm×1092 mm　1/16
印　张：17.5
字　数：292 千字
定　价：138.00 元

《森林资源监督管理工作手册》

编 委 会

主　编　王志高

副主编　李伟明　　傅俊卿

编　委　（按姓氏笔画排序）

王铁汉　　王培忠　　王　巍

白晓康　　田华森　　代　璐

汤吉民　　李　旭　　李子木

邱英杰　　杨本廷　　杨娟娟

张　力　　宋轼林　　陈晓才

胡序娥　　胡冠军　　郭永航

徐　克　　樊丰芝

# 序 | Preface

　　森林资源监督属于管理范畴，是从更高层次上对森林经营管理过程进行监察督导、检查审核、防范促进的特殊管理活动，是对管理行为的制约。作为森林资源监督工作者，要承担三项职能：一是制约职能，即对森林资源保护管理工作中的各环节、各阶段进行监督检查，保证林业的政策、法规得到有效贯彻，推进森林资源保护管理工作沿着正确的轨道运行；二是预防职能，即善于发现各种对森林资源保护、利用和发展可能产生的不利影响，把监督渗透到保护管理每一个部门、每一个环节，有针对性地提出措施、建议，防止和消除对森林资源的损失和破坏；三是反馈职能，即把在监督检查过程中发现的问题和好的经验做法等及时反馈派出机关，为进一步加强森林资源保护管理提供可靠的决策依据。

　　多年来，国家林业局驻长春森林资源监督专员办事处的同志们，紧紧把握三项职能要求，坚持科学监督、依法行政、服务大局、廉洁高效，为保护监督区森林资源，规范森林资源管理，发展林业经济做了许多卓有成效的工作，受到监督区各级政府和林业主管部门的一致好评。他们认真研究和总结这些年来我国国有林区森林资源监督管理方面的经验和做法，并充分结合新形势下林业和生态建设，特别是森林资源监督的发展实际，立足于具体应用，编写了《森林资源监督管理工作手册》一书。该书将森林资源监督机构的工作内容、工作方法、操作细则和法律依据等归纳在一起，为每一名森林资源监督工作者理清了脉络，规范了程序，提供了经验。该书内容丰富，可读性强，具有极强的可操作性，是森林资源监督管理工作的实践积累和理论升华，是广大森林资源监督工作者桌边案头必不可少的工具书。

当前，我国正处于全面建设小康社会、加快推进社会主义现代化的关键时期，社会对林业的需求不断增加，林业的地位和作用日益突出。但总体看，我国森林资源总量不足、质量不高、效益低下，难以满足国民经济和社会发展对林业的多样化需求。一些地方以牺牲生态环境为代价换取暂时的经济增长，林地非法流失，超限额采伐等破坏森林资源的问题，仍未从根本上解决。广大森林资源监督工作者要认清形势，进一步加强自身建设，严格执法，热情服务，认真履职，在促进生态改善中有所作为，在促进民生改善中有所建树，以扎扎实实的工作业绩，不断开创森林资源监督管理工作新局面，为发展现代林业，建设生态文明、推动科学发展作出新的更大贡献。

国家林业局副局长

2013 年 3 月

# 前言 Foreword

当前，林业工作的核心任务是保护、恢复和发展森林资源，不断实现和提升林业的三大功能，发挥林业的三大效益，不断满足经济社会发展对林业的多种需求。要完成这一任务，必须坚持监督与管理并重，不断增加森林资源数量，提高森林资源质量，优化森林资源结构，建立和培育稳定高效的森林生态系统。

国家林业局依照有关规定向各地区、单位派驻森林资源监督专员办事处，其主要职责是对驻在地区和单位的森林资源保护、利用和管理情况实施监督检查，同时承担国家林业局委托的行政审批、行政许可等工作。其为国家林业局负责，同时也为驻在地区发展林业经济、改善林区生态服务。自国家实施森林资源管理监督制度20多年来，各级森林资源监督管理部门在实践中形成了系统的监督管理制度，积累了系统的监督检查办法，制定了完善的行政审批和行政许可管理流程。这些监管制度和办法，对各级地方政府履行保护、发展森林资源职责，对各级林业主管部门强化森林资源和林政管理，对各森林经营单位和个人守法经营发挥了重要作用。

为将多年在实践中建立起的森林资源监督检查办法规范化、系统化，进一步提高森林资源监督管理人员的政策水平和业务素质，同时也为向各级政府林业主管领导和林业主管部门管理人员普及森林资源监督管理业务知识，共同推进森林资源监督管理工作，我们组织编写了这本《森林资源监督管理工作手册》。

本书各章节均由国家林业局驻长春森林资源监督专员办事处（濒管办）相关业务处室的同志编写，这些同志长期从事森林资源监督和濒危物种进出口管理工作，经验丰富，掌握材料翔实，数据准确。本书紧密围绕森林资源和濒危物种进出口监管工作实际，坚持监督和管理并重，突出监管依据、监管内容和实际操作的论述，既是各级森林资源监督管理人员实施监督检查工作的必备手册，也可以作为各级森林资源监督管理部门举办培训班的参考教材。

本书在编撰过程中，得到了国家林业局各级领导的大力支持。国家林业局副局长印红亲自为本书作序，资源司、监督办、濒管办等领导在百忙中审校了此书，并给予了业务指导，在此深表感谢！

由于时间仓促，水平有限，错误之处在所难免，敬请读者批评指正。

编　者
2013 年 3 月

# 目录 Contents

# 第一章

## 林木采伐管理监督

林木采伐管理是实现林木采伐作业规范化、科学化和制度化的根本保证，对于林木采伐作业安全生产，提高采伐作业质量与效益，实现森林资源合理利用，维护生态环境，保护生物多样性，促进林业可持续发展具有重要作用。

## 第二节 监督目的、依据和内容

### 一、监督目的

促进各级林业主管部门和森林经营单位认真执行凭证采伐制度，依法经营和合理利用森林资源，全面提高森林经营水平和林木采伐管理水平，以减少林木采伐对环境与社会的负面影响，维护国家生态安全，加快实现中国林业可持续发展。

### 二、监督依据

- 《中华人民共和国森林法》；
- 《中华人民共和国森林法实施条例》；
- 《森林采伐更新管理办法》；
- 《森林采伐作业规程》；
- 《森林资源监督工作管理办法》；
- 《重点国有林区伐区作业质量检查技术方案》(试行)；
- 《重点国有林区伐区调查设计质量检查技术方案》(试行)；
- 《全国森林采伐限额执行情况检查方案》；
- 《全国森林采伐限额执行情况检查遥感技术应用方案》(试行)；
- 国家及地方的有关标准、规程、文件规定等。

### 三、监督内容

伐区调查设计、伐区审批与拨交、采伐作业与采伐迹地清理、伐区检查验收等。

## 第二节 伐区调查设计管理监督

伐区调查设计是林木采伐管理的"源头"，是落实年森林采伐限额(年度木材生产计划)、凭证采伐、伐区拨交、伐区验收制度以及控制森林资源消耗的重要法律依据。开展伐区调查设计监督的主要目的是提高伐区调查设计质量，全面提高林木采伐管理水平，促进依法合理利用森林资源。

伐区调查设计管理监督的主要内容包括：伐区调查设计成果是否符合设计规程的要求，伐区面积测算是否准确，采伐类型和采伐方式是否准确，区划是否合理，各项因子调查是否达到精度要求，工艺设计是否合理等。

## 一、伐区调查设计程序

### 1. 伐区安排

伐区安排是调查设计单位确定调查设计任务和工作安排的依据，要求在每年的 4 月份前完成。森林经营单位根据年森林采伐限额、上级林业主管部门下达的木材生产计划、森林经营方案及森林分类经营区划确定的森林经营目标和范围，依据本单位的森林资源档案、林相图等资料组织相关部门进行伐区踏查，初步确定伐区生产布局及运材道路的施工、修复等，形成伐区安排方案(踏查纪要)，下发到调查设计单位。依据森林经营方案核定年森林采伐限额的森林经营单位，要严格按照森林经营方案组织伐区调查设计。

### 2. 伐区调查设计

伐区调查设计是落实年度木材生产计划、申请林木采伐许可证、伐区拨交、伐区验收、控制森林资源消耗及造林更新的主要依据。主要内容有：

(1)伐区调查。

①伐区区划：确定伐区边界、面积等。

②林分因子调查：林分株数密度、蓄积量、树种组成、龄级(组)、郁闭度、平均树高、幼苗幼树、地形、地势、土壤、地表植被等。

③采伐量调查：调查采伐树种、采伐株数、采伐蓄积、出材量等。调查方法采取全林每木实测或标准地调查。

(2)伐区生产工艺设计。确定采伐方式、更新方式、集材方式和装车方式以及机械设备类型、数量、相应的劳动组织与劳动力配备。

(3)工程设计。运材岔线、集材道、装车场、装车线，生产、生活用房、机库及其他简易工程设计；原材料与劳动力需要量、工程施工经费预概算及准备作业安排等。

(4)统计计算，绘制图表，形成伐区调查设计资料。

### 3. 伐区调查设计审核

调查设计部门自检合格的伐区调查设计资料，需经森林经营单位各部门会同森林资源监督部门会审，合格后方可上报。伐区调查设计成果的有效期为 2 年，过期作废。

## 二、伐区调查设计质量检查

伐区调查设计监督检查按照"谁发证、谁检查、谁设计、谁负责"的原则进行。在调查设计单位自检的基础上，资源、生产、监督等部门要联合检查。

### 1. 伐区调查设计标准和要求

（1）伐区调查设计成果应具备的条件。

①由具有设计资质的单位完成。重点国有林区须由丁级以上资质的林业调查规划设计单位完成。

②使用乙级以上资质的林业调查规划设计单位编制，并经省级以上（含省级）林业主管部门批准使用的一元立木材积表、材种出材量（率）表、生长率表。

③伐区区划、林分因子调查方法和采伐工艺设计方法符合省级以上（含省级）林业主管部门的有关规定。

④有伐区设计成果审核意见、说明书、伐区调查设计表和伐区调查设计平面图等。

（2）伐区调查设计技术标准要求。

①符合森林经营方案和森林分类经营区划确定的森林经营目标和范围。

②设计资料完整、准确、规范，平面图、表格数字清晰，工程及费用概算依据充分。

③小班区划合理，区划测量界线明显，区划线交点标志齐全，GPS 定位准确，罗盘测线闭合差小于 1/150，各小班面积之和与区划整体面积误差小于 ±1%，小班面积误差小于 ±3%；一个小班内不出现 1 hm$^2$ 以上的不同林分类型。

④林分因子调查准确，树种组成误差不超过 1 成，在龄组内林龄误差不超过 1 个龄级，平均胸径误差不超过 1 个径阶。

⑤伐前株数调查误差不超过 ±5%，伐前蓄积调查误差不超过 ±10%。

⑥采伐株数、采伐蓄积、出材量误差不超过 ±5%。

⑦采伐工艺设计合理；采伐类型、采伐方式、采伐强度符合《森林采伐更新管理办法》等有关规程的规定；道路、集材道、楞场设计合理。

⑧采伐木确定合理，标记规范，误差不超过±5%。

⑨缓冲区设置合理。

## 2. 检查方法

（1）内业检查。

①听取汇报：伐区调查设计实施、检查验收监督管理情况，审核制度的执行情况，设计质量、设计单位资质和队伍管理情况等。

②审核资料：伐区调查设计成果及有关单位审核意见。检查外业调查野账是否齐全，使用的材积表、材种出材量（率）表是否符合要求。检查统计计算是否准确。设计资料是否完整、规范，设计平面图表数字是否清晰。

③统计有关数据：分别采伐类型对伐区设计数量和采伐量进行统计。

（2）外业检查。

①检查小班的确定：将被检查单位提报的设计小班，按采伐类型即主伐（含皆伐、择伐、二次渐伐）、更新采伐、抚育采伐、低改和其他五种类型进行分别排序，并按该类型应抽取的小班数量 N（不足一个小班的四舍五入）等权重分为 N 层，每层随机抽取一个小班作为检查小班。每个采伐类型至少保证抽取 1 个小班。

②区划检查：对照伐区调查设计资料、地形图、林相图，核对小班区划的准确位置。内容包括：

区划：检查作业区区划是否合理，小班区划是否符合《东北、内蒙古国有林区伐区调查设计规范》和《森林采伐作业规程》的有关规定，1 hm² 以上不同林分类型或其他地类是否单独区划。

面积测量：采用罗盘导线（或 GPS）实测检查小班的面积，检查测点桩是否齐全，GPS 定位是否准确，求算测线闭合差和小班面积。

标志：检查标志是否齐全，标志规格、注记、位置、方向是否符合当地的检查验收标准。

③采伐工艺设计检查：检查采伐类型、采伐方式确定是否准确，检查采伐强度是否符合《森林采伐更新管理办法》等有关规程的规定；

检查运材岔线、集材道、楞场设计是否正确，现地标记是否明显；集材道、运材岔线的走向是否合理，现地标志是否清晰，道路木是否检尺等。

④小班因子检查：在小班因子检查过程中，使用的检查方法和检查工具要与被检单位的调查方法、使用工具一致。

标准地的布设：检查布设的标准地（带）是否有代表性，符合布设原则的标准地，检查时对原标准地进行复查；不符合布设原则的，视为不合格小班。

标准地面积：天然林不小于小班面积的3%，人工林不小于小班面积的2%。

每木检尺调查：采用样地(带)调查方法的，首先对样地(带)内所有林木进行检尺，然后对小班内所有的挂号采伐木进行检尺，求算伐前株数、蓄积和采伐株数、蓄积；采用全林每木调查方法的，采伐木和保留木可同时检尺，分别记录。

采伐木挂号：检查采伐木根、胸双挂号是否清楚。

检查小班林分郁闭度、起源、林龄等其他调查因子。

调查设计超过一个生长期，要考虑林分因子的变化情况。

每木检尺野账统计计算：按树种、径阶分别统计，野账要有工作人员签名。

(3)伐区调查设计质量评定。检查验收采取百分制，对照伐区调查设计质量评分标准(表1-1)逐项评分，各检查项目扣分均在标准分数内扣减，不计负分，总分达到85分为合格，低于85分的为不合格小班。小班位置偏移、林分起源调查错误，面积、伐前蓄积、采伐株数、采伐蓄积超过允许误差，采伐类型、采伐方式、采伐强度不符合规程规定的小班设计为不合格。伐区调查设计质量合格率达到85%(含85%)以上为总体合格。

表 1-1  伐区调查设计质量评分标准

| 检查项目 | 标准分 | 技术标准 | 扣分标准 |
|---|---|---|---|
| 总　　分 | 100 | | |
| 设计资料 | 8 | 完整、准确、规范，平面图表格数字清晰，概算依据充分 | 缺、错一项扣4分 |
| 小班区划 | 8 | 区划合理，测量标志齐全，GPS定位准确，一个小班内不出现 1 hm² 以上的不同林分类型 | 标志缺、错一项扣3分，出现 1 hm² 以上的不同林分类型不得分 |
| 面　　积 | 12 | 允许误差±3% | 允许误差内不扣分，超过误差不得分 |
| 树种组成 | 5 | 允许误差1成 | 允许误差内不扣分，超过误差不得分 |
| 龄　　级 | 5 | 龄组内允许误差1个龄级 | 允许误差内不扣分，超过误差不得分 |
| 平均胸径 | 5 | 允许误差1个径阶 | 允许误差内不扣分，超过误差不得分 |

（续）

| 检查项目 | 标准分 | 技术标准 | 扣分标准 |
|---|---|---|---|
| 伐前株数 | 5 | 允许误差±5% | 允许误差内不扣分，超过误差不得分 |
| 伐前蓄积 | 5 | 允许误差±10% | 允许误差内不扣分，超过误差不得分 |
| 采伐株数 | 10 | 允许误差±5% | 允许误差内不扣分，超过误差不得分 |
| 采伐蓄积 | 12 | 允许误差±5% | 允许误差内不扣分，超过误差不得分 |
| 出材量 | 5 | 允许误差±5% | 允许误差内不扣分，超过误差不得分 |
| 采伐工艺 | 10 | 采伐类型、采伐方式、采伐强度、道路、集材道、楞场设计合理 | 采伐类型、采伐方式、采伐强度出现错误不得分；其他因子缺、错一项扣5分 |
| 采伐木设计 | 10 | 允许误差±5% | 允许误差内不扣分，超过误差不得分 |

本质量评分标准为国家林业局制定的重点国有林区伐区调查设计质量检查评分标准。各级林业主管部门在开展伐区调查设计质量检查验收工作时可参照本质量评分标准。

（4）"两率"计算。"两率"是指小班设计采伐量误差率和伐区调查设计合格率。可作为评价各级森林经营单位伐区调查设计管理水平的综合指标。

$$小班设计采伐量误差率 = \frac{|设计采伐量 - 检查采伐量|}{检查采伐量} \times 100\%$$

$$伐区调查设计合格率 = \frac{检查合格的伐区数量}{检查伐区数量} \times 100\%$$

设计采伐量误差率按绝对值加权平均计算。

（5）提交检查报告。报告内容主要包括：工作开展情况（工作程序及检查工作量）、被检单位伐区调查设计监督管理采取的主要做法、检查结果（伐区调查设计提报情况、"两率"情况、总体评价）、存在问题及产生问题的原因分析、意见或建议等。

### 3. 对违规设计的处理

对设计单位不按规程进行伐区调查设计、弄虚作假的行为，要坚决予以纠正，责令限期整改，并依法依规追究相关责任人的责任。

## 第三节　伐区审批与拨交管理监督

伐区审批与拨交是林木采伐管理的重要环节，是森林进入采伐利用的必要的法律程序。通过加强伐区审批与拨交的管理监督，对执行森林采伐限额、落实凭证采伐制度和实现林木采伐作业规范化、科学化和制度化具有重要作用。

# 一、伐区审批

## 1. 审批依据
- 《中华人民共和国森林法》;
- 《中华人民共和国森林法实施条例》;
- 《森林采伐更新管理办法》;
- 《森林采伐作业规程》;
- 《森林资源监督工作管理办法》;
- 国家及地方的有关标准、规程、文件规定等。

## 2. 伐区审批权限
按照《中华人民共和国森林法》和《中华人民共和国森林法实施条例》的规定,林木采伐许可证的发证机关为县级以上林业行政主管部门,以及法律授权的部门和单位。主要有:

(1)国有林业企业事业单位、机关、团体、部队、学校和其他国有企业事业单位采伐林木,由所在地县级以上林业主管部门依照有关规定审核发放采伐许可证。

(2)农村集体经济组织采伐林木,由县级林业主管部门依照有关规定审核发放采伐许可证。

(3)农村居民采伐自留山和个人承包集体的林木,由县级林业主管部门或者其委托的乡、镇人民政府依照有关规定审核发放采伐许可证。

(4)县属国营林场,由所在地的县级人民政府林业主管部门核发;省、自治区、直辖市和设区的市、自治州所属的国有林业企业事业单位、其他国有企业事业单位,由所在地的省、自治区、直辖市人民政府林业主管部门核发。

(5)重点林区的国有林业企业事业单位,由国家林业局派驻的森林资源监督机构核发。

(6)铁路、公路的护路林和城镇林木的更新采伐,根据《中华人民共和国森林法》的授权,由有关主管部门依照有关规定审核发放采伐许可证。

## 3. 伐区审批程序
(1)伐区申请。采伐单位或个人提出书面申请的同时,要按照《中华人民共和国森林法实施条例》第三十条规定,"申请林木采伐许可证，除应当提交申请采伐林木的所有权证书或者使用权证书外，还应当按照下列规定提交其他有关证明文件：国有林业企业事业单位还应当提交采伐调查设计文件和上年度采伐更新验收证明；其他单位还应当提交包括采伐林木的目的、地点、林种、林况、面积、蓄积量、方式和更新措施等内容的文件；个人还应当提交包括采伐林木的地点、面积、树种、株数、蓄积量、更新时间等内容的文件"的规定提交有关凭据和伐区调查设计文件等。

（2）受理并审核复查。林木采伐许可证核发机关在受理林木采伐许可证书面申请的同时，要在规定的行政许可时限内对采伐单位或个人提出的林木采伐许可证申请和凭据进行审核：

①审核有关凭据是否符合实际情况。

②审查伐区设计资料是否符合规程要求。

③组织开展现地检查。

（3）核发林木采伐许可证。在审核复查合格后，在规定的行政许可时限内，在年度森林采伐限额和木材生产计划范围内，核发林木采伐许可证。同时要建立林木采伐许可证核发管理台账。

**4. 审批要求**

（1）林木采伐许可证核发机关，不得超过批准的年采伐限额、木材生产计划发放林木采伐许可证。

（2）有下列情形之一的，不得核发林木采伐许可证：

①防护林和特种用途林进行非抚育或者非更新性质的采伐的，或者采伐封山育林期、封山育林区内的林木的；

②上年度采伐后未完成更新造林任务的；

③上年度发生重大滥伐案件、森林火灾或者大面积严重森林病虫害，未采取预防和改进措施的。

（3）对伐区作业不符合规定的单位，林木采伐许可证核发机关有权收缴林木采伐许可证，中止其采伐，直到纠正为止。

## 二、伐区拨交

**1. 拨交依据**

- 《中华人民共和国森林法》；
- 《中华人民共和国森林法实施条例》；
- 《森林采伐更新管理办法》；
- 伐区调查设计资料和林木采伐许可证；
- 国家及地方的有关标准、规程及文件规定和要求。

**2. 伐区拨交的程序**

伐区拨交要逐级进行，并实行现地拨交。拨交伐区时，资源、生产、监督等部门的管理人员和采伐者共同到现地进行伐区现场的定位、复界、复道、复号，确认采伐边界和采伐木，向采伐者交代林木采伐的有关规定，转交林木采伐许可证、拨交证、作业证、伐区调查设计资料等。同时，拨交人员要做好拨交记录，相关部门签署意见，建立林木采伐管理台账。伐区拨交要在取得林木采伐许可证后进行，采伐者要持证采伐。

**3. 伐区拨交的原则**

（1）伐区拨交要以林木采伐许可证规定的内容为依据，否则视为无证采伐。

（2）拨交伐区原则上不能跨年度，不能超过林木采伐许可证规定的时间。

（3）遵守伐区拨交验收办法的规定，实行"拨一号、采一号、清一号、验一号"制度，前一小班作业不合格，质量问题未得到处理或纠正之前，不能拨交新小班。

**4. 伐区拨交的形式**

（1）用行政手段拨交伐区。国有林伐区拨交采取这种形式，实行逐级拨交制度。即"发证机关—森林采伐申请单位—林场—采伐作业工队"逐级拨交林木采伐许可证（或采伐作业证）。

（2）以采伐证核发替代伐区拨交。这种方法主要用于集体林、个人所有林的采伐。根据《国家林业局关于改革和完善集体林采伐管理的意见》（林资发〔2009〕166 号）规定，林业主管部门要"简化森林采伐管理环节"，由"伐前拨交、伐中检查、伐后验收"的全过程管理，改为"森林经营者伐前、伐中和伐后自主管理，林业主管部门提供指导服务和监督管理"。基层林业主管部门的工作重点转移到为森林经营者提供便捷、优质的服务和加强对林木采伐的审核、审批、发证，以及对木材运输的检查监督和对违法采伐林木、运输木材案件的查处上来。

## 第四节 伐区作业质量管理监督

伐区作业管理是林木采伐管理的重要环节之一，其具有不可逆转的特点。通过加强伐区作业的监督管理，提高伐区作业质量，是落实凭证采伐制度、全面提高森林经营水平和林木采伐管理水平，减少林木采伐对环境与社会的负面影响，维护国家生态安全，加快实现中国林业可持续发展的根本保证。加强伐区作业管理的监督，可以有效地控制林木采伐作业过程中的森林资源消耗，严格执行好伐区生产工艺标准，提高森林资源利用率，提高伐区作业质量和木材产品质量，从而切实强化森林资源消耗的源头管理。

## 一、监督内容

伐区作业质量管理监督的主要内容包括：伐区公示、伐区准备作业、伐区采伐作业（伐木、打枝、造材、集材、装车）、伐区清理、检查验收等。

### 1. 伐前公示和管护承包人监督制度

根据《国家林业局关于切实加强东北、内蒙古重点国有林区林木采伐作业管理的通知》（林资发〔2001〕547号）文件要求，"从2001年冬采起，重点国有林区全面实行伐前公示和管护承包人监督制度，接受群众监督。各林场要将本年度所有批准的采伐作业小班的采伐地点（伐区设计位置图）、采伐期限、采伐蓄积和出材量等内容在林场内公示。作业期间，采运技术管理人员和管护承包人必须跟班作业，伐区作业结束后，管护承包人员应对照采伐许可证、伐区调查设计和实际采伐量进行签字验收。"

### 2. 伐区准备作业

伐区准备作业是林木采运作业的基础，主要包括：运材岔线（简易运材道）、集材道、装车场、拖拉机机库、油库、简易工舍、绞盘机房、畜棚等项目。伐区准备作业要求如下：

（1）伐区准备作业须经部门批准，开设运材岔线（简易运材道）、集材道、装车场等需要采伐林木的，必须按照相关规定和程序申请林木采伐许可证。

（2）伐区准备作业所需要木材，纳入商品材管理。伐区准备作业要节约使用木材，严禁用好材和珍贵树种。伐区作业结束后，要及时清理，准备作业用材尽可能重复使用。全部生产结束后，要将准备作业用材及时缴库。

（3）伐区准备作业一定要严格按照伐区调查设计和林木采伐许可证规定开展。在伐区未拨交之前，严禁搞伐区准备作业。

### 3. 伐区采伐作业

林木采伐作业时要严格按照伐区调查设计和林木采伐许可证的

规定采伐作业。加强伐区作业环节的监督，是提高伐区作业质量和控制森林资源源头消耗的重要环节。监督管理的主要内容包括：

（1）现场采伐作业时必须持有林木采伐许可证（包括拨交证）和伐区调查设计资料。

（2）采伐方式、范围、面积、树种符合调查设计要求，并与林木采伐证规定相符；不允许串树种、串径级和越界采伐。

（3）当年设计当年采伐作业的伐区，采伐蓄积量、出材量不得超过设计允许误差；调查设计与采伐作业间隔期在一个生长期以上的伐区，采伐蓄积量、出材量不得超过设计允许误差与调查到采伐期间的生长量之和。

（4）伐区内下锯口高度超过 10 cm 的伐根所占比例不大于 15%。

（5）运材岔线、集材道、楞场等严格按照伐区调查设计资料规定开设，不得出现私开运材岔线、集材道、楞场，不允许拖拉机下道集材、不得出现严重积水或冲刷。

（6）伐区内应采未采的林木，主伐不超过 2 $m^3/hm^2$，抚育伐不超过 1 $m^3/hm^2$。

（7）分别树种的采伐量不得大于调查设计规定采伐蓄积量的 5%。

（8）抚育间伐采伐木的平均胸径不得大于调查设计规定采伐木的平均胸径。

（9）伐区内长 2 m 小头直径 8 cm 的资源要全部运出利用。

（10）每个作业小班都有原始的山场集材检尺小票和木材发车小票。集体林采伐要有检木号印、打号检尺野账和检木号印使用管理台账。

（11）幼苗幼树保护较好。砸伤木、迎门树处理有监管部门的现场认定和记录。

（12）山场造材、装车场造材没有墩根去腐浪费资源的情况。

### 4. 伐区清理

采伐剩余物堆放应有利于防止水土流失；清林过程中要保护好幼苗幼树及相关藤本植物，保护生物多样性。伐前清林以满足采伐要求、伐后清林以满足更新要求为原则。清林方式及具体标准按有关作业规程与要求执行。

### 5. 伐区验收

伐区作业质量的验收按照"谁发证、谁抽查、谁审查、谁检查，谁申请、谁负责，采一号、清一号、验一号"的原则进行。伐区验收实行逐级验收制度。国有林业局（森林经营局）对所属国有林场伐区进行验收；地方国有林场由其上一级林业主管部门进行伐区检查验收；集体林、个人所有林的采伐由森林经营者伐前、伐中和伐后自主管理。省、市林业主管部门和各级森林资源监督机构要定期或不定期的组织抽查或联合监督检查。

经检查验收合格的伐区，由检查验收部门发放伐区验收合格证。因伐区清理、环境影响和资源利用造成不合格的，要限期纠正，直到合格时方能发证。因越界采伐、超林木采伐许可证采伐造成不合格的，由当地林业主管部门按相关法律、法规的规定处理，不发采伐验收合格证。验收证的要求如下：

（1）验收证格式必须符合省（自治区）林业主管部门或集团公司的有关规定，验收方法必须科学有效。

（2）验收证应填写的项目如采伐地点、方式、面积、蓄积、郁闭度、出材量，保留木的株数、蓄积、验收日期、发证机关等应填写齐全、准确。

（3）验收证填写的数量指标必须真实可靠，有相应的有效外业调查记录。

### 6. 档案管理及消耗统计

根据检查验收情况和实际采伐作业数量填写林木采伐管理台账，将各伐区采伐作业后的变化情况及时准确统计汇总，翌年一季度根据变化情况调整森林资源档案，并编制统计消耗报表，按照要求及时逐级上报汇总，最后上报省级林业主管部门备案。

## 二、监督方法

采取日常采伐作业监督管理、伐中跟踪监督检查和伐区作业结束后检查验收的方法。改变了"集中检查，秋后算账"的做法，把林木采伐监督管理作为一项重要的日常监督管理工作。检查方法如下：

### 1. 内业检查

（1）听取汇报。受检查单位对国家颁布的林木采伐管理方面的政策、法规等执行情况以及是否制定相应的管理办法，伐区申请、审批、拨交、验收制度执行情况，林木采伐许可证台账管理情况，凭证采伐情况，伐区检查验收情况和林木采伐管理的典型经验案例等。

（2）查阅资料的内容。包括年度林木采伐许可证发证的采伐量，依林木采伐许可证的实际采伐量，合格林木采伐许可证发放的采伐量，发放林木采伐许可证台账及回收情况，伐区拨交验收年度实际采伐伐区统计表，伐区验收单等。

（3）统计、汇总有关数据。分别采伐类型统计全局的作业伐区数量、采伐量、验收伐区数量和验收采伐量。

### 2. 伐区现地检查

(1)检查小班的确定。将被检查局上年所有的经检查验收的作业小班，按采伐许可证规定的采伐类型即主伐(含皆伐、择伐、二次渐伐)、更新采伐、抚育采伐、低改和其他(包括蓄积量小于 5 $m^3$ 的采伐)五种类型进行分别排序，并按该类型应抽取的小班数量(N)等权重分为 N 层，每层随机抽取一个小班作为检查小班。

(2)对所抽中的作业小班要逐块检查，检查时要携带林木采伐许可证、有效伐区调查设计文件和伐区作业质量检查验收单等资料。

①对照调查设计资料和林木采伐许可证核对采伐地点、采伐范围、采伐方式是否正确。若发现越界采伐，应实测越界部分的面积、蓄积。

②采伐面积测量采用罗盘仪或 GPS 实测。所测面积与林木采伐许可证批准的采伐面积误差不超过 $\pm 5\%$ ，认可伐区设计面积。超出误差则按检查面积计算。

③测量小班采伐量。小班采伐量测量采用机械抽样或全林伐根实测进行。

机械抽样采用图上布点，样地(标准地)实测方法。样地总面积为小班面积的 15% ，每个样地面积为 0.06 $hm^2$ ，即在检查小班内随机确定一点，按 63.25 m 的点间距向东、南、西、北方向布设检查样点。现地检查时采用罗盘测绳或 GPS 定点后，设半径为 13.82 m 的圆形样地，对样圆内的伐根要全部实测，对落在样圆边界上的伐根采用取南舍北或取东舍西的原则进行实测。

全林伐根实测就是对所有抽查小班全部实测伐区内的伐根。在采用机械抽样检查时对采伐面积小于 3 $hm^2$ 的小班，全部实测伐根。

伐根检尺必须在伐根 0 cm 处测量(根径材积表编制使用围尺的，则伐根测量用围尺；根径材积表编制使用轮尺的，则伐根测量用轮尺)，分树种、径级(2 cm 一个径阶)记录。若有伐根丢失，应记伐根丢失个数，以采伐的优势树种平均根径作为其根径计算，用根径材积表计算样圆的采伐量，推算出整个小班的采伐量。

④伐根超高、应采未采及丢弃材的测量。伐根超高的(10 cm 以上)，计算超高伐根的数量；样圆内有应采未采的林木，分树种实测胸径；丢弃材(长 2 m，小头直径 8 cm)小头分布在样圆内的检尺，计算材积。

⑤作业质量检查。对照伐区作业质量标准，对伐区内的郁闭度、采伐均匀程度、清林以及林木采伐和集材过程中造成的林木损伤等情况进行调查；检查 1~2 条运材岔线、集材道和楞场，检查水土流

失、丢弃材、无证采伐等情况。

⑥检查小班山场检尺野账、工资单等资料，确定小班出材量。

（3）无证采伐量调查。对被检的作业小班所在林班进行无证采伐量现地检查，发现有无证采伐现象，实测无证采伐量。

### 3. 伐区作业质量评定

验收采取百分制，各检查项目扣分均在标准分数内扣减，不计负分，总分达到85分为合格；考虑到抚育间伐可能出现没有项目或内容，其计算方法按缺项处理，得分＝实际检查项目的得分之和/（100－缺项标准分）×100（表1-2）。对照质量评分标准逐项评分，低于85分的小班为不合格小班。越界采伐、无证采伐、采伐方式错误或采伐蓄积、出材量超过允许误差的、装车场墩根去腐浪费资源的伐区为不合格伐区。

表1-2　伐区作业质量评分标准表

| 检查项目 | 分数 | 评分标准 |
|---|---|---|
| （一）采伐质量 | 75 | |
| 采伐方式 | 10 | 符合调查设计要求的得满分，改变采伐方式的不得分 |
| 采伐面积 | 8 | 符合调查设计要求的得满分，采伐不到位(半截号)、越界采伐不得分 |
| 采伐蓄积 | 18 | 允许误差±5%；允许误差内不扣分，超出误差不得分 |
| 采伐未挂号的树木 | 8 | 允许误差5%；允许误差内不扣分，超出误差不得分 |
| 应采未采 | 8 | 应采未采1 $m^3/hm^2$，主伐扣4分，抚育伐扣8分 |
| 郁闭度 | 5 | 符合调查设计要求的得满分，否则不得分 |
| 伐根 | 6 | 伐根超高比率在允许误差内不扣分，超出误差不得分 |
| 小班界线标志 | 6 | 伐区界线上的标桩、树上的标志每损坏1处扣1分（主道、作为界线的除外），无标记不得分 |
| 集材 | 6 | 拖拉机下集材道的不得分 |
| （二）伐区清理 | 5 | |
| 清理质量 | 5 | 符合调查设计要求的得满分，否则不得分 |
| （三）水土保持 | 10 | |
| 楞场 | 2 | 楞场出现严重积水或冲刷的不得分 |
| 集材道 | 8 | 集材道出现严重冲刷不得分。集材道未设水流阻流带，车辙、冲沟深度超10 cm扣6分。对可能发生冲刷的集材道未做处理扣4分。对可能发生冲刷的集材道处理达不到要求扣2分 |
| （四）资源利用 | 10 | |
| 伐区丢弃材 | 6 | 丢弃材超过0.1 $m^3/hm^2$扣2分，超过0.5 $m^3/hm^2$不得分 |
| 装车场丢弃材 | 4 | 装净得满分，否则不得分 |

本评分标准表为国家林业局制定的重点国有林区伐区作业质量检查评分标准。各级林业主管部门在开展伐区作业质量检查验收工作时可以参照本标准。

### 4."四率"计算

分别以林业局、林管局、集团公司为单位计算"四率"，作为评价各级森林经营单位林木采伐管理水平的综合指标。

$$发证合格率 = \frac{合格发证林木采伐量}{发证采伐量} \times 100\%$$

$$伐区验收率 = \frac{发放验收证小班数量}{当年作业的全部应验收小班数量} \times 100\%$$

$$伐区凭证采伐率 = \frac{伐区凭证采伐量}{伐区总采伐量} \times 100\%$$

$$采伐作业量质量合格率 = \frac{检查合格作业小班数量}{检查作业小班数量} \times 100\%$$

林业局、林管局、集团公司各率计算一律采取加权平均计算。

### 5. 提交伐区采伐作业质量检查报告

报告内容包括工作开展情况、检查结果、分析评价、主要经验和存在问题、意见或建议等。

检查结果包括"四率"汇总表、伐区验收检查统计表、伐区木材生产完成情况，林木采伐量及出材量，伐区作业质量验收和无证采伐情况。

### 6. 对违规采伐作业的处理

对采伐作业单位不按伐区调查设计和林木采伐许可证的规定采伐林木、清理伐区的行为，要坚决予以纠正，责令限期整改，并依法依规追究相关责任人的责任。

# 第二章

# 森林采伐限额管理监督

森林采伐限额是各种采伐消耗林木总蓄积量的最大限量，它是由林业主管部门根据用材林消耗量低于生长量和森林合理经营的原则，经过科学测算制定，并经国务院批准实施的。它是一项法定指标和指令性计划。

国务院批准的年采伐限额，每5年调整一次。森林采伐限额的范围除《中华人民共和国森林法》规定的禁伐森林和林木外，包括所有林种的林分和林木的主伐、抚育采伐、更新采伐和低产林改造等各种采伐所消耗的资源总额。

## 第一节 森林采伐限额编制

实行森林的限额采伐是《中华人民共和国森林法》确立的一项重要的法律制度。多年的实践证明，采伐限额制度的严格执行为保障我国森林资源的总量增长、质量提高以及合理利用发挥了重要作用。科学编制森林采伐限额，对依法加强森林资源保护管理、促进森林可持续经营、保障林业持续健康快速发展具有十分重要的意义。

### 一、编制原则

**1. 坚持持续经营、采育结合的原则**

要根据森林资源的数量、结构、质量和生态地位，在合理利用森林资源的同时，积极开展森林资源经营，科学确定年采伐限额总量，优先保证中幼林抚育所需的采伐限额指标。

**2. 坚持分区施策、分类管理的原则**

根据不同区域分别确定采伐方式、年龄和强度，合理测算年采伐量。

用材林按照采伐量不超过生长量的原则编制采伐限额，生态公益林不编制主伐限额。

东北、内蒙古等重点地区天然林保护工程区严格按合理定产要求编制年森林采伐限额。

法律、法规明令禁止采伐的林木不编制年森林采伐限额。

**3. 坚持促进经营、保障权益的原则**

限额的确定既要促进森林的可持续经营和森林生态系统的培育，又要保障各种经营主体的合法权益，把保障森林经营者的处置权放在重要位置。

对已编制森林经营方案的经营主体，原则上按照森林经营方案确定的森林经营活动测算核定森林采伐限额。

**4. 坚持总量控制和分项管理的原则**

在设置总量限额的同时，设置采伐类型和消耗结构分项限额。采伐类型分项限额分为：主伐限额、抚育采伐限额、更新采伐限额、低产(效)林改造限额和其他采伐限额；消耗结构分项限额为：商品材采伐限额和非商品材采伐限额；森林起源分项限额为：人工林采伐限额、天然林采伐限额。

**5. 坚持总体平衡，适当调整的原则**

在合理确定森林年采伐量后，要充分考虑限额外森林资源的消耗，由于自然灾害、大型工程建设等申请追加限额指标的，追加使用的指标原则上在下一个五年计划期间的森林采伐限额中予以扣减。

## 二、编制范围

凡在林业用地上采伐胸径 5 cm（含 5 cm）以上的林木，必须编制年森林采伐限额。

国家和地方有关法律、法规和政策规定禁止采伐的森林和林木，不编制采伐限额。

## 三、编制单位

按照森林和林木的所有权确定编限单位。

（1）林业系统国家所有的森林和林木以国有林业局、国有林场（采育场）为单位编制；集体、个人所有的森林和林木以县（含区、市、旗，下同）为单位编制。

（2）非林业系统（铁路、公路、城建、水利、部队、农场、厂矿、股份公司等）编限单位的确定，由各省（含自治区、直辖市、新疆生产建设兵团，下同）林业主管部门商上述省级主管部门共同确定。

（3）集体林权制度改革明晰产权到户并达到一定规模的森林经营主体，可以单独编制年采伐限额，权属按集体对待。"一定规模"的标准由省级林业主管部门确定。

具体编限单位由省级林业主管部门确定，并按统一格式上报国家林业局，国家林业局指定技术部门核算上述编限单位的合理年采伐量。

## 四、基础数据要求

（1）经县级以上林业主管部门审定的"二类调查"数据；或在"二类调查"数据基础上，经补充调查后，根据历年森林资源消长情况更新后的资源数据。

（2）本经理期内未进行过"二类调查"的重点林业县、国有林业局、国有林场等，必须及时组织技术力量开展森林资源调查，使用最新的资源数据测算合理年采伐量。

（3）其他少林单位，要经省级林业主管部门批准并报国家林业局备案后，可采用数据更新的办法将资源数据更新到编限前一年底。

（4）各经营单位所采用的"二类调查"、补充资源调查及更新资源数据等，必须按照国家林业局《森林资源规划设计调查主要技术规定》的要求，由具有林业调查规划设计资质的单位承担，或者由其认定，并经上级林业主管部门审定。

（5）资源数据不符合要求的经营单位，使用特殊方法测算合理年采伐量。

## 五、有关技术参数

### 1. 采伐年龄

（1）生态公益林的更新采伐年龄，参照《森林采伐更新管理办法》规定的各树种更新采伐年龄执行。

（2）一般用材林的主伐年龄，编制森林经营方案的，按照经营方案的森林经营类型确定；未编制森林经营方案的，参照《森林采伐更新管理办法》规定的各树种主伐年龄执行。

（3）速生丰产林各树种的主伐年龄，由省级林业主管部门根据本地实际具体规定。

（4）短轮伐期用材林各树种的采伐年龄，由林木所有者确定。

### 2. 出材率

东北、内蒙古重点国有林区要根据本单位森林资源实际情况，合理确定商品材出材率。

其他省（区、市）由省级林业主管部门确定是否测算商品材出材率。

其他参数的确定按照国家有关规定执行。

## 六、合理年采伐量测算

### 1. 测算方法

（1）使用森林经营方案确定合理年采伐量。编制森林经营方案的编限单位，经上级林业主管部门审核批准，且经营方案尚在经理期内的，其合理年采伐量可按照审定的森林经营方案确定。

（2）使用模拟测算法确定合理年采伐量。未编制森林经营方案的编限单位，应使用二类调查资源数据或更新后的资源数据，采用模拟测算法测算合理年采伐量。

（4）使用特殊方法确定合理年采伐量。资源数据不符合要求的单位，采用下列特殊方法确定合理年采伐量。

以该省森林资源连续清查数据测算得出全省的合理年采伐量，扣除资源数据符合要求的经营单位的合理年采伐量以后，余下额度按照经营森林面积权重对其他经营单位进行分配。

各省级单位应采用"模拟测算法"测算省级为总体的用材林主伐和生态公益林更新采伐合理年采伐量，作为宏观控制依据，并与各编限单位上报的合理年采伐量之和进行对照验证。

### 2. 测算要求

严格按照采伐限额编制的原则，区分不同权属、林种、树种、林分起源和经营目标，以促进森林结构调整和提高林分质量为目的，科学测算合理年采伐量。

测算合理年采伐量的有关技术参数必须科学合理，必要时要组织有关专家和技术人员论证后方可用于测算工作。

## 七、建议指标

根据森林资源现状测算的合理年采伐量是确定编限单位年森林采伐限额建议指标的主要依据。要充分考虑地方经济发展、社会需求和森林可持续发展的实际，合理确定商品材和非商品材限额建议指标。因特殊情况必须超过测算的合理年采伐量确定年森林采伐限额建议指标的，必须提供充分理由，并经上一级林业主管部门组织论证。

## 八、编报程序

编限单位的年森林采伐限额建议指标，须经县级以上林业主管部门初审并经同级人民政府审核后逐级上报，由省级林业主管部门负责汇总、平衡，经省人民政府审核后上报国务院审核批准，并抄送国家林业局。

东北、内蒙古重点国有林区编限单位年森林采伐限额建议指标，由其省级森工(林业)主管部门汇总、平衡，国家林业局驻在的森林资源监督机构提出初审意见，报经国家林业局审核后，上报国务院审核批准。

## 第二节 森林采伐限额管理

森林采伐限额是我国《中华人民共和国森林法》规定的一项法律制度。由国务院批准的年森林采伐限额是年度采伐林木的最大限量。为了确保森林采伐限额制度有效实施，全面提高森林采伐限额和林木采伐管理水平，我国对森林采伐限额实行木材生产计划管理，并通过依法凭证采伐以保证木材生产计划的有效落实。

### 一、木材生产计划管理

#### 1. 采伐限额指标预留

省级每年可以预留不超过8%的限额指标，统筹管理，用于解决自然灾害、工程建设征占用林地、森林经营保护等特殊情况所需采伐指标。

#### 2. 编制年度木材生产计划

年森林采伐限额是编制年木材生产计划的依据。在编制木材生产计划时，人工林采伐限额可以占用天然林采伐限额；商品林抚育采伐限额和其他采伐限额可以占用主伐限额；公益林其他采伐限额可以占用更新采伐限额；森林类别限额及其他各分项限额严禁串用。

各省年度木材生产计划由省级林业主管部门编制逐级下达到各编限单位，各编限单位再具体分解落实。从"十二五"开始，地方林业年度木材生产计划实行备案制，由各地、各单位完成年度木材生产计划编制后，按备案程序以正式文件逐级上报，经省级林业主管部门备案审查登记后方可执行。

东北、内蒙古重点国有林区年度木材生产计划由国务院林业主管部门编制下达到各国有林业局。

#### 3. 年度木材生产计划执行

各地、各单位年度木材生产计划是正常组织木材生产的最大限量，严禁超计划采伐。在执行木材生产计划时，人工林采伐计划指标不足的，可以占用天然林采伐计划指标；商品林抚育采伐和其他采伐计划指标不足的，可以占用主伐计划指标；公益林其他采伐计划指标不足的，可以占用更新采伐计划指标。森林类别及其他各分项采伐类型间采伐计划指标禁止串用。

## 二、凭证采伐制度管理

凭证采伐制度是《中华人民共和国森林法》规定的一项重要的法律制度。对森林实行限额采伐，采伐林木必须申请采伐许可证，按许可证的规定进行采伐；农村居民采伐自留地和房前屋后个人所有的零星林木除外。通过实行凭证采伐制度，可以有效地控制森林采伐量，促进森林分类经营分区施策，提高伐区作业质量，促进采伐迹地的及时更新，促进森林可持续经营以及林业健康发展。

（1）一小班一证制。

（2）小班采伐量控制。东北、内蒙古重点国有林区采伐作业小班实行采伐量与出材量双量控制。地方林业林木采伐实行小班采伐蓄积量单量控制。每个小班的误差率控制在±5%之内。

（3）树木采挖纳入到限额管理，凭证采挖。

（4）非林地上的林木采伐，不纳入限额管理，不受限额控制。但是，必须办理林木采伐许可证后，凭证采伐。

## 第三节 森林采伐限额核查

## 一、核查目的、依据、对象与内容

### 1. 核查目的

为促进各级政府和林业主管部门加大管理力度，确保森林采伐限额制度有效实施，全面提高森林采伐限额和林木采伐管理水平，为各级政府和林业主管部门决策提供依据。

### 2. 依据

- 《中华人民共和国森林法》；
- 《中华人民共和国森林法实施条例》；
- 《森林采伐更新管理办法》；
- 《森林采伐作业规程》；
- 《全国森林采伐限额执行情况检查方案》；
- 《全国森林采伐限额执行情况检查遥感技术应用方案》（试行）；
- 国家及地方的有关标准、规程、文件规定等。

### 3. 检查对象与范围

（1）检查对象：依法编制森林采伐限额的森林经营单位。

（2）检查范围：上一年度。

### 4. 核查内容

（1）森林采伐限额和木材生产计划执行情况。

①省（区、市）、地（市）、县（局）森林采伐限额指标管理情况。

②省（区、市）、地（市）、县（局）林业主管部门下达年度森林采伐量计划执行情况。包括各级预留指标及其使用情况；追加的限额数量及木材产量及其使用情况。

③省（区、市）工业原料林指标使用情况，工业原料林认定情况。

④依法编制森林采伐限额的森林经营单位上一年度林木总采伐量及木材生产计划执行情况。

（2）林木采伐管理制度的执行情况。

（1）林木采伐许可证的核发与管理情况。

（2）伐区调查设计、审批、拨交、验收制度的执行情况。

（3）凭证采伐情况。

（4）伐区作业质量。

## 二、核查方法

核查工作采用内业与外业检查相结合的方法。通过实地调查与遥感技术相结合、全查与抽查相结合，听取汇报、查阅资料与实地调查相结合的方法进行。

### 1. 内业核查

（1）听取汇报，了解受检县（市、区）的总体情况。

（2）收集和查阅有关资料，对相关数据进行统计分析与汇总。

（3）利用遥感技术将检查年度前后期卫星影像数据解译成片伐区（变化区域）的位置，将前后期的森林资源变化减少的图斑，对照采伐证资料核实区分有证伐区和无证伐区；根据前后期的林地变化减少的图斑，逐项落实审核审批等相关情况。

（4）依据发放的林木采伐证确定有证、无证成片伐区的数量和面积，分别抽取样本并进行实地核查。

### 2. 现地核查

（1）有证采伐核查。对确定的采伐小班，利用卫星影像、地形图、林相图、伐区调查设计等资料，逐个采伐小班（地块）进行检查。具体检查步骤及方法如下：

①有证采伐小班现地检查。对照林木采伐许可证和伐区调查设计文件，核对采伐地点、采伐范围、采伐方式等是否正确。并绘制采伐小班形状图和样圆(样带)布设示意图。

②求测采伐面积。一般采用罗盘仪或 GPS 定位仪测定采伐面积。在伐区周界地物标明显时且伐区面积≥10 亩[*]时，也可使用 1 ∶ 10000 地形图勾绘求积。

如实测所得面积与林木采伐许可证规定的采伐面积相差不超过 5%，则认可伐区面积。否则计算出超采面积：$S_{超} = S_{测} - S_{设}$。

③确定伐区实际采伐量。具体方法与规定如下：

确定实测面积。伐区面积小于 10 亩的，全部实测伐区的伐根；伐区面积≥10 亩的，布设 10 m 宽样带或半径 12 m 的样圆进行实测，实测面积不小于 10 亩。

实测伐根地径。在伐根高零厘米处，分别树种(组)实测伐根地径。

求算材积。当地有地径材积表的，经适应性检验合格后可直接查表得出材积；当地无地径材积表的，要在受检县(市、区)内，分别树种(组)选测 50 株以上不同径阶立木的地径和胸径(使用二元材积表的尚需测量树高)，通过建立地径回归关系求算出伐根所对应的胸径后，再查材积表计算材积。伐区伐根数≤5 的树种(组)，可并入优势树种(组)参与计算。

(2)无证采伐量和有证个人单株采伐量检查。

①受检行政村无证采伐量和有证个人单株采伐量调查。对上一年度发生在受检行政村内的无证采伐和有证个人单株采伐，采取在行政村范围内机械布设 600 m² 的圆形或带状样地进行伐根调查，用有林样地的单位面积无证采伐量推算行政村的无证采伐量和有证个人单株采伐量。

②县(市、区)国有林场中受检林班无证采伐量的调查。采取在林班内按有林样带面积不少于林班有林地面积的 1%的原则，机械布设若干条 10 m 宽样带进行伐根调查，用有林样带的无证采伐量推算林班的无证采伐量。

在受检林班中如发现无证伐区，必须记录采伐地点、采伐方式、采伐树种，查清采伐面积和采伐蓄积量，作为典型案件详细记载有关情况。但落在样带外的采伐量不参加林班无证采伐总量的推算，

---

[*] 1 亩 = 0.067 hm²

直接计入林班无证采伐总量。

（3）GPS定位。记录样圆中心点的GPS纵横坐标。样带的两端必须设置GPS控制点，并从起点一端始每间隔50 m设置1个GPS控制点，记录纵横坐标。

（4）伐区作业质量的检查。结合伐根调查，重点对伐根超高和丢弃材进行检查。对样地内的超高伐根和丢弃材全部实测，根据实测结果推算伐区伐根超高造成的资源损失和丢弃材数量。另外，对伐区作业的其他情况，包括随集随清、越界采伐、半截号情况、是否存在应采未采情况等进行调查记载。

### 3."三率"计算

通过对受检单位的林木采伐管理情况和年度林木采伐量进行检查，按照数理统计学原理，以抽中样本林木采伐量为实测值，经统计计算，推算出受检县（市、区）上一年度林木总采伐量。

计算发证率、发证合格率和伐区凭证采伐率等"三率"，作为评价各级森林经营单位林木采伐管理水平的综合指标。

$$发\,证\,率 = \frac{发证采伐量}{实际采伐量} \times 100\% = \frac{发证采伐量}{有证采伐量 + 无证采伐量} \times 100\%$$

$$发证合格率 = \frac{合格发证林木采伐量}{发证采伐量} \times 100\%$$

$$伐区凭证采伐率 = \frac{伐区凭证采伐量}{伐区采伐量} \times 100\%$$

## 三、核查成果

### 1. 核查结果

核查结果包括：采伐限额指标管理情况、木材生产计划指标管理情况、林木采伐许可证核发管理情况、伐区调查设计、审批、拨交和验收制度执行情况、林木采伐量检查结果、"三率"结果。

### 2. 提交成果

受检县（市、区）森林采伐限额执行情况检查报告。报告内容包括检查工作情况、检查县（市、区）基本情况、检查结果、结果分析与评价、成功经验与采取的有效措施、存在问题和建议、附表等。

# 第三章

# 森林资源管理情况监督检查

为了适应新形势需要，严格控制森林资源消耗，加强林地用途管制，提升森林资源管理水平，夯实林业"双增"目标，自2013年开始，国家林业局取消了对重点国有林区实施的"三总量"(林木采伐总量、销售总量、运输总量)检查，改为实施"森林资源管理情况检查"。

森林资源管理情况检查是指对被检单位林木采伐、销售、运输情况，林业行政执法情况，凭证采伐、凭证运输、凭证经营加工木材等制度执行情况，以及占用征收林地和林地保护管理情况所实施的检查。

本章阐述的森林资源管理情况检查包含两部分：一是森林资源管理情况日常监督检查，由国家林业局派驻的各森林资源监督专员办事处组织实施；二是东北、内蒙古重点国有林区森林资源管理情况检查，由国家林业局资源管理司(监督办)组织实施。

## 第一节 监督目的、依据和内容

### 一、监督目的

加强重点国有林区森林资源管理，保护林地资源，强化林木采伐管理，为森林资源管理及林业行政执法提供科学依据，促进重点国有林区林地及林木资源管理的规范化、科学化。

### 二、监督依据

- 《中华人民共和国森林法》；
- 《中华人民共和国森林法实施条例》；
- 《森林采伐更新管理办法》；
- 《东北 内蒙古重点国有林区森林资源管理情况遥感检查技术方案》；
- 与森林资源管理有关的法律、法规和规程等。

### 三、监督内容

**1. 林地保护管理情况**

占用征收林地审核(批)情况，林业主管部门查处违法占用征收林地和擅自改变林地用途行为的情况，占用征收林地建设工程的内容，到期临时占用林地回收情况和毁林开垦情况(具体见林地检查方案)。

**2. 林木采伐、销售、运输情况**

国有林业局木材生产计划执行情况；伐区调查设计审批、拨交、作业质量验收及凭证采伐制度执行情况；木材销售、运输总量和凭证运输制度执行情况；凭证加工木材制度执行情况和木材经营加工消耗资源情况。

**3. 林业行政执法情况**

森林案件立案及查处情况；有关群众举报事项的现地核实情况。

## 第二节 森林资源管理情况日常监督

包括木材生产计划的编制和执行、伐区调查设计、伐区拨交公示、伐区生产作业和验收环节的监督，以及木材运输和木材销售环节的监督。

## 一、木材生产计划编制与执行监督

按照采伐管理的有关规定，计划管理与限额管理统一，上报的木材生产计划建议指标和下达的木材生产计划不能超过年森林采伐限额，森林采伐总量和各分项指标要严格控制不许突破，不能挤占、挪用。驻局监督机构要参与驻在单位木材生产计划的编制。

## 二、伐区调查设计监督

森林采伐调查设计工作是科学经营和合理开发利用森林资源的基础，也是森林采伐管理的"源头"。对"源头"实施科学有效的监督，能够更加合理的利用好森林资源，对林木采伐管理全过程的有效控制起到事半功倍的监督效果。

（1）驻设计部门监督机构应与计划、资源、生产、林场等部门和单位一起参与对准备设计的林班进行伐区踏查，准确掌握踏查小班的地形地貌、各项林分因子以及支岔线、集材道走向、楞场位置的布设等，在设计部门设计时提出合理化的监督建议。

（2）强化设计过程中的监督检查，设计过程中应经常深入现场检查设计质量，发现问题及时纠正和处理，把问题消灭在萌芽中，做到超前监督。

（3）加强伐区调查设计自检验收监督工作。驻设计部门监督人员每月都要对当月生产自检验收完成的设计小班进行监督抽查，对于不按设计规程进行设计和设计不合格的小班，除建议不予以支付设计费外，坚决进行报废或返工处理，不断提高伐区调查设计质量。

## 三、伐区拨交公示监督

伐区拨交要依据林木采伐许可证规定的时间、内容来进行。伐区拨交应执行"三级拨交"制度，并实行现地拨交。驻林场监督员在小班采伐之前，要与林场有关人员（采运技术员、资源管理员、生产工队长等）共同到现地进行伐区现场定位、复界、复道、复号，确认采伐边界和采伐木，向采伐者交代林木采伐的有关规定，转交林木采伐许可证和伐区调查设计资料等。同时，监督林场在场区、伐区现场对准备采伐作业的小班进行伐前公示。公示内容包括：采伐小班的采伐地点、采伐时间、采伐方式、采伐面积、采伐株数、采伐强度、采伐量、出材量、生产工队等，有利于社会监督。

## 四、伐区生产作业环节监督

严格监督伐区作业管理，是控制生产过程中森林资源消耗，提高作业质量和产品质量的重要保证，驻场监督员要对伐区生产准备作业和伐区生产作业过程及时进行监督检查。

（1）凡是需要进行准备作业生产的小班，都要严格按照准备作业规程规定的标准实施准备作业，杜绝违规违法问题的发生。

（2）按照"采伐过程中的架挂树木、砸伤木、迎门树要予以伐除，但要保留相同数量的应伐木，并做好记录备查"的规定。监督林场在采伐现地拨交时应确定一定数量的应伐木先予以保留，并做好标识和记录，待采伐结束时再根据伐除的架挂树、砸伤木、迎门树的数量确定事先保留的应伐木是否采伐，以保证采伐小班不超强度。

（3）严格按照打枝作业标准进行打枝作业，杜绝大抹头和打枝过程中损伤木材。

（4）严格执行集材标准，"集一号、净一号"，做到够缴库标准的木材全部下山，禁止拖拉机下道集材和私开集材道。

（5）对生产作业中出现的不按设计作业，违规违法采伐问题及时处理，并跟踪监督整改。对问题特别严重的要停止伐区生产，待整改合格后方可恢复生产作业。

## 五、伐区验收环节监督

伐区检查验收主要内容是以林木采伐许可证和伐区调查设计资料为依据，按照林区采伐作业质量检查标准及有关技术规程的规定，对采伐伐区的作业质量进行检查验收，达到合格标准的伐区发给采伐验收合格证明，以此来加强森林资源的管理和监督。伐区验收工作是对伐区作业质量的检验，也是伐区作业质量的关键。东北、内蒙古重点国有林区木材生产的黄金期较短，加之冬季降雪，有时生产结束伐区没有验收已被大雪覆盖，使各企业局大部分伐区不能及时回收，只能等待春季进行伐区验收，造成了伐区验收滞后，"采一号、验一号、拨一号"制度没有能够很好地执行，各企业局不同程度地存在伐区验收不实，流于形式的现象。因此，驻场监督员及时组织对伐区验收工作的监督显得更为重要。及时回收伐区能够及时发现生产验收小班存在的问题，能够做到及时发现问题，及时纠正处理和解决问题,有利于再拨交伐区生产时,避免类似问题的发生,不断提高伐区作业质量。

## 六、木材销售环节监督

驻局监督部门要不定期检查销售部门、财务部门,查一定时期内的木材销售发票、销售合同、木材销售调拨令、木材销售划拨单、木材销售台账,审核企业内部银行和银行往来账、原材料账、主产品及其他产品成本账,核对预付款及现金账等有关账目的原始凭证,通过有关账目的成本指标,核实木材主产品和其他产品的销售数量的准确性。检查木材销售要与检查贮木场库存相结合,抽查贮木场木材楞头,看库存的材种、数量、规格等是否与楞卡一致,防止虚报瞒报的发生。

## 七、木材运输环节监督

木材运输环节监督包含外部运输和内部运输。外部运输环节主要检查是否凭证运输木材,包括汽车运输和铁路运输。检查一定时期内的凭证运输数量是否与销售数量相符。通过运输车数、米数与运输证发放数量比较,可以确定凭证运输率,是否做到了一车一证,有没有无证运输,偷拉私运,运输量是否超过运输证批准数量,是否存在证、物不符问题等。内部运输环节检查主要是检查木材检查站登记台账,核实木材生产缴库运输和木材销售出境运输情况是否准确,以确定凭证运输木材制度的执行情况如何。

## 第三节 东北、内蒙古重点国有林区森林资源管理情况检查

为了加强东北、内蒙古重点国有林区森林资源管理,保护林地资源,强化林木采伐管理,客观评价被检单位林地及林木管理情况,为森林资源管理及林业行政执法提供科学依据,促进东北、内蒙古重点国有林区林地及林木资源管理的规范化、科学化管理,自2013年开始,国家林业局取消了对东北、内蒙古重点国有林区实施的"三总量"(林木采伐总量、销售总量、运输总量)检查,改为实施"森林资源管理情况检查"。

## 一、检查内容

### 1. 林地保护管理情况

占用征收林地审核（批）情况，林业主管部门查处违法占用征收林地和擅自改变林地用途行为的情况，占用征收林地建设工程的内容，到期临时占用林地回收情况和毁林开垦情况。（具体操作执行《林地管理情况检查方案》）

### 2. 林木采伐、销售、运输情况

被检查单位木材生产计划执行情况；伐区调查设计审批、拨交、作业质量验收及凭证采伐制度执行情况；木材销售、运输总量和凭证运输制度执行情况；凭证加工木材制度执行情况和木材经营加工消耗资源情况。

### 3. 林业行政执法情况

森林案件立案、查处及结案情况；有关群众举报事项的现地核实情况。

## 二、检查范围及时段

### 1. 检查范围

东北、内蒙古重点国有林区所属林业局。

### 2. 检查时段

以 2012 年 7 月 1 日为检查初始时间，至检查年度的外业检查结束之日。第一年检查的被检单位，使用 2 期遥感影像对比，检查 1 个年度的管理情况。第二年检查的被检单位，使用 3 期遥感影像对比，检查 2 个年度的管理情况。第三年检查的被检单位，使用 4 期遥感影像对比，检查 3 个年度的管理情况。第四年检查的被检单位，使用 5 期遥感影像对比，检查 4 个年度的管理情况。如 2014 年的检查，使用 3 期遥感影像对比，检查 2012 年 7 月 1 日至 2014 年检查组进驻被检单位时段的森林资源管理情况。

为了完整体现林地占用项目审批和实施的连续性，检查统计数据可追溯到 2012 年 1 月 1 日。为充分利用遥感数据，疑似无证采伐地块（包括非法占地、毁林开垦等）的检查可提前到 2012 年 5 月下旬。

## 三、检查对象

根据遥感判读图斑与有证采伐作业设计小班和占用征收林地项

目可研图的重叠情况，将占用征收林地项目、采伐小班与判读图斑分为四类：合法占用征收林地项目图斑，判读出的有证采伐小班，没判读出的有证采伐小班，疑似无证采伐和违法占地图斑。

### 1. 合法占用征收林地项目

将占用征收林地项目批复和可研图与判读图斑对比，若判读图斑未超出批复和可研图的范围5%以上的，不再进行现地检查，若判读图斑超出批复和可研图的范围5%以上的划入违法占地小班。

### 2. 有证采伐小班检查

对于判读出的有证采伐小班，根据采伐类型、采伐蓄积情况，抽取10个小班，进行现地检查验证。

### 3. 没判出的有证采伐小班

原则上不作为抽查对象。

### 4. 疑似无证采伐和违法占地小班检查

按照遥感判读数量全部进行现地检查。

### 5. 森林案件检查

对于在规定时间内上报的森林案件，按比例进行抽查核实。发案数量在10起（含10起）以下，核实比率30%；发案数量在10起以上50起（含50起）以下，核实比率20%；。发案数量超过50起，核实比率10%，一般不超过10起。对于规定时间以后上报的森林案件，参照无证采伐的具体规定处理。

## 四、材料上报

### 1. 专题材料上报时间

被检单位确定后的10个工作日内，由各派驻专员办收集好有关材料，一次性上报国家林业局资源司（监督办），超过上报时间再次上报的材料不予认可。

### 2. 专题材料上报内容

上报数据主要以电子版为主，纸质材料作为佐证。

（1）检查期间采伐证核发明细。

（2）检查期间对应的伐区拨交数量（台账）、木材生产（森林经营）完成台账；森林火灾（火警，1亩以上）和病虫害（或风倒风析、或由于某些原因造成超过1亩以上的林木枯死）发生情况及详细地点、面积、程度及地类等因子；除草割灌整地情况；检查期间林地占用征用项目审批、施工位置等详细情况；林政案件发生和处理、结案情况等；采取割带、低强度抚育等营造林方式引起资源消耗的项目计划和完成情况。

（3）被检查企业局正在执行的二类调查矢量数据及林相图（西安 -80 坐标系）。如果检查区间已经更新二类资源调查数据，跨两次二类调查时限的单位，需同时提报新旧版二类调查数据。

（4）带有伐区位置（GPS 坐标点）的伐区作业平面图（扫描版，扫描像素设置为 200 万像素），坐标参考坐标系一律采用西安 -80 坐标系。

（5）各类数表（立木材积表、根径材积表、当地磁偏角、当地出材率表和 GPS 修正参数）等。

（6）检查时间段各项生产、经营计划。

（7）伐区阶段剩余物生产情况台账。

### 3. 遥感数据接收时间

后期高分辨率遥感数据接收时间为被检单位所在区域的植被生长季节，一般为 6 月 1 日到 8 月 31 日，确因天气等原因无法接受到 6 月 1 日到 8 月 31 日期间合格数据的，可根据情况适当放宽数据时相。

### 4. 现地检查时间

现地检查时间视遥感数据获取情况而定，原则上不能迟于 9 月 15 日，现地检查工作时间原则上不超过 10 天。

### 5. 检查结果上报时间

现地检查完成一周内上报检查结果初步报告，10 月底之前上报检查结果报告。

## 五、检查方法

采用遥感辅助检查法，即利用两期高分辨率卫星遥感数据，采用卫星遥感判读和伐区抽样现地实测相结合，客观真实地反映被检查单位森林资源保护利用和管理的实际情况。具体技术路线见下图。

```
┌──────────┐  ┌──────────┐  ┌──────────┐  ┌──────────────┐
│ 前期遥感影像 │  │ 后期遥感影像 │  │ 伐区作业设计图 │  │ 有证采伐小班电子台账 │
└────┬─────┘  └────┬─────┘  └────┬─────┘  └──────┬───────┘
     │             │             │               │
  ┌──┴─────────────┴──┐   ┌──────┴─────┐         │
  │ 正射校正、融合、增强等处理 │   │   几何校正   │         │
  └─────────┬─────────┘   └──────┬─────┘         │
            │                    │               │
       ┌────┴────┐          ┌────┴────┐          │
       │  判读区划  │          │ 设计图矢量化 │          │
       └────┬────┘          └────┬────┘          │
            │                    │               │
  ┌─────────┴────────┐   ┌───────┴──────┐        │
  │ 森林资源变化地块矢量图层 │   │ 采伐小班矢量图层 │◄───────┘
  └─────────┬────────┘   └───────┬──────┘
            │                    │
        ┌───┴────┐               │
        │  叠加分析  │               │
        └───┬────┘               │
            │                    │
 ┌────────┬─┴──────┬─────────────┴───┬──────────┐
 │        │        │                 │          │
┌┴─────┐┌┴─────┐┌─┴─────┐        ┌──┴─────┐
│无证采伐地块││有证采伐地块││ 有证采伐小班 │        │ 无证采伐小班 │
└──────┘└──┬───┘└─┬─────┘        └────────┘
           │      │
        ┌──┴──────┴──┐
        │    叠加分析    │
        └──┬──────┬──┘
           │      │
    ┌──────┴──┐┌──┴───────────┐
    │遥感判出有证采伐小班││遥感没有判出有证采伐小班│
    └──┬──────┘└──────┬───────┘
   ┌───┴───┐          │
┌──┴───┐┌──┴───┐      │
│全部外业检查││抽样外业检查│      │
└──┬───┘└──┬───┘      │
   │       │          │
 ┌─┴───────┴─┐   ┌────┴────┐
 │   内业分析   │   │  不抽取检查  │
 └───────────┘   └─────────┘
```

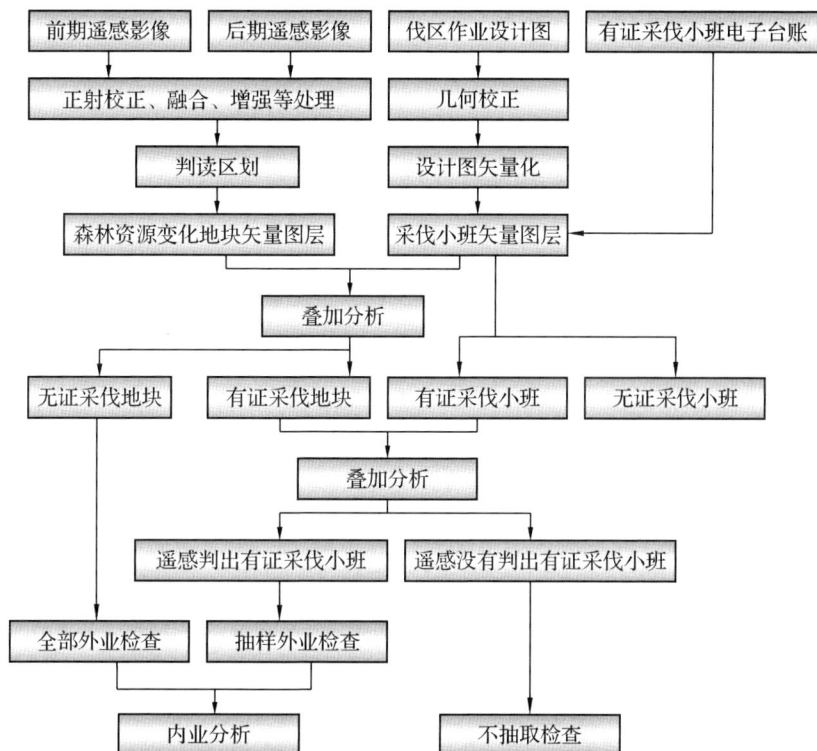

**森林资源管理情况遥感检查技术路线**

## 1. 基础数据收集及处理

（1）基础数据收集。

①遥感数据源选择。根据检查年度，选择检查年当年（后期）与检查年前一年（前期）的遥感数据。后期遥感数据分辨率不低于 5 m，如 SPOT5 或 Rapideye 数据，且要求多光谱数据与高分辨率全色数据时相一致；前期数据根据数据的可获取情况，尽量选取分辨率不低于 10 m 的多光谱遥感数据。

②专题材料收集。专题材料包括：林业局及林场行政区划界线矢量数据及其林场中文名称；林业局森林资源二类调查数据矢量数据及其代码；检查期间林业局的采伐作业设计、采伐台账（数据库）、采伐证，以及占用征收林地资料；造林、抚育割灌设计资料（包括数据库）；林业案件、火灾、风灾等资料（包括数据库）。

上述专题材料提交时，被检查林业局必须在每个采伐作业设计、造林设计、抚育设计、林业案件等资料上，标明所对应的地理坐标点（公里网）及数据库记录编号。

（2）数据处理。

①遥感数据处理。遥感影像处理包括所选用的高分辨率数据的正射校正、融合处理、波段组合、图像增强、NDVI 提取和图像拼接与分幅处理。

A. 正射校正：投影与坐标系：采用高斯—克吕格投影，北京 54 坐标系。控制点选取与正射校正。

遥感数据正射校正，以每幅 1∶5 万地形图上至少选取 12～16 个控制点，同时提取每个控制点的 DEM 数据，采用立方卷积法进行正射校正。

B. 波段组合：SPOT5 数据以 3、4、1 波段进行组合，并融合 2.5 m 全色数据形成彩色合成图像；RapidEye 以 5、3、2 波段进行组合。遥感影像按红、近红外、绿波段进行组合形成彩色合成图像。

C. 图像增强：图像增强采用非线性和分段拉伸的方法，增大不同地物间的色彩反差，使影像中的森林与非森林色彩层次分明，可识别性好。

D. 拼接与分幅处理：对融合与增强处理后的图像进行拼接处理，为了最大程度保持影像的信息量，不做羽化处理。

②专题资料处理。

A. 采伐小班建库：将采伐作业设计与采伐证核对检查，将有采伐证的采伐作业设计图扫描输入到计算机，对采伐作业小班进行矢量化，形成采伐设计矢量数据，并将坐标统一到高斯投影、西安 80 坐标系下。将采伐小班矢量数据与采伐台账建立关联关系，形成采伐小班数据库。

B. 二类调查资料与采伐台账相关联：将采伐台账记录的伐区通过林场、林班号和小班号组成的关联字段落实到二类调查数据上，进一步实现采伐小班数据库与二类调查数据的关联，将采伐小班落实到具体二类小班，便于分析遥感区划判读的森林资源变化地块与采伐证和采伐台账中伐区的吻合情况，甄别变化地块是有证伐区，还是无证伐区。

③其他图面数据的投影转换。对于不同投影和地理坐标系下的图面数据或坐标数据，要进行投影转换，统一到相同的投影和坐标系下，以便相互比较、查询和分析。

**2. 疑似采伐地块和违法占地判读区划**

（1）解译标志建立。通过典型分析比较不同遥感图像特征与二类调查成果中对应的地类、优势树种、龄组等调查因子的对应关系，建立以森林和伐区影像特征为主要内容的遥感判读解译标志，全面掌握试点区域范围内覆盖类型及其变化的影像特征。

（3）疑似采伐和违法占地地块判读区划。

①植被变化信息提取。采用植被指数法，分别计算两期遥感数据的植被指数图像，通过相邻两期植被指数差值图像，提取植被指数减少区域。

$$标准植被指数：NDVI = \frac{B_{nir} - B_r}{B_{nir} + B_r}$$

式中：$B_{nir}$——近红外波段反射值；

$\qquad B_r$——红色波段反射值。

②判读区划疑似采伐和违法占地地块。对覆盖被检单位的遥感影像，按 $1km \times 1km$ 分割，形成判读单元。以提取的植被指数减少区域作为提示信息，利用二类调查等成果资料与遥感影像特征之间对应关系，依据两期影像的变化特征，逐个判读单元判读区划森林影像特征发生变化，即疑似采伐地块图斑（简称判读斑块）。

③叠加伐区作业设计和占用征收林地批复可研图。将伐区作业设计图和占用征收林地批复可研图叠加在遥感影像图上，对照伐区设计不同采伐类型、采伐强度的影像变化特点，进一步判读、核实判读疑似采伐、违法占地图斑。

（3）判读斑块与采伐小班界线、占用征收林地批复界线的位置匹配与处理。

①采伐小班界线、占用征收林地批复界线的确定。以经过正射校正的遥感影像图为基准，参照二类调查的林班小班位置信息和伐区设计图、占用征收林地批复界线，确定采伐小班、占用征收林地的位置。

②判读斑块的归并处理。判读斑块与采伐小班设计图叠加后，对于一个采伐小班中有 2 个以上的判读斑块的情况，将一个采伐小班中的几个判读斑块进行属性归并（图面上显示几个斑块，实际为一个属性），斑块编号沿用这几个判读变化斑块中最小的号，其他判读变化斑块号定为空号。

③判读斑块的分割处理。判读斑块与采伐小班设计图叠加后，对于一个判读斑块中有 2 个以上采伐小班的情况，根据采伐小班的界线将原判读斑块分割成与采伐小班对应的几个亚判读斑块，亚判读斑块号是在原斑块编号后面加" - "和一个顺序号。如编号为 6 的判读斑块与采伐小班界线叠加后，被分割为 3 个亚判读斑块，编号

分别为 6 - 1、6 - 2、6 - 3。

④判读斑块超出采伐小班作业设计、占用征收林地批复界线部分的处理方法。当分割后判读斑块面积大于采伐小班设计面积的10%，且判读斑块界线和采伐小班界线距离不大于 60 m 时，要对判读斑块重新分割，超出部分按无证斑块处理。否则，不对判读斑块重新分割，超出部分归并到相连的采伐小班中。

当分割后判读斑块面积大于占用征收林地批复面积的5%，且判读斑块界线和采伐小班界线距离不大于 60 m 时，要对判读斑块重新分割，超出部分按违法占地斑块进行检查。否则，不对判读斑块重新分割，超出部分归并到相连的小班中。

(4)判读斑块分类。在 GIS 平台上将采伐小班和判读斑块进行叠加，按判读斑块与采伐小班重叠情况进行分类。当采伐小班和判读斑块有重叠时，归为判读出的有证采伐小班；当采伐小班和判读斑块没有重叠时，将判读斑块归为疑似无证采伐斑块；将通过遥感没有判读区划出的采伐小班归为没判出的有证采伐小班。

①对于判读出的有证采伐小班，标注"有证判出"。

②对于判读出的合法占用征收林地小班，标注"合法占地"。

③对于疑似无证采伐、违法占地斑块，登记斑块面积，转抄二类调查数据中对应的林场、林班、二类小班、中心点 X 坐标、中心点 Y 坐标等。

④对于没判出的有证采伐小班，标注"有证未判"。

⑤对于疑似无证斑块判读面积小于 0.067 hm$^2$，不予统计。

### 3. 现地检查程序和方法

(1)检查程序。

①听取汇报。听取被检单位对国家颁布的林地、林木采伐管理方面的政策、法规等执行情况，林地占用征收情况，伐区申请、审批、拨交、验收制度执行情况。林木采伐许可证台账管理情况，伐区检查验收情况和林木采伐管理的典型经验案例等。

②查阅资料。包括检查期间的林地占用征收情况，检查冬采期内林木采伐许可证，林木采伐许可证台账，伐区拨交验收、实际采伐作业伐区统计表，伐区验收单等材料。

③统计、汇总有关数据。分别林地占用征收情况，林木采伐情况统计被检单位的作业伐区数量、采伐量和验收伐区数量。

(2)检查小班的抽取。根据遥感判读斑块与采伐小班设计图叠加情况，将占用征收林地项目、采伐小班与判读图斑分为四类：合法占用征收林地项目图斑，判读出的有证采伐小班，没判读出的有证采伐小班，疑似无证采伐和违法占地图斑。各类的抽样与现地检查方法如下：

①合法占用征收林地项目抽取。将占用征收林地项目批复和可研图与判读图斑对比，若判读图斑面积未超出批复面积5%以上的，不再进行现地检查，若判读图斑面积超出批复面积5%以上的划入违法占地小班。

②判读出的有证采伐小班抽取。判读出的有证采伐小班抽取10个。首先将判读出的有证采伐小班按采伐许可证规定的采伐类型即主伐、抚育伐、更新采伐和其他分为4类，在每个类型中按采伐量排序，形成首尾相连的闭合环，分别各类计算抽取验证的小班数，按一定的起始号和间隔数机械抽取要调查的采伐小班。

③没判出的有证采伐小班不抽查。

④疑似无证采伐和违法占地小班检查、对于疑似无证采伐和违法占地图斑，须全部现地检查验证。无证采伐量由现地核实有采伐蓄积地块的采伐量累加得出。

⑤其他类型检查。对于上报的森林抚育经营（不消耗蓄积）、低改造林、森林案件其他资料，外业检查的数量规定为上报数量分类型抽取不少于5块（起）。

（3）现地检查。所有现地检查小班，都应即时采集小班、图斑的远景及有代表性的近景图像资料。

①有证采伐量调查。对所抽中的采伐小班要逐块检查，检查时应携带林木采伐许可证、有效伐区调查设计文件和伐区作业质量检查验收单等资料。

A. 伐区基本情况调查：对照调查设计资料和林木采伐许可证核对采伐地点、采伐范围、采伐方式是否正确。若发现越界采伐，应实测越界部分的面积、蓄积。

B. 伐区面积量测量：采用罗盘仪或（GPS）实测，解析法计算采伐面积。如所测面积与采伐许可证所规定的采伐面积误差不超过5%，则认可伐区面积。否则求算出超采面积（$S_超 = S_检 - S_验$）。

C. 采伐蓄积量测量：小班采伐量检查采用机械抽样，图上布点，现地实测方法进行。采伐量的检查采取全林实测与样地相结合的方法。小班面积低于2 hm²的实行全林实测，小班面积在2 hm²以上的按照小班总面积的15%抽取样地测量，每个样地面积为0.06

$hm^2$。具体为，在检查小班内随机确定一点，按 63.25 m 的点间距向四个方向互成 90°角网状布设检查样点；现地检查时采用(GPS)定点(为样地中心点)或罗盘测绳定点方法，分别以 13.82 m 为半径，对样圆内的伐根要全部实测，对落在样地边界上的伐根或保留木采用取南舍北或取东舍西的原则进行实测；用根径材积表计算样圆的采伐量，推算出整个小班的采伐量(对于机械集材的伐区，如果样圆落在集材道上，而集材道上伐根丢失量很大。很难测出样圆的真实采伐量，以全林采伐木平均根径进行计算材积)。

D. 伐根检尺测量：在伐根 0 cm 处检测，分树种、径阶(2 cm 一个径阶)记录。若有伐根丢失(挖笽)，应记伐根丢失数，以全林采伐木平均根径作为其根径参加计算采伐蓄积。若有丢弃材的，小头落在样圆内的进行检尺。

②无证采伐量调查。对于疑似无证采伐斑块，布设 10 m 宽样带调查，样带调查面积不小于判读区划图斑面积的 15%，调查样带按垂直于等高线的方向布设。调查验证判读斑块的两期影像变化是否是由采伐引起的，如果确实存在采伐现象，对样带内的伐根要全部实测，对落在样地边界上的伐根采用取南舍北或取东舍西的原则进行实测，用根径材积表计算样圆的采伐量。记载变化地块的林分因子，填写现地检查验证因子记录表。同时，查清无证采伐地块的责任，属于非企业行为的将其列入森林案件进行统计。对于已确定的无证采伐地块，采伐面积按遥感影像判读区划的图斑计算，采伐面积根据样带伐根检查结果计算。

③违法占地采伐量调查。根据更新的资源档案资料或相同林分现状进行推算。

(4)计算方法。将现地验证地块调查因子记录表录入计算机，并与伐区遥感判读数据库关联，合并形成一个数据库，并对各伐区的所有因子进行逻辑检查。

超证采伐量 ＝ 实际采伐量 － 发证采伐量

无证总采伐量 ＝ $\sum$ 第 $i$ 个无证采伐小班无证采伐量

## 六、检查技术标准

### 1. 木材

指符合国家标准和部颁标准的木质产品，材长 2 m 以上(含 2 m)，小头直径 8 cm 以上(含 8 cm)的木材；由人工林抚育伐推算相应木材产量的根径起始标准为 14 cm。

## 2. 起测径阶

胸径达到 5 cm 的林木，伐根检尺起测径阶为 6 cm，（以 2 cm 为一个径级，按上限排外法）。

## 3. 采伐量

（1）伐区采伐量。指在批准的采伐小班内，实际采伐林木的蓄积量。

（2）凭证采伐量。指在批准的采伐小班内，按照林木采伐许可证规定的时间、地点、数量、采伐树种、采伐方式采伐的林木蓄积量。

（3）无证采伐量。指在批准的采伐小班以外采伐的林木蓄积量。

## 4. 小数的取舍

（1）面积以公顷为单位，样地保留两位小数，伐区（小班、地块）保留 2 位小数。

（2）蓄积、出材量以立方米为单位，样地保留 3 位小数，伐区（小班、地块）取整数。

（3）各率取 1 位小数。

（4）导线测量面积，闭合差小于 1/150。

# 七、外业工作用图(表)使用(填写)说明

为了方便外业检查工作，制作了相关图表(参见书后"东北、内蒙古重点国有林区森林资源管理情况检查外业工作用表")，其使用说明如下。

## 1. 工作用图

工作用图主要包括占用征收林地地块和伐区遥感影像图、地形图、伐区作业设计和占用征收林地用图等。

（1）占用征收林地地块和伐区遥感影像图。对检查的每个图斑，均制作了每个图斑的大比例尺前后期遥感影像图。比例尺根据图斑大小有所不同。包含的信息主要有：前期遥感影像、后期遥感影像、变化图斑位置、坐标等信息。

（2）地形图。对本次检查的每个图斑，均制作了每个图斑的大比例尺地形图，比例尺根据图斑大小有所不同。包含的信息主要有变化图斑位置、坐标、林班、小班分布等信息。

（3）伐区样圆布设分布示意图。参见附表二中调表 2。调表 2 上半部分填写样圆布设每个样圆的中心点坐标、在图上标识出每个样圆的分布位置、序列号等信息。

## 2. 工作用表

外业检查工作用表主要有：有证伐区基本情况及计算表，罗盘导线及 GPS 点记录表，伐区作业质量检查检尺野账（采伐木），伐区设计小班采伐木测量所需样圆个数表。

（1）有证伐区基本情况及计算表。对每个检查的伐区作业小班按照伐区作业设计表进行填写，并根据内业汇总计算的相关信息进行填写。主要内容包括伐区设计基本情况（包括伐区位置、设计采伐方式、设计采伐树种、设计采伐面积、设计采伐蓄积、设计采伐株数、设计采伐强度等）、发证情况、伐区检查结果（包括实际采伐方式、采伐株数、清林质量、是否越界采伐等）。具体内容见附表二中调表1。

（2）罗盘导线及 GPS 点记录表。对每个检查的有证伐区作业小班用罗盘进行边界测量，并记录罗盘每个测点的 GPS 坐标。

（3）伐区作业质量检查检尺野账（采伐木）。对每个检查伐区需填写伐区基本情况、起点坐标和样圆个数等信息。样圆个数参照对每个样圆需填写样圆号、郁闭度、GPS 坐标，采伐木分树种分地径直接填写采伐株数。对于没有采伐木的样圆也需填写样圆号、郁闭度、GPS 坐标信息。

（4）其他用表。主要包括除外业调查表之外的所有表格，林地调查应用《林地核查方案》所规定的表格及电子数据库。

# 八、检查成果的提报

检查结束后，各检查组要向监督办提交检查工作报告（纸质文件及电子版数据表）。

## 1. 检查专题图件

（1）被检单位遥感影像图。成图尺寸为 A3 幅面，成图比例尺根据 A3 幅面与被检单位面积计算并取整确定。

（2）被检单位占用征收林地地块分布图。成图尺寸为 A3 幅面，成图比例尺与遥感影像图相同。主要反映占用征收林地和违法占地的内容。

（3）被检单位伐区分布图。成图尺寸为 A3 幅面，成图比例尺与遥感影像图相同。主要反映伐区类型和有证无证伐区的内容。

## 2. 采伐情况统计表

包括遥感判读伐区总个数、面积、采伐蓄积量；有证伐区个数、面积、采伐蓄积量；无证伐区个数、面积、采伐蓄积量。

### 3. 检查报告的撰写

森林资源管理情况报告，包括占用征收林地管理情况和森林采伐情况等内容。外业结束后，撤出被检单位前，检查组应提交被检单位的检查情况初步评估，整个检查结束后，应当向监督管理办公室提交相应电子数据文件和检查综合报告。

（1）报告具体要求。

①初步评估报告主要内容：林业局简况、资源管理检查基本情况及发现的主要问题。

②综合检查报告主要内容：资源消耗管理、林地占用征用管理两部分。

A. 资源消耗管理：主要包括以下内容：

基本情况：被检林业局概况：林业局地理位置、社会和经济发展情况、检查时间段资源管理完成的主要工作；检查情况：检查的组织、外业工作量(包括抽检小班的确定方式，检查小班、图斑数量和面积、布设样带样园数量及面积、检查期间查阅资料份(张、册)数、检查期间驱车、行走里程等。

检查结果：通过对受检林业局外业检查和内业分析，按照问题的性质进行归类：

●违法占用林地。重点表述林地管理中少批多占、异地占用、不批强占等违法占地现象及数量。

●无证采伐。重点表述根据遥感图像现地核实无证采伐图斑以及有证伐区边缘越界采伐等问题数量。

●超证采伐。重点表述有证采伐伐区管理中出现的超过采伐证规定的采伐强度、采伐数量等问题。

●滥伐问题。重点表述检查过程中出现的不按采伐证规定的树种进行采伐，私自串换采伐树种的问题。

●其他未列入问题。所发现的问题不适合归纳到上述问题之中的问题(参照附表三中报表3)。

产生问题原因的分析：对问题产生的原因进行客观分析。

针对问题提出整改建议：在客观分析原因的基础上，对受检林业局提出整改建议。

B. 林地占用征用管理：主要内容包括：

基本情况：检查情况：检查的组织、外业工作量(包括抽检小班的确定方式，检查小班、图斑数量和面积，布设样带样园数量及面积、检查期间查阅资料份(张、册)数、检查期间驱车、行走里程等。

检查结果：通过对受检林业局外业检查和内业分析，提出检查中发现的主要问题。

产生问题原因的分析：对问题产生的原因进行客观分析。

针对问题提出整改建议：在客观分析原因的基础上，对受检林业局提出整改建议。

③整改通知书。整改通知书的主要内容包括：检查中发现的主要问题；针对上述问题，提出整改建议和整改时限；附表，对所有问题逐个列表说明。

# 第四章

# 森林资源培育监督

森林资源培育是指从林木种子、苗木、造林到林木成林、成熟的整个培育过程，按既定培育目标，遵照自然规律所进行的综合培育活动。加强森林资源培育，是维护国家生态安全的根本途径，是应对气候变化的战略举措，也是保障木材等林产品供给的必然选择。森林培育监督就是运用科学的监督检查方法，促进森林经营单位以提高造林绿化质量效益为中心，以实现森林可持续发展为目标，以转变林业发展方式为主线，以创新政策机制为动力，以实施林业重点工程为载体，以强化森林经营为重点，提高造林质量，优化森林结构，增加资源总量，着力构建稳定的森林生态系统。

## 第一节 监督目的、依据和内容

### 一、监督目的

通过科学监督，促进森林经营单位突出抓好天然林保护、退耕还林、三北防护林体系建设等重点工程，着力加强造林绿化，努力增加森林面积。促进森林经营单位加强森林经营，改善森林环境，促进林木生长，全面提高森林质量。促进各级政府把林业有害生物防治工作纳入营造林全过程管理，切实增强森林生态系统的防虫抗病能力，培育健康稳定的森林生态系统，提高森林的生态、经济和社会效益。

### 二、监督依据

- 《中华人民共和国森林法》；
- 《中华人民共和国森林法实施条例》；
- 《森林采伐更新管理办法》；
- 《森林采伐作业规程》；
- 《森林资源监督工作管理办法》；
- 森林抚育补贴试点管理办法；
- 中幼龄林抚育补贴试点作业设计规定；
- 中央财政造林补贴试点检查验收管理办法(试行)
- 国家及地方的有关标准、规程及文件规定和要求。

### 三、监督内容

根据当前的森林资源监督工作实践，森林资源培育监督主要包括更新造林监督、幼林抚育监督、新成林验收监督、中幼龄林抚育试点监督等。

## 第二节 更新造林监督

更新造林的监督检查应根据实际情况，以抽查为主，按照国家有关新成林验收技术标准进行专项监督检查。

## 一、更新造林质量标准

做好更新造林监督工作，首先要掌握更新造林质量标准。根据国家有关技术规程，更新造林质量标准如下：

（1）人工更新，当年成活率应当不低于85%，3年后保存率应当不低于80%；

（2）人工促进天然更新，补植、补播后的成活率和保存率达到人工更新的标准；

（3）天然更新，每公顷皆伐迹地应当保留健壮目的树种幼树不少于3000株或者幼苗不少于6000株，更新均匀度应当不低于60%。

（4）未更新的旧采伐迹地、火烧迹地、林中空地等宜林地，应当由森林经营单位制定规划，限期完成更新造林。

## 二、造林更新面积监督检查

根据造林设计，对被检单位的更新造林面积进行监督检查，方法如下：

（1）通过查询造林季节、整地方式、种苗来源、苗龄、目测平均树高等方法判断核查小班（地块）的造林时间与上报年度是否一致。造林时间与上报年度一致的小班（地块），按下列方式确定小班（地块）面积，造林时间与上报年度不吻合的小班（地块）不计入核实面积：

面积在15亩以上的小班（地块），用地形图调绘小班（地块）境界，用网格法求算面积；

面积在15亩以下的小班（地块），采用实测的办法测量小班（地块）面积。

（2）核查小班（地块）面积与上报面积相差±5%以内的，用原上报面积作为核实面积；相差超过±5%的，用小班（地块）实际调查面积作为核实面积。

人工更新与天然更新并存的小班（地块），人工更新苗木超过总苗木数量60%的，将小班（地块）总面积作为人工更新面积，不足60%的小班（地块）不计入核实面积。

## 三、更新造林成活率监督检查

采用标准行或标准地的方法，对更新造林成活率进行监督检查。

（1）标准行或标准地应均匀布设在小班（地块）内有代表性的地段。标准行或标准地的调查长度或面积按下列比例确定：

面积在 100 亩以下的小班（地块），标准行或标准地的面积应不小于小班（地块）面积的 5%；

面积在 101～500 亩的小班（地块），标准行或标准地的面积应不小于小班（地块）面积的 3%；

面积在 500 亩以上的小班（地块），标准行或标准地的面积应不小于小班（地块）面积的 2%。

（2）成活率计算。

初植密度达到设计造林密度的：

成活率 =（成活株数/初植株（穴）数）×100%

初植密度达不到设计造林密度的：

成活率 =（成活株数/设计造林密度）×100%

初植密度超过设计（合理）造林密度，且死亡苗木均匀分布的：

成活率 =（成活株数/设计（合理）造林密度）×100%，超过100%按100%计

初植密度超过设计（合理）造林密度，但死亡苗木成块状分布的：

成活率 =（按设计株行距调查的成活株数/设计造林密度）×100%

（3）面积核实率计算。核实率即更新造林核实面积与统计上报面积之比。

核实率 =（核实面积/上报面积）×100%

（4）面积合格率计算。合格率即经调查，成活率达到合格标准的更新造林面积与核实面积或上报年度统计上报面积之比。

上报合格率 =（合格面积/上报面积）×100%

核实合格率 =（合格面积/核实面积）×100%

（5）其他计算。

作业设计率 =（作业设计面积/核实面积）×100%

档案建立率 =（造林档案面积/核实面积）×100%

检查验收率 =（检查验收面积/核实面积）×100%

管护率 =（有管护面积/核实面积）×100%

抚育率 ×（实际抚育面积/核实面积）×100%

## 第三节 新增成林资源验收监督

### 一、验收范围

主要包括人工造林地(含人工植苗和人工直播造林地)、模拟飞播造林地和封山育林地。在上述人工造林、模拟飞播造林和封山育林地，凡其幼树生长基本稳定、分布均匀、达到合理保存株数、郁闭度(或植被盖度)和混交比标准的，均可作为新增成林资源予以验收。

### 二、验收标准

#### 1. 人工造林

凡采用人工造林方式营造的生态公益林，达到规定成林年限(一般植苗造林5年、人工直播7年)，单位面积保存株(穴)数达到合理株(穴)数的80%以上(含80%)或郁闭度≥0.20，植被盖度≥0.4，且分布均匀，混交比同时达到30%以上(含30%)，符合有林地标准的，可予以验收，纳入新成林资源。

#### 2. 模拟飞播造林

飞播造林7年，幼林郁闭度达0.2以上(含0.2)、分布较均匀(均匀度大于50%)、每公顷保存株数大于或等于1050株(含天然更新的目的伴生乔、灌木树种)，且有苗面积占宜播面积的20%以上(含20%)，可验收为新成林资源。其小班合格标准为：

(1)乔木型。郁闭度≥0.2，或小班平均每公顷有目的树种1050株以上，且分布均匀；

(2)乔灌型。乔、灌木总覆盖度≥30%，其中乔木郁闭度≥0.1；或小班每公顷有目的乔、灌木1350株(丛)以上，其中乔木所占比例≥30%，且分布均匀；

(3)乔灌草型。乔灌草综合覆盖度≥50%，其中乔、灌木覆盖度≥20%；或每公顷有目的乔、灌1050株(丛)以上，其中乔木所占比例≥30%，且分布均匀；

(4)灌木型。灌木覆盖度≥30%，或小班每公顷有目的灌木1050株(丛)以上，且分布均匀；

(5)灌草型。灌草综合覆盖度≥50%，其中灌木覆盖度≥20%；

或小班每公顷有目的灌木 1050 株以上，且分布均匀。

### 3. 封山育林

达到规定成林年限（7 年），幼林郁闭度达到 0.2 以上（含 0.2）、分布较均匀（均匀度 50% 以上）、生长良好、平均每公顷保存株数达 1100 株（含原有林木）以上，可作为新增成林资源验收；局部分布不均匀的，对其较大的林中空地应限期补植或补播，并继续封育，达到成林标准的再予验收。其中：

（1）乔木型。小班郁闭度≥0.2；或小班平均每公顷有乔木 1100 株（含原有林木）以上，且分布均匀；

（2）乔灌型。小班每公顷在乔、灌木 1350 株（丛）以上，乔、灌木总覆盖度≥30%，其中乔木所占比例在 30%—50%，且分布均匀；

（3）灌木型。小班灌木覆盖度≥30%，或小班每公顷有灌木不少于 1000 株（丛），且分布均匀；

（4）乔灌草型。乔灌草综合覆盖度≥50%，其中乔、灌木覆盖度≥20%，或每公顷有乔、灌木 1050 株（丛）以上，其中乔木所占比例≥30%，且分布均匀；

（5）灌草型。小班灌草综合覆盖度≥50%，其中灌木覆盖度≥20%。

## 三、验收主要因子

验收新增成林资源应以施工设计文件、图纸和造林经营档案、造林检查验收报表等资料为依据，按期开展现地检查验收。验收时主要因子要记载全面完整：①地理位置和范围（或林班、小班号）；②权属；③林种、林龄、树种组成（目的树种和非目的树种）；④郁闭度、灌木林地盖度、混交比；⑤单位面积株数及其占合理株数的百分比；⑥立地类型及成林方式；⑦生长状况（分别目的树种和非目的树种）；⑧已采取的经营措施。

## 四、验收技术规定

人工造林地，验收时应沿样线机械布设样地，样地布设应避开林缘及有障碍无法通过的地段，样地面积一般为 $10 \times 10$ m$^2$ 或 $20 \times 20$ m$^2$。

（1）样地设置数量。小班面积在 10 hm$^2$ 以上的，样地总面积不少于小班面积的 2%；不足 10 hm$^2$ 的小班，样地总面积不小于小班面积的 3%。

（2）合格率计算。根据调查结果，计算小班株数保存率、单位面积保存株数及成林面积合格率。

单位面积保存株数＝小班各样地内保存株数之和/小班各样地总面积×10000

株数保存率＝单位面积保存株数/合理株（穴）数或设计株（穴）数×100%

小班株数保存率＝小班样地内保存株数/小班样地内造林总株数×100%

成林面积合格率＝达到验收标准的面积/应验收总面积×100%

（3）封山育林地，验收主要调查郁闭度、均匀度、覆盖度及每公顷保存株数。样地的设置方法同上。

均匀度（或频度）＝有树样方数/样方总数×100%

单位面积保存株数（或公顷保存株数）＝小班样地内保存株数之和/小班样地总面积×10000

成林面积合格率＝达到验收标准的面积/应验收总面积×100%

（4）模拟飞播造林，验收采用小班调查法调查郁闭度、均匀度（或频度）、乔灌木总覆盖度及单位面积保存株数。样地及样方设置及计算方法同上。

（5）新成林验收面积以公顷为单位，取两位小数；样地（或样方）面积以平方米为单位，取整数；保存率、郁闭度、均匀度、单位面积保存株数、成林面积合格率均取一位小数，第二位小数四舍五入。

## 第四节 中幼龄林抚育试点监督

### 一、监督目的

为规范中央财政森林抚育补贴试点中幼龄林抚育管理，提高工程建设质量，加快森林资源培育，合理评价中幼龄林抚育作业实绩。

### 二、监督依据

•《财政部 国家林业局关于开展2009年森林抚育补贴试点工作的意见》；

•《森林抚育规程》；

- 《中幼龄林抚育补贴试点作业设计规定》;
- 《森林抚育补贴试点管理办法》;
- 《森林资源规划设计调查主要技术规定》;
- 《生态公益林建设技术规程》;
- 《森林采伐作业规程》;
- 《低效林改造技术规程》。

## 三、监督内容

主要检查因子有:

(1)实测面积。指现地实测的小班面积。

(2)抚育强度。指实测标准样地推算的小班抚育强度,包括株数强度和蓄积强度。抚育作业后,人工林郁闭度不得低于0.6,天然林郁闭度不得低于0.5,林分平均胸径不得低于伐前林分平均胸径。

(3)平均直径。指实测标准样地推算的小班伐前、伐后平均直径,林分平均直径不得低于伐前林分平均直径。

(4)树种组成。指实测标准样地推算的小班主要树种株数(蓄积)比例。

(5)公顷株数。指实测标准样地推算的公顷抚育前株数(具体按照《森林资源规划设计调查技术细则》)。

(6)郁闭度。指实测标准样地推算的小班抚育后郁闭度。

## 四、主要术语

(1)中幼龄林。指经营水平较低的森林经理区内,小班优势树种或各个树种的平均树龄处于较低龄级,按龄组划分时属于幼龄林和中龄林的林分。

(2)抚育间伐。指以培育稳定、健康、丰富多样的森林群落结构、提高森林质量、林地生产力和综合效益为目的的,针对中幼龄林采取的透光伐、生态疏伐、生长伐、卫生伐等抚育措施。

(3)透光伐。按照确定的保留株数,间密留疏,去劣留优,保留珍贵树种和优质树木,调整林分结构。

(4)生态疏伐。在特用林和防护林的中龄林中进行。按照有利于林冠形成梯级郁闭、主林层和次林层立木都能受光的要求,将林木分为优良木、有益木和伐除木。保留优良木、有益木和适量的灌木。风景林景观疏伐,按《生态公益林建设技术规程》(GB/T18337.3 - 2001)中的有关规定执行。

（5）生长伐。在用材林的中龄林中进行。采用上层抚育、下层抚育、综合抚育等方式，伐除影响保留木生长的树木。

（6）卫生伐。主要对遭受病虫害、风折、风倒、冰冻、雪压、森林火灾等灾害的林分开展，清除生态功能明显降低的被害木。

（7）修枝。主要在自然整枝不良、通风透光不畅的林分中进行。一般采取平切法，重点针对枝条、死枝过多的林木。修枝高度幼龄林不超过树高的1/3，中龄林不超过树高的1/2。

（8）割灌。在下木生长旺盛、与林木生长争水争肥严重的中幼龄林中进行。采取机割、人割等不同方式，清除妨碍树木生长的灌木、藤条和杂草。

（9）上层抚育。砍伐居于上层林冠的林木，人为改变森林自然选择方向，积极干预林分结构调整和林相改造。

（10）下层抚育。伐除居于林冠下层，生长落后，径级较小的濒死木和枯立木。

（11）综合抚育。采伐林冠上层和下层林木，抚育后林内光照条件明显改善，利于生长落后的林木恢复和加快生长。

中幼龄林抚育检查验收实行县（市、区）、国有林业局经营局自查，省级复查检查验收方式。

## 五、监督检查方法

县局级自查由（市、区）林业局、国有林业局（森林经营局）组织，组织专业技术人员进行全面检查；省级复查由省级林业主管部门组织专业技术人员进行检查。

### 1. 局级自查

（1）自查内容。由实施中幼龄林抚育的国有林业局、森林经营局组织展开全面自查。内容包括：

①实施方案和作业设计文件，上报与批复以及执行情况，计划分解和完成情况。

②中幼龄林抚育的地块选择是否符合项目要求，抚育方式确定是否合理，上报面积与作业面积是否一致。

③是否按照作业设计要求完成抚育间伐、定株修枝、除草割灌、抚育区内简易道路维护、抚育材集运、抚育剩余物处理、林地清理等作业。作业质量是否达到相关规程的要求。

④是否存在超证采伐、越界采伐、乱砍滥伐、采好留坏、采大留小、采伐珍贵树种以及开林窗等违规行为。

⑤成效监测样地的设置，监测开展情况，林分抚育前后的林分生长、林分结构、林分健康、林下植被状况、森林土壤等时效数据是否齐全。

⑥建设单位的中幼龄林抚育组织领导机构、实施方案、作业设计、施工合同、公示、成效监测等相关文件是否齐全。

（2）自查方式。

①面积核实：采用现地逐小班实测，量算小班面积。实测的小班均需留存GPS控制点位的坐标。

②作业质量：采用标准地调查法调查作业设计符合情况，确定各种抚育方式的质量是否符合相关规定。自查结果应按林班小班、林场逐级统计，林业（经营）局汇总，各项因子检查结果填表并录入计算机，建立数据库。

（3）自查结果。县（局）级自检结束后，及时向省级林业主管部门上报自检结果，并申请省级复查。自检材料应包括以下内容：

①项目实施概况：包括任务完成情况和抚育质量情况、项目管理情况、采伐限额执行情况以及资金使用情况。

②自查报告：包括自检组织情况、自检结果、成效、问题及下一步建议。

③自查结果表（结果数据库）。

④监测报告：包括监测样地设置情况、监测数据、监测结果的分析评价及建议。

⑤试点工作总结。

（4）自查档案管理。将中幼龄林抚育实施方案、计划、作业设计、责任书、施工合同，年度资金使用报告及报表、样地监测记录表、项目自查验收报告，外业调查图、表（含面积量算记录）、卡、统计汇总表等有关资料按技术档案管理规定立卷归档。

## 2. 省级复查

（1）复查内容。在局级自查上报数据的基础上进行省级复查，省级复查内容同局级自查。

（2）复查工作量。在局级自查上报数据的基础上进行省级复查，省级复查内容同局级自查。

（3）复查样本抽取。

①试点县（市、区）、国有林业局、森林经营局都进行省级复查，检查的林场由省林业厅依据各局自检材料进行抽取。

②抽检林场数量原则上不少于2个，各种类型齐全，各类型检

查面积不低于施工单位各类型总面积的 5% 。确定原则：按照施工单位完成各种抚育类型的面积(透光伐、生长伐、生态疏伐、卫生伐、修枝、割灌、修枝割灌)，各小班的树种组成，上一年各类型完成质量情况。

③检查林场或林班一经确定，不得随意改动，如遇重大灾情或特殊情况需要改动时，应得到林业厅主管部门的同意。

(4)复查方式。省级复查是在县局级自查的基础上进行抽检核实，评价工程建设质量。

①听取汇报、查阅材料、现地检查的形式。

②对抽中的小班全部进行现地检查。

③作业质量采用样地调查法检查抚育情况。

④填写检查验收卡片的各项内容。

(5)外业调查。

①小班调查：检查的小班原则上需勾绘到 1：10000 的地形图上，利用 GPS 定位技术，现地核对小班位置、形状和范围，重新求算小班面积。当检查核实(保存)面积与上报面积相差在 ±5% 范围内时，认可上报面积；否则以核实面积为准。小班核实面积不得大于设计面积。

面积检查：采用 GPS 或罗盘仪导线测量的方法求算面积，当实测面积与设计面积相差 ≤ ±5% 时，认可小班上报面积，否则以实测面积为准。每个小班均需留存 GPS 控制点位的坐标。

样地布设和检查：采用方形样地实测的方法推算小班检查因子，根据小班形状均匀布设实测方形样地，样地面积为 0.06 hm$^2$(样地中心点到各顶点距离为 17.32 m，坡度超过 5 度的要进行坡度改平)。按照小班面积确定样地数量，样地之间距离不得小于 50 m。小班面积 1 ~ 10 hm$^2$，每公顷设置 1 块样地；小班面积 10 hm$^2$ 以上，每 2 hm$^2$ 设置 1 块样地。检查人员应根据小班作业设计图纸事先布设好样地，实地检查时按照小班调查表认真测量和记录样地内各项调查因子，并记录样地中心 GPS 定位数据。

成效监测对照区监测样地：现地检查监测样地是否按规定布设，采集的数据是否准确及相关因子是否齐全。

(6)省级复查成果。

①工作开展情况、任务量、检查单位数、工作时间、参加人员等。

②检查结果：用文字和表格分述受检单位中幼龄林抚育完成情况，体现质量的指标情况。

③实施单位管理情况，采伐限额执行情况，资金使用情况。

④成绩与经验：实施单位较为突出的做法，典型材料。

⑤问题及分析：对上报与完成面积相差较大的、抚育质量较差的单位进行说明和分析。突出问题、有代表性问题要落实到小班。

⑥建议：包括实施单位对中幼龄林抚育的建议和检查验收人员对检查验收中具体问题改进的建议。

## 六、评价方法

生长伐、透光伐、修枝、割灌同时存在的小班，按生长伐、透光伐标准评价小班是否合格，单纯修枝、割灌的小班，分别按照修枝、割灌标准评价，修枝与割灌同时存在时，修枝和割灌分别打分后按照各自所占比重计算小班总得分。

### 1. 生长伐、透光伐小班合格标准

小班合格标准采用 100 分制，满分 100 分，得 85 分及以上为合格。

(1)抚育方式。满分 10 分，抚育方式确定正确得 10 分，否则为不合格小班。

(2)抚育强度(株数、蓄积)。满分 10 分(有株数、蓄积强度的各 5 分；只有株数强度的，株数强度 10 分)，实测抚育强度与设计强度每相差 ±2%，扣 2 分，扣完为止。实测抚育强度超过规定强度上限或下限的为不合格小班。

(3)平均胸径(伐前/伐后)。满分 10 分，伐后平均胸径低于伐前平均胸径 1 个径级扣 5 分，低于 2 个径级及以上为不合格小班。

(4)树种组成(伐前)。满分 5 分，树种组成相同，但单树种比例相差 2，扣 2 分；单树种比例相差 3 以上扣 5 分；实测优势树种与设计不同，为不合格小班。

(5)小班标志牌(桩)。满分 5 分，无小班标识牌(桩)不得分，已经损坏的扣 3 分。

(6)小班边界标志。满分 5 分，无标识不得分，标识不清晰且无法识别扣 3 分。

（7）公顷株数。满分 5 分，实测株数与设计株数相差 ≤ ±5% 不扣分，否则不得分。

（8）郁闭度（伐后）。满分 10 分，符合作业设计得满分，伐后郁闭度 ±0.1 扣 5 分，伐后郁闭度 ± ≥0.2 不得分。伐前伐后郁闭度相差 0.2 以上或人工林伐后低于 0.6、天然林伐后低于 0.5 为不合格小班。

（9）林龄。满分 10 分，与设计不符每差 5 年扣 2 分，跨龄组不得分。

（10）林窗。满分 10 分，出现林窗不得分。

（11）应采未采、错采。满分 10 分，错采 1 $m^3$/$hm^2$ 扣 2 分，应采未采每 5 株/$hm^2$ 扣 1 分，扣完为止。

（12）场地卫生。满分 5 分，随集随清，堆放整齐符合规定得满分，否则不得分。

（13）伐区丢弃材。满分 5 分，丢弃材超过 0.1 $m^3$/$hm^2$ 扣 1 分，超过 0.3 $m^3$/$hm^2$ 不得分。

**2. 修枝小班合格标准**

小班合格标准采用 100 分制，满分 100 分，得 85 分及以上为合格。

（1）林分选择。满分 20 分，林分自然整枝不良、通风透光不畅符合单纯修枝条件，得满分，否则为不合格小班。

（2）主要技术。满分 10 分，修枝高度幼龄林不超过树高的 1/3，中龄林不超过树高的 1/2，残桩符合相关技术规程的规定，对树木不造成额外的伤害得满分，否则，每一项不合格扣 5 分，扣完为止。

（3）小班标志牌（桩）。满分 10 分，无小班标识牌（桩）不得分，已经损坏的扣 3 分。

（4）小班边界标志。满分 10 分，无标识不得分，标识不清晰且无法识别扣 3 分。

（5）林龄。满分 20 分，与设计不符每差 5 年扣 2 分，跨龄组不得分。

（6）应修未修。满分 20 分，修剪枝条、死枝过多的林木，应修未修的林木占 10% 扣 5 分，扣完为止。

（7）场地卫生。满分 10 分，随集随清，堆放整齐符合规定得满分，否则不得分。

**3. 割灌小班合格标准**

小班合格标准采用 100 分制，满分 100 分，得 85 分及以上为合格。

（1）林分选择。满分 20 分，林分下木生长旺盛、与林木生长争水争肥严重，符合单纯 割灌条件，得满分，否则为不合格小班。

（2）主要技术。满分 20 分，按设计要求清除妨碍树木生长的灌木、藤条和杂草，得满 分，否则，清除不彻底面积占一个百分点扣 2 分。

（3）小班标志牌（桩）。满分 10 分，无小班标识牌（桩）不得分，已经损坏的扣 3 分。

（4）小班边界标志。满分 10 分，无标识不得分，标识不清晰且无法识别扣 3 分。

（5）林龄。满分 20 分，与设计不符每差 5 年扣 2 分，跨龄组不得分。

（6）场地卫生。满分 20 分，随集随清，堆放整齐符合规定得满分，否则不得分。

### 4. 综合评价

综合得分 = 外业合格率 × 90% + 内业合格率 × 10%

外业合格率（%） = （面积合格率 + 面积核实率）/2 × 100%

内业合格率（%） = （检查验收率 + 监测合格率 + 建档率）/3 × 100%

# 第五章

# 林地林权管理监督

　　林地是林业立足之本，是林业发展的根基，没有了林地，林业的发展就无从谈起。实施林地林权管理监督，严格实施用途管制，认真落实林地分级管理，有效补充林地数量，引导节约使用林地，对统筹人与自然和谐、保障国土生态安全、推进生态文明建设、实现经济社会可持续发展，具有重要而深远的意义。

## 第一节 监督目的、依据和内容

### 一、监督目的

林地林权管理监督主要目的是为了进一步健全林地林权管理制度，准确掌握林地及其占用征收情况，坚决守住林地红线，为实现"双增"目标提供可靠保障。

### 二、监督依据

- 《中华人民共和国森林法》；
- 《中华人民共和国森林法实施条例》；
- 《中华人民共和国土地管理法》；
- 《中华人民共和国土地管理法实施条例》；
- 《征占用林地审核审批管理办法》；
- 《占用征用林地审核审批管理规范》；
- 《占用征用林地检查方案》；
- 《占用征用林地检查技术方案(试行)》；
- 《征占用林地行政许可被许可人监督检查办法》；
- 《征占用林地行政许可被许可人监督检查方案》；
- 《全国林地保护利用规划纲要(2010－2020年)》；
- 《关于加强对勘查、开采矿藏占用东北、内蒙古重点国有林区林地审核监督管理的通知》；
- 《国家林业局关于从严控制矿产资源开发等项目占用东北、内蒙古重点国有林区林地的通知》；
- 其他有关法规、政策、标准、规程、文件规定。

### 三、监督内容

林地林权管理监督内容主要包括重点国有林区林地审核监督、占用征收林地行政许可被许可人监督、占用征用林地监督、县(市、区)林业行政执法、林地定额管理监督、林地回收管理监督等。

## 第二节 重点国有林区林地审核监督

### 一、审核对象

按照国家林业局《占用征用林地审核审批管理规范》（林资发〔2013〕139号）、《国家林业局关于加强对勘查、开采矿藏占用东北、内蒙古重点国有林区林地审核监督管理的通知》（林资发〔2009〕82号）和《国家林业局关于从严控制矿产资源开发等项目占用东北、内蒙古重点国有林区林地的通知》（林资发〔2013〕4号）要求，森林资源监督专员办事处（以下简称专员办）仅对勘查、开采矿藏及其附属设施占用东北、内蒙古重点国有林区林地的项目进行现地审核。

省级林业行政主管部门在上报国家林业局审核审批此类占地项目的同时，抄送国家林业局驻东北、内蒙古专员办，由专员办负责现地审核。

### 二、审核材料

#### 1. 申请人提交的材料

（1）占用征收林地建设单位需提交法人证明，机关单位需提交组织机构代码证，事业单位需提交事业单位法人证书，企业单位需提交企业法人营业执照。建设单位或者其法定代表人变更的，要有变更证明。

（2）使用林地申请表。使用林地申请表是用地单位的书面申请。要按照省级林业行政主管部门统一印制的使用林地申请表填写，明确被占用林地类型，即包括：防护林林地、特用林林地、用材林林地、薪炭林林地、采伐迹地。意见栏中要签署具体明确的意见，负责人签批后，加盖公章。

（3）项目批准文件。

①上报审批的建设项目，需提交可行性研究报告批复和初步设计批复；核准制、备案制的建设项目，需提交核准、备案的确认文件；城乡规划区为实施城乡规划的建设项目占用征收林地的，需提交建设用地规划许可证或乡村建设规划许可证。

②勘查、开采矿藏项目，需提交勘查许可证、采矿许可证和其他相关批准文件。勘察、开采矿藏要附勘查许可证、采矿许可证的

副本复印件，采矿权人、地址、矿区范围要一致。

③其他建设项目，需提交相关行政主管部门的批准文件。因建设项目勘测设计需要临时占用林地的，要有建设项目可行性研究报告的批复。

（4）林地权属证明。提供占用征收林地林权证的复印件。未发放林权证的，提交县级以上人民政府出具的林地林木权属清楚的证明。林权证要与林地现状一致，小班和林种进行调整的，应由县级林业行政主管部门出具相关调整的说明。

提供的项目批准文件、申请人材料、林权证明材料等复印件需经当地林业行政主管部门审查后加盖公章。

（5）有资质的设计单位作出的项目使用林地可行性报告或使用林地现状调查报告。国家林业局和省级林业行政主管部门审核审批的项目，要提供使用林地可行性报告，农村居民按照标准个人建房除外。占用重点国有林区林地勘查、开采矿藏项目，其《使用林地可行性报告》要求具有甲级资质的林业调查规划设计单位编写，包括对项目是否符合矿产资源规划、履行矿产资源"招拍挂"、经营规模、选址依据、用地规模、对森林和生物多样性影响、生态安全、资金来源、补偿补助和人员安置、林业职工就业等内容进行分项说明。具体的报告要按照国家林业局《使用林地可行性报告编写规范》编写，报告的林地现状情况要与使用林地申请表填写的情况保持一致。

（6）建设单位与被占用征收林地单位或个人签订的林地、林木补偿协议和安置补助费协议。补偿协议、补助费协议是建设单位和林地、林木所有者或经营者签订的。

（7）预缴森林植被恢复费汇款凭证复印件。关于森林植被恢复费的计算问题，根据财政部、国家林业局《森林植被恢复费征收使用管理暂行办法》（财综〔2002〕73号）文件精神，主要按照地类计算收取。灌木林地不论是否被区划为公益林，应统一执行灌木林地的征收标准。各类林种的采伐迹地和火烧迹地，应执行采伐迹地和火烧迹地的征收标准，而不是原林种的征收标准。城市及城市规划区林地按照文件要求"可按2倍收取"。

（8）其他证明材料。占用征收保护区（自然保护区、森林公园、风景名胜区）林地的，要提交有关主管部门同意项目建设的证明材料。

**2. 有关林业行政主管部门提交的材料**

（1）现场查验报告（需由省级林业行政主管部门现场查验的除

外）。现场查验工作是由林业行政主管部门组织相关人员对使用林地现状的现场复核工作，各级林业行政主管部门要切实进行现场查验工作，保证提交真实的现场查验报告。现场查验报告要说明占用征收林地的面积、位置、地貌等基本情况；地类、权属、林分起源、林种、林木蓄积等森林资源现状；是否在保护区范围内(即自然保护区、森林公园、风景名胜区范围内)，是否有国家重点保护的野生动、植物资源和古树名木，是否存在先占地后办手续或擅自改变林地用途、采伐林木的行为。现场查验报告应有 2 名以上查验人员签名。报国家林业局审核审批的项目，现场查验单位应加盖公章。

(2)林业行政主管部门用正式文件上报的审查意见。市、县林业行政主管部门要提出具体明确的审查意见，并以"关于……的审查意见"文件形式上报。

(3)违法占用林地补办手续的，除提交占用征收林地相关材料外，还要提交案件依法查处的全部处罚文书的复印件并加盖公章。

## 三、审核内容

专员办委派 2 名以上工作人员进行现地审核。现地审核的主要内容有：

(1)查验林地现状。确认该项目是否动工、是否存在未批先占、不批也占等非法使用林地行为。

(2)核实占用林地的生态区位。确认是否涉及自然保护区和森林公园，是否属于生态脆弱区域，是否在公益林内等。

(3)核实地类、林种。现场对照编制的《使用林地可行性报告》的地类、林种等是否真实和准确。

(4)评估占地规模。项目占用林地的规模是否合理，是否落实了《中华人民共和国森林法》关于不占或者少占林地的规定。

(5)上报审核意见。审核工作应在接到申请材料后 10 个工作日内完成，审核意见以正式文件上报国家林业局。因项目存在违法占用林地问题需要处理，在 10 个工作日内不能上报审核意见的，专员办要向国家林业局说明原因。

(6)对在现地审核中发现的违法占用林地问题，林业行政主管部门应在现场实测的基础上依法查处。行政处罚应按照规定的标准处罚到位，不能一事二罚。

(7)对已经处罚到位的违法占用林地项目，是否可以继续申请占用林地，分两种情形：一是不符合国家有关规定，不予补办占地手续。林业行政主管部门要依法执行处罚，责令限期恢复原状。公民、法人或者其他组织在规定的时限内拒不履行的，由作出责令限期恢复原状决定的林业行政主管部门依法申请人民法院强制执行，恢复原状所需费用，由擅自改变林地用途的公民、法人或者其他组织承担。情节严重、构成犯罪的，应移交司法机关，追究相关人员的刑事责任；二是确需占用征收林地且符合国家有关规定的，在依法处罚、追究相关责任后，可以补办占用征收林地审核审批手续。补办申请手续时，必须附有相关处罚材料。

## 第三节　占用征收林地行政许可被许可人监督

　　占用征收林地行政许可，包括占用征收林地、临时占用林地和直接为林业生产服务的工程设施占用林地的审批。被许可人，是指取得国家林业局核发的使用林地审核同意书、临时占用林地行政许可决定书的公民、法人或者其他组织，以及取得国家林业局核发的直接为林业生产服务的工程设施占用林地行政许可决定书的森林经营单位。占用征收林地行政许可被许可人监督检查就是对获得国家林业局审核同意或批准占用征收林地的被许可人使用林地情况进行监督检查，确保占用征收林地行政许可的严格执行。

### 一、监督检查内容

　　监督检查应当采取实地检查的方式，核查被许可人从事建设项目征占用林地的情况。

　　(1)检查项目包括上一年度项目和指定项目。对上一年度国家林业局审核(批)的所有征占用林地项目，由国家林业局资源司组织各专员办统一抽取。对国家林业局在前二个或三个年度审核(批)的项目，在过去检查时尚未动工或竣工但抽取时已竣工的项目中，国家林业局资源司分别抽取1个线状和非线状工程项目进行检查。

　　(2)办理建设项目占用征收林地行政许可的申报材料是否真实。

　　(3)是否按照行政许可确定的地点、面积、范围、用途、期限等使用林地。

　　(4)建设项目附属设施或辅助工程使用林地情况。

　　(5)是否落实了行政许可决定书要求的工程项目周边森林和野生动植物资源保护措施。

（6）了解森林植被恢复费征收及三项补偿费的落实情况。

（7）其他需要检查的情况。

## 二、监督检查方法

检查以现地调查为主，材料核实和社会调查相结合的方法进行。

（1）材料核实。核实被许可人办理占用征收林地行政许可时申报材料的真实性。

（2）社会调查。一方面与地方林业行政主管部门座谈，了解建设项目办理占用征收林地行政许可的过程、森林植被恢复费的征收情况、占用征收林地的监督管理情况等；另一方面与建设项目所在地的县政府及有关部门、单位、被许可人等座谈，了解建设项目施工进展、实际占用征收林地和各项补偿费用落实情况。

（3）现地核实。检查人员携带有关申报材料、图面资料和占用征收林地行政许可文书等，对建设项目占用征收林地情况进行现地查看，初步了解是否存在非法使用林地的行为。

依据使用林地可行性报告，利用地形图、林相图、建设项目设计施工图等资料，根据该工程建设的具体情况，采用GPS或罗盘仪测量等方法，核实工程使用林地的地点、范围、面积、地类等，并与占用征收林地行政许可决定书和申报材料核对，判定被许可人是否存在违法违规使用林地问题。对存在违法违规使用林地的地块，检查人员做好GPS定位等相关情况记录。

（4）检查中认真对待群众举报的问题，必要时进行现地核实。

（5）每一个项目检查结束后，检查人员要将检查情况向被许可人和项目所在地的市、县林业行政主管部门反馈，听取意见，充实材料。全部检查工作结束后，向省级林业行政主管部门通报检查情况，听取有关意见和建议。

## 三、监督检查成果

外业检查工作完成后，以省为单位编写检查报告。检查报告的主要内容如下：

（1）检查工作开展情况。

（2）检查结果。总体情况；执行行政许可中好的做法和经验；执行行政许可中存在的主要问题与原因。

（3）违法建设项目的查处情况。分别项目说明对违法违规问题的查处情况，并附案例材料。

（4）对进一步加强占用征收林地行政许可管理的建议。

（5）检查汇总表。

检查成果按国家林业局规定的时间提交。除检查报告外，各专员办要根据规定的数据格式，将相关调查资料录入数据库一并上报。

## 第四节 占用征用林地监督

占用征用林地监督检查是为了掌握各地林地保护管理、审核审批占用林地和恢复森林植被情况，督促地方政府和林业行政主管部门履行管理职责，贯彻占用征用林地审核（批）制度，客观分析占用征收林地管理现状，促进林地保护管理工作规范化。

## 一、监督检查范围

### 1. 时间范围

（1）被检查县行政区域或经营范围内，上年度1月1日至检查时发生的占用林地或改变林地用途情况。

（2）指定的工程项目，自动工占用林地或改变林地用途之日起至本年度检查时发生的占用林地或改变林地用途情况。

（3）上年度已经被检查的复检单位，检查上年度查出问题的整改结果，以及上年度检查以后至本年度检查时发生的占用林地或改变林地用途情况。

（4）上年1月1日至检查时临时占地到期后的回收和植被恢复情况。

（5）近3年来永久占地恢复森林植被情况。

### 2. 占用林地的建设工程类型

（1）工程建设。指永久占用国有林地、征用集体林地进行勘查、开采矿藏和各项建设工程项目；森林经营单位在所经营的林地范围内修筑的非直接为林业生产服务的工程设施项目。

（2）乡村建设。指乡（镇）、村和村民小组建设乡镇企业、公共设施和公益事业，农村居民住宅建设等使用农民集体所有的林地。

（3）临时占用林地。指占用林地期限不超过两年，不在占用的林地上修筑永久性建筑物，用地单位占用林地期满后恢复林业生产条件的项目。

（4）直接为林业生产服务的工程。指森林经营单位在所经营的林地范围内修筑直接为林业生产服务的工程设施。

## 二、监督检查内容

（1）被检查县林地保护、管理情况。包括保护、管理林地的规章制度是否健全，职责是否明确，措施是否到位。

（2）被检查县对占用林地审查（批）情况。包括林业主管部门审查（批）档案材料是否齐全，有无越权或化整为零审批占用林地情况；地方政府及有关部门有无未经县级以上林业主管部门审核同意批准占用林地情况；违法审核审批的责任单位和责任人情况。

（3）被检查县林业主管部门查处违法占用林地和擅自改变林地用途行为情况。包括对管辖范围内的违法占用林地和擅自改变林地用途行为是否及时制止和上报；对未经县级以上林业主管部门审核同意，擅自改变林地用途的行为是否责令限期恢复原状并依法处罚，有无结果等。

（4）检查占用林地或改变林地用途建设工程的内容：

①占用林地或改变林地用途情况。包括建设工程拟占用林地面积，已改变林地用途面积，经审核审批同意或违法占用林地、擅自改变林地用途的面积。查清建设工程未办理审核审批手续占用林地情况，或虽经林业主管部门审核同意但未经有批准权限的人民政府及其有关部门批准的占用林地情况，还要查清经林业主管部门审核不同意也占用林地，及少审（批）多占、先占后审（批）情况。同时要查清违法占用林地的责任单位及其责任人。

②办理占用林地审核审批手续情况。包括建设工程的批准机关、批准文号、批准时间，工程名称、动工时间、工程类型、工程类别，占用林地和改变林地用途的审核、审批机关，审核同意、批准文号、审核同意、批准时间和审核同意、批准面积。

③森林植被恢复费和三项补偿费用缴纳情况。包括规定缴费额、协议缴费额、实际缴费额，有关费用低于规定的原因，特别查清返还森林植被恢复费等弄虚作假骗取审核审批的情况。

④办理林木采伐许可证和采伐林木情况。包括实际采伐林木面积、蓄积，是否不办理林木采伐许可证就采伐林木。

（5）到期临时占用林地回收情况。检查临时占地项目到使用期限后，林地是否交还原森林经营者恢复森林植被，要查清到期不归还或不恢复森林植被的原因。

（6）恢复森林植被情况。检查林业主管部门使用森林植被恢复费和落实异地恢复森林植被措施情况。

（7）毁林开垦情况。要查清被检查县是否存在毁林开垦情况，对存在的毁林开垦行为，林业主管部门是否依法做出处理，处理决定是否落实。

（8）三项补偿费用落实情况。调查被占林地单位或个人的三项补偿费用落实情况，了解是否存在不按协议补偿，或者低于上级政府规定的标准补偿等情况。

## 三、监督检查方法

检查工作采取听取汇报、查阅材料、核实举报、社会调查和现地检查相结合的方法进行。各项工作都应有详细、准确的书面记录。

### 1. 听取汇报

（1）与各省和有关地、市级林业主管部门座谈，了解当地上年度林地管理的基本情况，重点了解被检查县的建设工程占用林地审核审批，森林植被恢复费收取、管理情况。

（2）与被检查县林业主管部门座谈，了解林地保护、管理和森林植被恢复费管理、使用，落实恢复森林植被措施的情况；了解建设工程占用林地及办理审核审批手续情况；了解林改后的林农依法获得补偿情况。

（3）与检查涉及的乡（镇）林业站座谈，了解乡村建设占用林地和乡（镇）林业站参与林地管理情况。重点了解有无擅自占用林地的建设工程或改变林地用途情况。

（4）必要时可采取直接与群众对话的方式，听取反映，掌握情况。要认真对待群众的举报，凡有举报的必须核实。

### 2. 社会调查

调查被占林地单位、村组和农户，了解三项补偿费用落实情况。

### 3. 现地检查

（1）检查林业主管部门保护管理林地的规章制度和林地管理档案是否齐全。

（2）检查林业主管部门审查（批）占用林地档案材料是否齐全。

（3）根据被占用林地的原林地档案、林地审查（批）文件、林木采伐许可证等材料，采用 GPS 或罗盘仪测量等方法，利用林相图、森林资源分布图，结合建设工程设计图，对检查范围内所有占用林地的建设工程全部进行现地核实。特别是要对实际发生的占用林地面积、原地类、原林种和采伐林木情况、落实恢复森林植被的造林地等必须核实准确。

（4）对被检查单位林业主管部门报告没有发生占用林地的乡镇，要采取随机抽样方法，抽取 1/3 的乡镇进行实地踏查，检查有无占用林地、改变林地用途和毁林开垦等情况；如有，要查清事实，了解林业主管部门不掌握情况的原因。

### 3. 审核

对指定的工程项目，要按照上述方法了解整个工程占用林地和改变林地用途情况，审核审批情况，森林植被恢复费缴纳情况，并对整个工程占用或改变用途的林地进行现地核实。

### 4. 填写检查卡片

按各项工程逐一填写"占用征用林地检查卡片"。

## 四、监督检查成果

（1）检查报告。

①检查工作开展情况；

②各省上年度林地管理的基本情况；

③依据检查内容提交被检查县或指定的工程项目的检查结果；

④典型违法占用林地和擅自改变林地用途情况的专题报告；

⑤被检查单位之外发生的违法占用林地和擅自改变林地用途情况；

⑥对检查结果的分析评价；

⑦存在的问题与建议；

⑧附表。

（2）检查成果按省汇总，写出检查报告，一式三份报森林资源管理司（监督办）。

（3）根据国家林业局森林资源管理司提供的格式，将数据随同文字报表一并上报。

## 第五节　县（市、区）林业行政执法林地管理监督

为贯彻落实《中共中央 国务院关于加快林业发展的决定》精神，督促指导地方政府按照《中共中央 国务院关于加快林业发展的决定》要求，严格贯彻落实国家法律法规和政策制度，为森林资源保护和发展提供保障，专员办每年对县（市、区）林业行政执法情况进行综合检查。

## 一、检查内容

县(市、区)林业行政执法林地管理监督是检查县(市、区)行政区域内上年度至检查时止发生的占用征收林地或改变林地用途的情况。

(1)县级林业行政主管部门占用征收林地审查、审批情况，档案管理、信息化建设情况，占用征收林地定额执行情况。

(2)各类建设项目占用征收林地情况。

(3)森林植被恢复费及三项补偿费的收缴、使用情况。

(4)临时占地到期回收和林地恢复植被情况。

(5)近3年永久占地情况。

(6)非法占用林地行为的查处情况。

## 二、检查方法

### 1. 社会调查

了解建设项目办理占用征收林地行政许可的过程、森林植被恢复费的征收使用情况、建设项目占用征收林地的时间、采伐林木等有关情况，占用征收林地的监管情况及掌握和查处非法占用林地、毁林开垦、蚕食林地等情况；了解建设项目施工进展、实际占用征收林地和各项补偿费用落实情况；调查走访相关部门及林权单位(个人)等，了解对非法占用林地的掌握情况。

### 2. 现地检查

根据使用林地可行性报告，利用地形图、林相图、建设项目设计施工图等资料，根据该工程建设的具体情况，采用 GPS 定位、地形图勾绘等方法，核实小班(地块)的地点、范围、面积、地类等，并与占用征收林地行政许可决定书和申报材料核对，判定被许可人是否存在违法违规使用林地问题；对被检查的县林业行政主管部门报告没有发生占用林地的乡镇，采取随机抽取方法，抽取三分之一乡镇进行实地踏查，检查有无非法占用林地、改变林地用途和毁林开垦、蚕食林地等情况。

## 第六节 林地回收管理监督

林地回收是指对占用征收林地合同期满，未按规定交回或非法侵占的林地依法进行回收还林的管理工作。林地回收管理监督就是依法对林业行政主管部门在回收林地过程中采取的一系列行政管理活动实施的监督，以保护林地资源，避免林地流失。

## 一、监督内容

### 1. 林地清查

林地清查是指根据有关林地基础档案、图纸等资料对非法侵占林地状况进行的摸底调查。非法侵占林地，是指以违反林地管理法规方式侵占林地的行为。

### 2. 限期还林

林业行政主管部门在开展林地清查的基础上，按照谁批准谁负责、谁破坏谁恢复的原则，对毁林开垦的林地，限期全部还林。要制定造林计划，落实造林资金，限定还林时间，保证还林质量。对拒不还林或者还林不符合国家有关规定的，由县级林业行政主管部门组织代为还林，所需费用由毁林开垦者承担。

限期还林做好"四落实"。即落实责任人、落实时间、落实资金、落实地块。要切实加强还林的检查验收，做到科学设计、良种壮苗、适地适树，且成活率和保存率都要达到国家规定的标准。

### 3. 林参间作还林监督

利用林地栽种人参必须提出用地申请报告，报有关主管部门审批。用地前，用地单位要与林地所有者签订林参间作或参后还林合同。还林须经验收合格后，交林地所有者。监督部门要从林参间作地块的调查设计、审批、间作等还林过程实施监督，严格管理，确保达到还林标准。

### 4. 对砂石料场、矿产开发超占林地回收的监督

重点审查监督区内矿产企业等采石、开矿手续是否齐全，是否存在未批先占、少批多占、不批也占的现象。

### 5. 到期临时占用林地回收

临时占用林地项目到使用期限后，林地要交还原森林经营者恢复森林植被，否则要查清到期不归还或不恢复森林植被的原因。

### 6. 毁林开垦情况核查

查清被检查县是否存在毁林开垦情况。对存在的毁林开垦行为，林业主管部门是否依法做出处理，处理决定是否落实。

## 二、监督方法

### 1. 社会调查

掌握非法占用林地、毁林开垦、蚕食林地查处等情况；调查走访相关部门及林权单位(个人)等，了解非法占用林地原因和现状。

### 2. 现地检查

利用地形图、林相图、建设项目设计施工图等资料，采用 GPS 定位仪实地测量等方法，核实小班(地块)的地点、范围、面积、地类等，判定被许可人是否存在违法违规使用林地问题；对被检查的县林业行政主管部门采取随机抽取方法，抽取三分之一乡镇进行实地踏查，检查林地回收管理情况。

### 3. 通报情况

检查结束后，要将检查情况向所在地的县级林业行政主管部门通报，提出有关意见和建议。相关部门应根据通报的问题，在规定的时限内上报整改查处结果。

# 第六章

# 林业行政案件执法监督

　　林业行政案件执法监督是对林业行政主管部门实施林业行政处罚的执法程序、执法主体以及执法行为的监督。林业行政执法监督，必须遵循有法必依、执法必严、违法必究和以事实为依据，以法律为准绳的原则。

## 第一节 监督目的、依据和内容

### 一、监督目的

林业行政案件执法监督的目的，是调整林业行政执法权的失衡，防止林业行政执法权的变异，矫正林业行政执法权运行的偏差，从而保障林业法律、法规的正确实施和国家林业方针政策的贯彻执行，依法保护公民、社会组织的合法权益，密切党同人民群众的联系，依法保护和发展森林资源，确保现代林业健康可持续发展。

### 二、监督依据

- 《中华人民共和国森林法》；
- 《中华人民共和国森林法实施条例》；
- 《林业行政执法监督办法》；
- 《林业行政处罚程序规定》；
- 《林木林地权属争议处理办法》；
- 《林木和林地权属登记管理办法》
- 《林业行政许可听证办法》；
- 《行政机关公务员处分条例》；
- 《最高人民法院关于审理破坏森林资源刑事案件具体应用法律若干问题的解释》；
- 《国家林业局公安部关于森林和陆生野生动物刑事案件管辖及立案标准》；
- 《最高人民法院关于审理破坏林地资源刑事案件具体应用法律若干问题的解释》；
- 《中华人民共和国行政处罚法》；
- 其他相关法律法规。

### 三、监督内容

林业行政案件监督是专员办工作的重要组成部分，主要有对林业行政处罚程序、执法主体和具体处罚行为的监督。

## 第二节 林业行政案件执法程序监督

林业行政处罚程序，是林业行政执法机关查处林业行政案件的适用程序，是林业行政执法人员必须遵守的行为规范。对林业行政程序的监督，就是依法对林业行政执法机关及其执法人员在查处林政案件整个过程中的行政行为的监督。

### 一、受理监督

受理是指林业行政执法机关对举报、控告、移送、上级交办、主动交待或发现有违反林业法律、法规行为等案件线索资料进行审查，对符合条件的予以接受的行为。受理是林业行政案件处罚程序的开始。

监督是根据《林业行政处罚程序规定》和《国务院信访条例》等法律、法规的要求，对于应受理而不受理或受理不及时，该移交司法机关而不移交，以及违反其他规定的林业行政执法行为，建议有关部门予以纠正。

### 二、立案监督

立案是指林业行政执法机关受理案件后，根据事实和法律法规，决定是否作为案件调查、处理的活动。立案是林业行政案件的必经程序，在案件查处中具有过滤作用。

对立案的监督必须严格按照《林业行政处罚程序规定》，从立案的条件、立案的撤销、案件管辖及移送等方面进行核查，确保立案及时、准确。

### 三、调查监督

调查是指林业行政执法机关对受理立案的案件依法进行的专门调查。调查的主要内容包括搜集证据、询问当事人或其他知情人、勘验、检查、鉴定等，主要为了查清违法事实和违法当事人，为处罚提供可靠的证据。

森林资源监督部门应对违法案件的调查及证据的收集实施全方位、全过程监督，确保案件的调查和证据的收集全面、客观、公正，事实清楚。

## 四、决定监督

决定是指林业违法案件经过调查，事实清楚，证据确凿，依照有关法律法规所给予的行政处罚的决定。

森林资源监督部门应对行政处罚决定填写是否规范等方面进行核实，确保决定符合法定要求。

## 五、执行监督

执行是林业行政执法主体，将已经发生法律效力的处罚决定内容付诸实施所进行的活动。

森林资源监督部门应对执行过程是否合法，罚没违法所得是否按规定执行，案件材料是否全部立卷归档等进行监督。

## 第三节  林业行政案件执法主体及行政行为监督

林业行政执法是各级林业行政主管部门依照法律规定对特定的组织或者个人作出的具有拘束力的具体的行政行为，是各级林业行政主管部门执行法律、依法行政的过程。林业行政执法主体是指做出具体行政行为的部门。林业行政执法监督是为了规范林业行政执法机构、执法队伍和执法行为，强化依法行使职能，维护执法活动的严肃性和公正性，以保障林业政策、法律、法规、规章的正确实施。

## 一、监督内容

### 1. 林业行政执法主体监督

依照《中华人民共和国行政处罚法》、《中华人民共和国森林法实施条例》和《林业行政处罚程序规定》，林业行政执法主体主要有三类：

（1）县级以上林业行政主管部门；

（2）县级以上林业行政主管部门依法委托的组织；

（3）法律、法规明确授权的组织。

对林业行政执法主体的监督主要有四项内容：

（1）执法人员是否具有执法资格，执法是否持有有效的执法证件；

（2）受委托组织是否在委托范围和权限内依法实施行政处罚；

（3）案件的办理人员是否应当回避而没有回避；

（4）执法人员是否有超越职权、滥用职权、包庇纵容、徇私舞弊、玩忽职守等行为。

### 2. 林业行政执法具体行政行为监督

林业行政执法具体行政行为是指国家行政机关和行政机关工作人员、法律法规授权的组织、行政机关委托的组织、或者个人在行政管理活动中行使森林法及森林法实施条例赋予的行政职权，针对特定的公民、法人或者其他组织，就特定的具体事项，作出的有关该公民、法人或者其他组织权利义务的单方行为。

林业行政具体行政行为监督就是监督林业行政处罚的主体在实施具体行政行为时是否合法、适当，即案件的事实是否清楚，证据是否确凿，适用法律法规是否正确。

## 二、监督职责

森林资源监督专员办在履行职责时，可以依法采取下列措施：

（1）专员办在依法行使监督权时，对执法机构不健全的，应督促相关部门尽快建立健全林政执法机构，配备专业队伍，完善执法体系，并对执法队伍的建设情况实施有效监督，强化管理，对执法队伍中不具备执法资格的人员，建议其主管部门清理整顿，严肃依法行政秩序。

（2）实施责任追究工作，应当坚持依法办事、实事求是、有错必纠、责罚相当，教育与惩戒相结合的原则。违反森林资源管理规定、造成森林资源破坏的，专员办可以责令相关单位和个人停止违反林业法律法规行为；对破坏森林资源行为负有领导责任的人员，专员办应当向其所在单位或者上级机关、监察机关提出给予处分的建议，依法追究林业行政主管部门工作人员的责任。破坏森林资源行为涉嫌构成犯罪的，专员办应当督促有关单位将案件移送司法机关。

（3）实施林业行政执法监督时，被监督的单位和执法人员应该积极配合，自觉接受监督。被监督单位如认为监督活动不合法或者不适当时，有权向监督单位和其上级主管部门提出改正建议。

（4）专员办对履行职责中发现的问题，应当及时向当地林业主管部门或有关单位提出处理建议，并对处理建议的落实情况进行跟踪监督。对省、自治区、直辖市人民政府林业主管部门管辖的、有重大影响的破坏森林资源行为，专员办应当向国家林业局或者驻在省、自治区、直辖市人民政府报告并提出处理意见。

## 三、法律责任

在实施执法监督过程中，如发现林业行政主管部门有下述行为之一的，监督部门应责令其限期整改，可以对直接负责的主管人员和其他直接责任人依法给予行政处分。有下述第五项、第六项行为的，应予以收缴销毁，对存在第七、第八项所列行为的，能恢复原状的，应恢复原状，不能恢复原状的，林业行政主管部门应当依法给予赔偿。赔偿义务机关赔偿损失后，应该责令故意或者重大过失的人员承担部分或者全部损失。

（1）具体行政行为不合法或不适当的；

（2）违反国家规定执行收缴罚款的；

（3）为谋取本单位私利，对应当依法移交司法机关追究刑事责任不移交的，以行政处罚代替刑事处罚的；

（4）玩忽职守，对应制止、处罚的违法行为不予制止、处理，致使公民、法人和其他组织的合法权益、公共利益和社会秩序遭受损害的；

（5）对当事人实施罚款、没收财务处罚，未开具或者擅自使用非法单据的；

（6）将罚没款、没收的违法所得或者财务截留、私分或者变相私分的；

（7）使用或者损毁扣留的财务，对当事人造成损失的；

（8）违法实施检查措施或执法过程中，对公民人身和财产造成损害或者给其他组织造成损失的。

## 第四节 林业行政案件监督的方法和程序

作为森林资源监督部门，并不能代替森林公安机关和林政管理部门直接处理林政案件。但是根据《森林资源监督工作管理办法》（国家林业局令第 23 号），森林资源监督部门应监督驻在地区、单位的森林资源保护管理。对破坏森林资源行为负有领导责任的人员，森林资源监督专员办应当向其所在单位或者上级机关、监察机关提出给予处分的建议。对破坏森林资源行为涉嫌构成犯罪的，森林资源监督专员办应当督促有关单位将案件移送司法机关。

鉴于监督工作的特殊性，对林业行政案件的监督通常有四种渠道：

（1）通过监督检查发现案件线索。即通过开展占用征收林地行政许可被许可人监督检查、占用征用林地检查、县（市、区）综合行政执法检查、占用征收重点国有林区林地现地审核等常规检查，发现违法现象，并对主动对案件线索进行审查。

（2）通过信访举报督查督办。即按照法律赋予的职责，受理公民、法人或者其他组织通过书信、电子邮件、传真、电话、走访等形式所反映的情况，提出的建议、意见或者投诉请求，并依法进行调查处理。

（3）通过媒体报道主动督查。即根据新闻和网络媒体披露的涉及监督区范围内的重大、特大破坏森林资源案件，为消除社会舆论影响，由监督部门主动介入，协调督促相关部门依法处理。

（4）调查处理上级交办的案件。即依法正确、及时地处理国家林业局批转和其他有关部门移送且要求报告情况的林政案件。

## 一、监督方法

对于上级交办和监督检查中发现的问题，应初步审核，提出拟办意见，送领导批示，然后进行调查处理。监督方法有现场督办和发函督办两种方式。

### 1. 现场督办

现场督办就是森林资源监督机构单独组织，或者由森林资源监督机构牵头，组织案件所在省林业行政主管部门及案件发生地的相关部门组成联合调查组，对相关案件涉及的人员、地点、范围等进行实地调查测量。

对于上级交办的，群众反映的案情重大、特别重大的林政案件，媒体报道的，以及涉及面比较广、社会影响大的林政案件，一般采取现场调查督办方式。

### 2. 发函督办

就是依据案件来源，将案件转发有管辖权的林业行政主管部门，并督促按时上报调查报告、处理意见的一种方式。

除按相关要求和规定应现场调查督办的案件以外，均采取此方式。

## 二、监督程序

依据监督方法，监督程序也分为两种。

**1. 现地督办程序**

（1）现场调查。调查分内业和外业调查。内业调查应先听取有关政府和林业主管部门的汇报，了解案件基本情况。按照规定要求被监督检查单位提供有关材料以及相关问题的书面说明；查阅资源档案、林政案件卷宗，掌握基本案情。

外业调查依据地形图、林相图等案件相关资料，采用 GPS 或罗盘仪测量等方法，核实案件涉及的地点、范围、面积、地类等。对涉及盗伐和滥伐的案件，需要实地测量伐根，利用一元材积表计算蓄积，判定盗伐或滥伐蓄积。

（2）提出查办意见。调查结束后，依据《中华人民共和国森林法》、《中华人民共和国森林法实施条例》，向案件发生地政府和林业主管部门通报案情，提出监督意见。案件发生地政府林业主管部门或者有关单位对森林资源监督专员办提出的处理建议应当依法及时查处，并在规定期限内上报调查处理结果。

案件发生地政府和林业主管部门或者有关单位对森林资源监督专员办提出的处理建议有异议的，应当提出书面意见。对森林资源监督专员办提出的处理建议，既不依法查处，又不提交书面陈述的，专员办应当向省、自治区、直辖市人民政府提出督办建议，同时报告国家林业局。

（3）上报。对于林业行政主管部门的查办结果，由森林资源监督专员办党组负责人审阅并签署意见。如查办案件的事实不清，证据不确凿，适用法律、法规不适当，森林资源监督机构应提出查办建议，责令地方林业行政主管部门补充或重新调查处理。

（4）跟踪监督。森林资源监督机构应对处理建议的落实情况进行跟踪监督，确保案件得到及时公正处理。对破坏森林资源行为负有领导责任的，森林资源监督专员办应当向其所在单位或者上级机关、监察机关提出处理建议。破坏森林资源行为涉嫌构成犯罪的，森林资源监督专员办应当督促有关单位将案件移送司法机关。

**2. 发函督办程序**

（1）发函。按照案件来源进行分类，提出拟办意见，呈主管领导批示，将案件移交有管辖权的林业行政主管部门调查处理，限期上报查处结果。

（2）督促上报。对于林业行政主管部门的查办结果，如查办案件的事实不清，证据不确凿，适用法律、法规不当的，森林资源监督机构应提出查办建议，责令林业行政主管部门补充或重新调查处理，并将查处结果及时上报。

（3）跟踪监督。森林资源监督机构应对处理建议的落实情况进行跟踪监督，确保案件得到及时公正处理。对负有领导责任的人员，森林资源监督机构应当向其所在单位或者上级机关、监察机关提出给予处分的建议。在不影响案件调查的情况下，可积极协调相关媒体，及时通报相关举报人，消除影响，挽回损失。

### 3. 归档

采取一案一卷的方式，归档备查。

# 第七章

# 木材流通管理监督

　　木材流通，是林业再生产过程中的一个组成部分，是整个林业管理中的一个重要环节。木材流通是指原木、锯材、枝桠材、薪炭材及其制品在一定的交换关系作用下，由生产领域转移到消费领域的一种经济活动。包括收购、调运、加工、储存和销售等一系列的活动过程。

　　木材流通管理，是指有行政管理职权的部门和单位，依照国家相关的法律、法规和政策，对木材流通过程实行合理组织、协调指挥和监督控制的活动。

　　木材流通管理监督，是指森林资源监督机构依法对林业管理部门和木材经营加工单位在木材流通领域采取的一系列行政管理行为和经营活动而实施的监督。

## 第一节　监督目的、依据和内容

### 一、监督目的

木材流通管理监督的目的就是通过不断规范管理者、经营者的行为，保障国家有关木材流通管理法律、法规和政策的有效实施，维护正常的木材流通秩序，保护利用好现有的森林资源，促进林业经济科学发展。

搞好木材流通领域的管理监督具有十分重要的意义。首先是合理利用森林资源的需要。搞好木材流通管理监督，可以通过一系列积极的措施，减少滥砍盗伐、约束不合理消耗森林资源行为，提高社会效益和林业经济效益。其次，是严格控制森林采伐限额的一项重要措施。监督好木材流通各个管理环节、各项经营业务活动，就可以堵住超限额采伐木材的经营销售渠道，达到控制超限额采伐的目的。

### 二、监督依据

- 《中华人民共和国森林法》；
- 《中华人民共和国森林法实施条例》；
- 《中华人民共和国刑法》；
- 《森林资源监督工作管理办法》；
- 《关于加强森林资源监督工作若干问题的通知》；
- 《国家林业局关于进一步加强木材经营加工监督管理的通知》；
- 《最高人民法院关于审理破坏森林资源刑事案件具体应用法律若干问题的解释》；
- 其他有关规定。

### 三、监督内容

木材流通管理监督的内容主要包括木材经营加工管理情况、木材运输管理和贮木场管理情况三个方面。

## 第二节 木材经营加工管理监督

木材经营、加工管理监督主要是对林业主管部门和工商行政管理部门对木材经营、加工活动进行组织、控制、协调指导活动的监督。木材经营、加工管理出问题，极易引发乱砍盗伐等毁林案件的发生。监督的目的就在于规范管理，取缔无照经营，遏制私收滥购，控制森林资源的非法消耗。

### 一、主要违法、违规行为及其特点

非法经营、加工木材行为是指违反《中华人民共和国森林法》的规定，未经批准，擅自在林区经营、加工木材的行为。其主要特点是：

（1）违背林业部、国家工商管理局林资字〔1989〕222 号通知"实行凭林业主管部门发给的木材经营（加工）许可证，再向所在县、市工商行政管理机关申请办理登记领取营业执照"的规定，发放工商营业执照；只持有工商行政管理机关颁发的营业执照，就进行木材经营（加工）活动。

（2）违背林业部、国家工商管理局林资字〔1989〕222 号通知关于加工单位审核五条标准的规定精神，发放木材经营（加工）许可证。

（3）违反森林法、森林法实施条例规定，经营者无证经营（加工），或者一证多家使用进行经营（加工）活动。

（4）非法收购无合法来源的木材，超范围经营木材。

（5）违反限额管理制度、木材缴库标准，账外供应下属木材经营加工单位和个人木材加工原料、削片原料、烧炭原料、木耳秆原料等。

### 二、监督内容

（1）监督发证机关按照林业部、国家工商管理局发布的林资字〔1989〕222 号《关于加强林区木材经营、加工单位监督管理的通知》规定，审批发放木材经营、加工许可证五条标准贯彻落实情况；

（2）监督林业部林资字〔1994〕37 号《林业部关于加强森林资源保护管理工作的通知》规定的"严禁党政机关和执法部门以各种名义和形式经营木材。各地林业主管部门要同工商、税务、物价等有关部门密切配合，加强监督检查，坚决取缔非法的木材经营加工单位，加强木材市场的监督检查"等规定精神的贯彻落实情况；

（3）监督工商等部门贯彻落实"木材经营、加工单位凭木材经营、加工许可证才能办理工商营业执照"等规定的执行情况。

（4）监督木材经营（加工）单位木材经营（加工）许可证、工商营业执照是否齐全、合法；

（5）监督经营（加工）种类、范围、规模、地点及经营者木材来源承诺等规定内容的执行情况；

（6）监督木材经营、加工单位木材来源的合法性，重点监督木材收购单位和个人有无木材来源合法证明；

（7）监督各林业企业，以各种名义和手段账外供应下属木材经营加工厂及个人够缴库标准的木材加工原料的违法、违规行为。

### 三、监督方法

（1）监督是否建立健全木材经营加工单位登记台账，是否注明厂名、厂址、经营项目、规模、期限等内容，以掌握木材经营加工厂（点）的一般情况。

（2）监督是否建立木材经营加工单位生产经营情况的月报或者季报制度，是否建立木材经营加工单位的原料供应、销售台账，并及时进行情况汇总分析，找出存在的问题。

（3）定期或不定期地对木材经营加工厂点进行监督检查。根据实际情况，可以组织单项或全面检查，也可以协调管理部门共同检查。

（4）对检查出来的问题，根据相关的法律、法规和政策进行处理。特别对无证、无照经营、超范围经营以及非法收购、销售木材的单位和个人，建议或会同管理部门，该取缔的取缔，该停业的停业，该整顿的整顿，情节严重的提请有关部门依法追究责任。

## 第三节　木材运输管理监督

木材运输管理监督，是对林业行政管理部门在木材运输管理中组织、协调等一系列管理活动的监督。目的在于通过控制木材运输总量达到控制林木采伐总量，把山下管理监督和山上管理监督有机地衔接起来，制止超限额采伐的木材和乱砍滥伐的木材通过运输环节进入消费领域，控制森林资源的不合理消耗，强化森林资源的保护。

所谓木材凭证运输，是指木材从生产地向消费地转移的过程中，除遵守有计划(如控制总量)按合理流向的原则外，必须持有林业主管部门发放的木材运输证件，并接受木材检查站的检查和验证。所谓非法运输木材，是指违反森林法规的规定未取得木材运输证件，或者虽取得木材运输证件但未按规定运输木材，或者使用伪造、涂改的木材运输证件运输木材的行为。如行为人没有木材运输证运输木材的，即使补办了木材运输证，也属于非法运输木材，应当依法处理。

## 一、违法、违规行为及其特点

(1)发证机关乱发证，或超出木材运输总量控制发证；发证机关把关不严，填写不规范、不准确。

(2)个别木材检查站及其工作人员因滥用职权、索贿受贿，侵犯当事人合法权益或造成国家经济损失。

(3)非法承运他人木材。

(4)无证运输木材。如木材运输证不随车同行(主要是火车运输)，或不执行一车一证制度。

(5)超范围运输木材。一是运输的木材数量超出木材运输证所准运的数量；二是运输的木材树种、材种、规格与木材运输证规定不符又没有正当理由。

(6)假证运输。即使用伪造、涂改的木材运输证运输木材。

## 二、重点监督内容

(1)监督木材运输证的管理和发放。木材运输证的式样由国务院林业主管部门规定。重点国有林区的木材运输证，由国务院林业主管部门或其授权和委托的单位核发。各省(区、市)出省木材运输证由省级林业主管部门或其授权和委托的单位核发。

省内木材运输证，其发放和管理的单位由省级林业主管部门确定。大体有两种情况：一是授权或委托地县级林业主管部门和企事业单位发放。二是直接由地、县级林业主管部门负责发放。

为便于管理和监督，简化办证手续，林业主管部门依法授权部队和煤炭部门可以在规定的权限和范围内发放木材运输证。

(2)发证依据监督。申请木材运输证，应提交下列文件：①林木采伐许可证或者其他合法来源证明：非法采伐、非法收购的木材不允许进入流通领域。其他合法来源证明，如购买木材的发票、木材调拨单等。具体有以下几种情况注意处理好：农村居民运输自留地及房前屋后生产的木材，凭采伐后注销的林木采伐许可证和应缴税费的票据；个人搬迁按规定允许携带的木材，凭户口迁移证、单位证明；属于购买自用的，还要提交木材合法经营单位的发票；木材经营、加工单位和其他用材单位运输的木材，凭起运地林业主管部门规定出示的证件和履行的手续，如有的凭木材调拨单或调拨计划，以及林业主管部门发给的木材经营、加工许可证和工商行政管理部门发给的营业执照；属于外地运进本地区木材落地后，再次起运的，凭原证件办理木材运输证。②检疫证明：申请木材运输证需要提供检疫证明，主要是预防森林病虫害的传播蔓延。

对符合上述要求的木材运输证申请，受理申请的部门或单位应自接到申请之日起 3 日内发给木材运输证。

按照《中华人民共和国森林法》第 37 条和《中华人民共和国森林法实施条例》第 35 条的有关规定，下列情况可以不办理木材运输证：①非林区生产的木材。关于林区和非林区的具体划定，由各省、自治区、直辖市人民政府确定公布；但国务院确定的国家所有的"重点国有林区"按照国务院的有关规定执行。②国家统一调配的木材。③因扑救森林火灾、防洪抢险等紧急情况需要运输的木材。

（3）规范发证监督。根据国家林业局林资通字〔1998〕86 号《国家林业局关于进一步规范木材凭证运输管理有关问题的通知》精神，监督各级林业主管部门按照木材运输证发放管理的有关规定严格审核和签发木材运输证：①要指定专人负责木材运输证的签发工作。②签发木材运输证，木材数量和有效期限的数字必须大写；填写的内容不得涂改，如填写有误，必须重新签发；③严禁发给货主或承运者空白木材运输证，也不得交由货主或承运者自行填写。

（4）规范凭证运输范围监督。根据《国家林业局关于进一步规范木材凭证运输管理有关问题的通知》（林资通字〔1998〕86 号）规定：凭证运输木材的范围包括国家标准、行业标准所列全部木材；各省、自治区、直辖市人民政府规定列入木材凭证运输范围的各种人造板（包括胶合板、纤维板、刨花板和各类细木工板）；木材、竹材大宗制品的数量统一规定以折合木材 0.5 m³ 为起点，执行凭证运输制度；以木材、竹材为主、辅助原材料的家具成品和木（竹）制的工艺品不列入凭证运输范围。

（5）木材检查站管理监督。《中华人民共和国森林法》第 37 条规定：经省、自治区、直辖市人民政府批准，可以在林区设立木材检查站，负责检查木材运输。对未取得运输证件或者物资部门发给的调拨通知书运输木材的，木材检查站有权制止。木材检查站通过查验木材运输证件，登记木材运输情况，检查运输木材的数量，以及查处违法违章运输木材行为，既监督了木材运输行为是否合法，同时也监督了林业管理部门发证工作的质量。所以，监督机构应当把监督木材检查站的管理和执法工作作为监督工作的重要内容抓好。

木材检查站管理监督重点应做好以下几项工作：

①队伍建设监督：木材检查站工作员应遵纪守法，热爱本职工作，掌握木材检尺，木材运输查验业务知识，熟悉国家有关法律、法规和政策。对政治素质差，业务能力低，既有损于执法队伍形象，又影响执法职能的人员，依法提请有关部门进行撤换。

②制度建设监督：木材检查站要公开张贴《中华人民共和国森林法》和国家有关木材运输检查监督管理的规定，以及木材检查站的规章制度，公开木材检查站工作人员职责，木材运输检查监督内容、处理依据、处罚标准等，接受林业行政主管部门和社会的监督。木材检查站应建立健全档案管理和案件统计上报制度，做到档案齐全、分类清楚、卷宗文书填写规范。案件按月统计，及时上报。

③执法行为监督：木材检查站人员在执法时，应当出示省级林业行政主管部门统一制发的检查证件，佩戴统一标志，文明执法，按照法定程序和职权履行职责；不得检查木材购货发票、育林基金收据等其他票据，不得擅自增加检查项目。对于手续齐全、货证相符的，或者运输木材实际检尺数量与木材运输证及随车检尺小票记载数量误差在国家规定检尺误差范围内，应即放行；不得擅自处理被扣留的木材，不得刁难货主和乱收费、乱罚款。木材检查站在检查木材运输中依法收取的罚款和其他费用以及没收、扣留的木材，应当妥善保管，登记入账，并发给当事人合法凭据。《中华人民共和国行政处罚法》第35条第二款规定：罚款、没收违法所得或者没收非法财物拍卖的款项，必须全部上缴国库，任何行政机关或者个人不得以任何形式截留、私分或者变相私分。

## 三、监督方法

（1）掌握被监督单位的木材运输、销售管理办法、规范或规范性文件，熟悉运行程序；掌握木材运输、销售计划，建立必要的台账。

（2）到发证部门检查木材运输证办证情况。到森林公安局、林政管理部门检查案件卷宗及统计报表，核实案件中非法运输、私卖木材的数量。

（3）检查木材检查站过往车辆登记台账，按木材生产缴库运输和木材销售出境运输进行统计。

（4）检查木材检验站各种运输方式和各林场到材及木材缴库小票、木材到材统计报表。

（5）检查木材销售划拨单、木材销售台账及木材销售统计报表，核实木材销售发票使用数量，统计木材及其加工产品销售数量。

（6）到火车站核实木材发货数量。

（7）汇总、分析情况，找出存在的问题，依法提出整改意见或建议。

## 第四节　贮木场管理监督

贮木场是木材生产三大作业工序的最后阶段。目前，贮木场的任务由过去单一的原木接收、贮存、支拨，发展为以原条卸、造、选、归、装五大作业工序为中心的综合经营的新型贮木场。贮木场是木材集中、贮存和分流的总开关和集散地，是检查验证采伐总量、运输总量、销售总量的关键环节。依法对贮木场的生产经营管理实施监督的目的在于促进木材生产的规范化管理，充分合理的利用森林资源，遏止超限额消耗。

### 一、主要违法行为及其特点

（1）林业局或贮木场木材检验站在与林场进行木材对检中，通过故意压尺截留缴库木材。

（2）通过人为降低出材率，隐瞒实际出材量和采伐量。

（3）通过人为的墩根去腐、长材短造等不合理量造材，为下属单位提供加工原料，截留应缴库木材。

（4）山上地拨（在山上直接销售木材）材不入木材缴库一本账。

（5）盘点清库弄虚作假，搞两本账，隐瞒实际库存量。

### 二、监督内容

#### 1. 木材缴库验收

（1）贮木场必须严格执行国家商品材验收缴库管理规定，切实加强木材检验管理。

（2）检验员要严格执行国家原木检验标准（GB/T144 - 1995），必须对原条、原木逐根进行检查，鉴定树种、平定等级，标注长级、径级、等级，据实验收，不得故意压尺，并记入野账，作为木材缴库的原始凭据。

（3）野账记录，必须清晰准确，不得漏记或涂改，并及时上报。

（4）检尺野账由内业进行数据处理，并由调度、统计记入产量并呈报上级有关主管部门。严禁瞒报、漏报。

### 2. 木材划拨

（1）监督木材调拨政策的执行。根据1982年林业部发布的《关于加强贮木场经营管理的规定》和其他有关规定，木材调拨必须有国家木材调拨通知书，供货经济合同等调拨手续，并根据木材调拨通知书或供货经济合同等规定的树种、材种、规格、数量进行拨付，不得任意超发、串换树种等。任何单位和个人，均无权超越规定，擅自动用国库木材。贮木场必须认真执行调拨政策和木材管理权限，不论外运木材还是企业自用木材必须手续完备后方可调拨，严禁白条子或其他违反规定等形式调拨木材。

（2）木材拨付。发车检验员应严格按照木材调拨通知书或装车命令单等规定的树种、材种、规格、数量支付，并逐根复查记入野账或检尺小票，作为木材拨付的原始凭证。要坚决制止、打击木材拨付中的多装少记、装优记劣等违法行为。

（3）木材划拨。木材支付后，划拨员应根据发车野账或检尺小票及时、准确划拨，认真做好数字传递工作，不得徇私舞弊，涂改原始野账。

（4）木材拨付中发生的误差，按《木材统一送货办法》的有关规定处理。检验误差（按材积计算）不得超过下列规定：

数量误差：材积误差不超过1%；

质量误差：原木等级不超过2%；成材等级不超过3%；未分等级的木材，不合格的不超过2%（坑木不超过3%）。

### 3. 木材库存盘点

监督执行木材库存盘点制度情况。森林资源监督部门要积极参与林业局主管部门或贮木场组织的库存及收、支、存台账的全面清点工作。对台账和实物误差超过千分之二的，根据1982年林业部发布的《关于加强贮木场经营管理的规定》，必须查明原因和责任，并做出相应的处理。

## 三、监督方法

（1）抽检木材检验站与林场对检的工作情况。不定期抽检木材检验站已检查完的缴库木材，并通过核对林场与木材检验站检尺小票分析产生误差的原因，找出存在的问题。重点控制人为压尺现象的发生。

（2）木材调拨监督。可采取现场抽检或监装的方法监控木材调拨。并把抽检结果与检尺小票（随车小票、存根）及内业划拨进行核对。杜绝过期拨付、不按调拨令拨付、装优记劣等现象发生。

（3）库存木材盘点监督。应采取定期检查与不定期抽查等方法，对个别楞位木材库存情况，尤其是一些畅销树种、材种进行清点，并与内业楞卡进行核对，看其账货是否相符。如果不符，要查明原因，并及时向上级主管部门报告。

（4）定期或不定期检查、统计贮木场生产日报、木材生产检尺小票，按材种统计年度木材生产数量和造材剩余物的数量，并建立贮木场收、支、存台账，及时汇总、分析贮木场生产经营管理情况，提出监督意见或建议。

# 第八章

## 县级人民政府建立和执行保护发展森林资源目标责任制情况监督检查

　　建立县级人民政府保护发展森林资源目标责任制，明确县级行政区域森林资源保护发展责任主体，运用目标化、定量化、制度化的管理方法，把森林资源保护发展作为县级人民政府的一项重要工作，是贯彻落实国家和省"十二五"规划纲要的重要举措，是调动县级人民政府保护发展森林资源积极性、主动性的重要手段，是实现森林资源"双增"目标的重要保障，对于加强森林资源管理，进一步提高生态保障能力，推动地方经济可持续发展等方面具有重要的现实意义和深远的历史意义。

## 一、监督目的

监督并指导县级人民政府建立、完善并落实责任制，旨在推动地方政府建立保护发展森林资源长效机制，为发展现代林业、建设生态文明、维护生态安全、促进林业经济可持续发展，确保到 2020 实现年森林面积比 2005 年增加 4000 万 $hm^2$，森林蓄积量比 2005 年增加 13 亿 $m^3$ 的奋斗目标提供制度保障。

## 二、监督依据

- ●《中华人民共和国森林法》；
- ●《中华人民共和国森林法实施条例》；
- ●《中共中央 国务院关于加快林业发展的决定》；
- ●《国务院关于全国林地保护利用规划纲要（2010 – 2020 年）的批复》；
- ●《国务院批转国家林业局关于全国"十二五"期间年森林采伐限额审核意见的通知》；
- ●《中央机构编制委员会办公室关于国家林业局向重点林区增派和调整森林资源监督机构的批复》；
- ●《国家林业局关于开展保护发展森林资源目标责任制建立和执行情况检查的通知》。

## 三、监督程序

### 1. 告知

检查工作开展前一个月将确定的被检查单位以书面形式告知省级林业主管部门和被检查市（县）级人民政府。

### 2. 自查

被检查单位对照《保护发展森林资源目标责任制检查办法》进行自查，将自查结果形成书面材料报告专员办。

### 3. 检查

监督机构按照《保护发展森林资源目标责任制检查办法》及《检查方案》对被检查单位进行检查和评分。

### 4. 反馈

检查工作结束后，检查组应及时向被检查单位反馈主要检查结果，并征求被检查单位意见。

## 5. 报告

形成监督检查报告并附被检县(市)分报告,于10月底前上报国家林业局。

# 四、监督内容

## 1. 监督责任制建立情况

主要监督县级地方政府保护发展森林资源目标责任制设定的目标是否全面,确保目标实现的保障措施和奖惩措施是否科学,是否签订或下达了责任书,是否成立了责任制工作领导机构和考核机构等。

**要点**:一是责任制设定的目标是否包涵了森林覆盖率、森林蓄积量、森林保有量、林地保有量等重要指标;二是有关责任制基础材料是否完整,签订或下达了责任书是否加盖公章、有无领导签字和签字日期等。

## 2. 责任制考核执行情况

主要检查考核执行程序是否严谨合理,是否存在流于形式问题,考核方法是否科学适用,考核结果是否准确客观。

**要点**:考核是否有人大、政协、纪检、监察、林业、发改、财政、国土等有关部门组成综合考核组对各乡镇党委、政府执行目标责任制情况进行全面检查考核,并即时向各乡镇反馈考核结果和征求意见。

## 3. 考核结果应用情况

主要检查对考核结果是否及时进行了通报,对考核中发现的问题是否及时制定了整改措施并认真进行了整改,是否严格按照考核结果落实了奖惩措施等。

**要点**:考核结果是否进行了通报,并针对发现的问题,制定下发了整改方案,市(县)委、市(县)政府对成绩显著的乡镇给予了表彰和奖励,并在全市(县)林业系统年度总结表彰大会上,表彰奖励了先进集体和先进个人。

## 4. 保护发展森林资源工作情况

主要调查了解被检查单位林地林权管理、森林采伐限额管理、公益林保护管理、森林经营、林业执法监督、森林资源调查、林业建设投入等方面的情况。

责任制检查内容时段为上一年度1月1日至12月31日。

## 五、监督方法

监督检查采取听取汇报、查阅资料、现地检查和社会调查相结合的方法进行。

### 1. 听取汇报

一是了解省级人民政府责任制建立与执行情况；二是听取被检查县级人民政府及相关部门汇报，了解当地责任制的建立和执行情况，以及保护发展森林资源工作的总体情况。

### 2. 查阅资料

收集并查阅省、市、县各级人民政府下发的关于责任制的规范性文件，重点收集查阅包含以下内容的各类文件及资料：

（1）县级人民政府保护发展森林资源目标责任制制度；

（2）分解落实责任所签订的责任书或责任状；

（3）责任制工作组织领导机构、考核机构设立文件；

（4）责任制考核办法，考核执行过程资料；

（5）考核结果通报文件；

（6）对发现问题进行整改的文件资料；

（7）考核结果对应奖惩措施兑现情况资料；

（8）保护发展森林资源的有关文件和领导讲话；

（9）其他有关资料。

### 3. 现地检查

对被检查单位实施的考核执行情况按适当比例抽取部分数据进行现地检查，对一些不能从现有文件资料中获取的信息，通过现地检查获取。现地检查按照有关检查办法、技术规程等规定和要求进行。

### 4. 社会调查

对责任制涉及责任各方在责任书签署、保障措施落实、考核执行、奖惩措施落实等方面抽取适当比例进行社会调查，作为以上各检查方法的补充和辅证。社会调查应根据需要，选择主要责任方进行调查，如林业、发改、财政、编办、纪检监察等部门，以及乡（镇）、林场、林业工作站、木材检查站等基层单位。

## 六、考核评分

（1）责任制检查采取百分制综合评分方法（评分细则详见下表）。总得分90分以上为优秀，80～89分为良好，60～79分为中等，59

分以下为差。

### 保护发展森林资源目标责任制检查评分表

省(区、市)＿＿＿＿＿＿ 市(区)＿＿＿ 县(市、区、旗)　　　检查年度：

| 检查分类 | 评分项目 | 满分 | 得分 | 评分依据及说明 |
|---|---|---|---|---|
| 一、责任制建立情况(40分) | 1. 内容全面，措施明确 | 10 | | |
| | 2. 签订了责任书 | 20 | | |
| | 3. 机构健全 | 10 | | |
| 二、责任制考核执行情况(40分) | 4. 程序合理 | 15 | | |
| | 5. 方法科学 | 15 | | |
| | 6. 结果准确 | 10 | | |
| 三、考核结果应用情况(20分) | 7. 及时通报结果 | 5 | | |
| | 8. 对发现的问题认真整改 | 10 | | |
| | 9. 奖惩兑现 | 5 | | |
| 检查得分 | | | | |

检查人员(签字)：　　　　　　　　　　　　　　　　组长：

(2)认定为建立了责任制必须同时具备下列条件：县级人民政府以正式文件下发实施了责任制制度(森林防火责任制、天保工程管理责任制等单项制度除外)；签订了责任书，明确了具体目标和责任；有具体的考核办法和奖惩措施。

(3)未建立责任制的，本次检查得分为零。为反映地方政府保护发展森林资源工作情况，可以对其开展的具体工作情况及成效进行检查评价，作为编写检查报告的依据。

# 第九章

# 中央林业投资重点建设项目监督检查

　　林业投资重点建设项目的监督检查是投资监管的主要举措，对规范项目建设管理，保证投资安全运行具有不可替代的作用。近几年，中央财政投入巨资发展林业，为林业的发展注入了生机与活力，相继实施的重点生态公益林建设、天然林保护工程、退耕还林、"三北"防护林、林业棚户区（危旧房）改造等重大工程项目，这些项目的实施和资金的投放，大部分直接在基层林业单位实施。因此，加强林业项目实施过程中的跟踪管理和监督检查，是确保林业专项资金使用安全的重要手段。

## 第一节　监督目的、依据和内容

### 一、监督目的

为深入贯彻落实中央林业投资政策，督促各级林业主管部门和建设单位加强项目管理，规范项目资金使用，加快工程实施进度，确保工程质量，充分发挥中央投资效益。

### 二、监督依据

- 《中华人民共和国建筑法》；
- 《中华人民共和国招标投标法》；
- 《中华人民共和国合同法》；
- 《中华人民共和国会计法》；
- 《建设工程质量管理条例》；
- 《建设工程勘察设计管理条例》；
- 《基本建设财务管理规定》；
- 《国有林区棚户区改造工程项目管理办法》；
- 《工程建设项目实施阶段程序管理暂行规定》；
- 《林业固定资产投资建设项目管理办法》；
- 《造林质量管理暂行办法》；
- 《营造林质量考核办法(试行)》；
- 《造林作业设计规程》；
- 《林业建设项目竣工验收细则》；
- 《林业生态工程建设资金管理办法》；
- 国家及地方的有关标准、规程、文件规范等。

### 三、监督内容

建设项目监督检查的主要内容是：项目建设程序执行情况、前期工作情况、建设工程质量情况、项目资金使用管理情况、项目实施管理情况、项目竣工验收情况、项目交付使用及运行情况等。

建设项目的程序检查

基本建设是国民经济各部门为扩大生产能力或新增固定资产的建设工作。基本建设的根本目的是促进国民经济高速发展和社会进步，改善和提高人民群众的物质和文化生活水平。

## 一、基本建设程序

基本建设程序是指建设项目从设想、选择、评估、决策、设计、施工到竣工验收、投入使用整个建设过程中，各项工作必须遵循的先后顺序。它包括项目建议书阶段、可行性研究报告阶段、初步设计阶段、建设准备阶段、建设实施阶段、竣工阶段、后评估阶段。基本建设程序是人们在认识客观规律的基础上制定出来的，是建设项目科学决策和顺利建设的重要保证。按照建设项目发展的内在联系和发展过程，建设程序分成若干阶段，这几个大的阶段中每一个阶段都包含着许多环节，从可行性研究开始，经过一系列的工作，到竣工投产，各个阶段相互衔接，环环紧扣，任何一个阶段出差错，势必影响全局，甚至造成不可弥补的损失。所以基本建设必须严格按照规定的程序进行。

根据《工程建设项目实施阶段程序管理暂行规定》（财建〔1995〕494号）相关条款和《关于加强和规范新开工项目管理的通知》（国办发〔2007〕64号）规定："各类投资主体要严格执行国家法律、法规、政策规定和投资建设程序。项目开工前，必须履行完各项建设程序，并自觉接受监督。"

## 二、项目建设程序检查内容和方法

（1）检查报批文件是否齐全。查看发改委、林业部门的审批、核准、备案文件是否齐全；行业主管部门的初设概算审查和批准文件是否齐全；环保部门的环境影响评价文件（报告书、报告表或登记表）及其批复是否齐全；规划部门审批的建设项目选址意见书、建设用地规划许可证、建设工程规划许可证是否齐全；国土部门批准的项目用地文件是否齐全；建设部门是否核发了安全生产许可证；施工许可证或开工报告审批文件是否齐全；工程竣工验收文件是否齐全；文件归类归档是否齐全。

（2）检查批复文件的时间顺序是否符合规定。

（3）查看报批文件内容是否规范。

（4）查看项目变更是否履行了报批程序。

（5）查看工作深度是否达到要求。

## 第三节 建设项目的前期工作管理检查

为加强林业固定资产投资建设项目管理，规范项目建设程序和行为，提高林业项目建设质量和投资效益，国家林业局根据《国务院关于加快投资体制改革的决定》及国家有关法律、法规，制订了《林业固定资产投资建设项目管理办法》（林计发〔2006〕61号）。

基本建设前期工作是从建设项目酝酿决定到开工建设以前进行的各项工作，是基本建设程序中一个非常重要的阶段。林业建设项目的前期工作包括项目建议书、可行性研究报告、初步设计的编制等工作环节。

### 一、项目建议书阶段的检查

项目建议书是项目建设筹建单位或项目法人，根据国民经济的发展、国家和地方中长期规划、产业政策、生产力布局、国内外市场、所在地的外部条件提出的某具体项目的建设文件，是对拟建项目提出的框架性的总体设想。

《林业固定资产投资建设项目管理办法》第五条规定："建设单位根据项目建设需要提出项目建议书。项目建议书应当对项目建设的必要性、拟建地点、拟建规模、投资估算、资金筹措以及经济效益、生态效益和社会效益进行初步分析。项目建议书一般由项目建设单位负责编制，也可委托有相应工程咨询资质的机构编制。大中型项目，即总投资为3000万元以上（含3000万元）的建设项目，必须编制项目建议书；小型项目，即总投资为3000万元以下的建设项目，可以直接编制项目可行性研究报告。"

项目建议书检查的主要内容和方法：

（1）检查项目是否符合国家建设方针和长期规划以及产业结构调整的方向和范围。

（2）项目建设的必要性和依据是否充分。

（3）项目产品市场需求的论证理由是否符合实际。

（4）项目建设地点是否合适，有无不合理的布局和重复建设。

（5）对项目的财务、经济效果和还款要求，是否与投资设想一致。

（6）有无遗漏重要问题或存在论证不足的方面等。

## 二、项目可行性研究报告阶段检查

项目建议书一经批准，即可着手进行可行性研究。可行性研究是对建设项目在技术、工程、经济和外部协作条件上是否合理和可行，进行全面分析、论证，做多方案比较，提出评价，为编制和审批设计任务书提供可靠的依据。

根据《林业固定资产投资建设项目管理办法》第六条规定："可行性研究报告必须由具有相应工程咨询资质的机构编制。其主要内容应包括：总论、项目背景及建设必要性、建设条件分析、项目建设的依据、项目布局与资源条件分析、建设方案与内容、环境保护、建设期限与实施计划、组织机构与项目管理、投资估算与资金筹措、效益分析与评价、项目建设保障措施、结论与建议、必要的附件、附表与附图等。"

项目可行性研究报告检查的主要内容和方法：检查建设选址论证、建设条件论证、建设规模及建设内容、外部配套建设方案的可行性以及项目总投资、资金筹措及经济、社会效益等方面是否规范合理等。

## 三、项目初步设计检查

初步设计是项目决策后，根据批准的可行性研究报告所作的建设项目具体实施方案，是基本建设计划的具体化，是把先进技术和科研成果引入建设的渠道，是整个工程的决定性环节，是组织施工的依据。它直接关系着工程质量和将来的使用效果。根据建设项目的不同情况，设计过程可以分为初步设计、施工图设计和作业设计等。

根据《林业固定资产投资建设项目管理办法》第七条规定：建设单位根据批准的项目可行性研究报告组织编制初步设计文件。初步设计确定的建设内容和建设标准不得超过批准的可行性研究报告的范围，列明各单项工程或单位工程的建设内容、建设标准、用地规模、主要材料和设备选择等，其主要内容应包括设计说明、图纸、主要设备材料用量表和投资概算等，并达到国家规定的深度。初步设计必须委托具有相应工程设计资质的机构编制，单纯购置类项目可以不编制项目初步设计，由建设单位在可行性研究报告的基础上直接编制项目实施方案。

初步设计检查的主要内容和方法：

（1）检查工程整体布局是否合理，工程是否配套，有无超出国家规定的标准。

（2）图纸是否齐全。

（3）设计单位和人员是否具备相应的资质和资格。

（4）有无超标准设计。

（5）概算是否按规定方法编制，所取费率是否准确，分部工程划分是否符合规定。

（6）建筑材料价格是否合理，概算定额选用是否正确。

（7）分项工程量计算是否相对准确等。

## 四、项目审批权限管理检查

根据《林业固定资产投资建设项目管理办法》第九条规定："国家林业局直属单位项目（下称直属单位项目）的项目建议书、可行性研究报告直接报国家林业局审批（或初审），各省（自治区、直辖市、计划单列市）项目（下称地方项目）的项目建议书、可行性研究报告必须经所在省（自治区、直辖市、计划单列市）省级林业主管部门审核后报国家林业局。其中，大中型项目的项目建议书、可行性研究报告经国家林业局初审后报国家发展改革委审批；小型项目可行性研究报告由国家林业局审批。大中型建设项目的初步设计由国家发展改革委或国家发展改革委委托的部门审批；小型项目审批：直属单位的小型林业建设项目初步设计（实施方案）由国家林业局审批；地方小型林业建设项目初步设计（实施方案）由所在省（自治区、直辖市、计划单列市）省级林业主管部门审批，报国家林业局备案。"

项目审批权限管理检查主要内容和方法：查阅项目建议书、可行性研究报告、初步设计、实施方案、作业设计等项目文件是否按照相关程序进行审批，是否有越级、越权审批等情况。

## 五、项目建设内容及概算变更管理检查

项目建设内容及概算变更管理工作是前期管理中的一项重要内容。根据《林业固定资产投资建设项目管理办法》第十一条规定：项目实施过程中确因客观原因造成部分建设内容、建设标准、建设规模需要调整的，应按以下程序进行：

（1）增加概算总投资。概算总投资超过可行性研究报告审定的估算总投资的百分之十的，应当重新报批可行性研究报告，由原可行性研究报告批准部门重新批准后，按新批准的可行性研究报告重新编制初步设计，按规定的程序报批。

（2）由于建设地点变更以及建设标准、建设规模、建设方案发生变化，确需调整的项目，由建设单位提出调整方案，按规定的程序报原可行性研究报告批准部门批准后，方可进行建设。

（3）因设计变更、项目建设地点和项目实施环境变化等原因，确需调整部分项目子项，在总投资不超过可行性研究报告审定的总投资情况下，由建设单位提出调整方案，按规定程序报原初步设计审批部门批准后实施。

项目建设内容及概算变更管理检查主要内容和方法：

（1）检查建设内容。对照批复文件，检查项目名称、建设内容、建设规模、建设标准、投资构成等实际建设与批复情况有否变化，查明变化原因及其合理合规性。

（2）检查规划、用地。查看用地文件中用地的项目、位置等与工程建设项目的内容是否一致，容积率是否符合建设用地规划许可证的规定。

（3）检查设计变更。设计变更是否合理，变更四方签证是否齐备，变更程序是否合规等。

## 第四节 建设项目的实施管理检查

### 一、项目法人责任制管理检查

为了建立投资责任约束机制，规范项目法人的行为，明确其责、权、利，提高投资效益。国家发展计划委员会制订颁发了《关于实行建设项目法人责任制的暂行规定》（计建设〔1996〕673号），确定项目法人对项目的策划、资金筹措、建设实施、生产经营、偿还债务和资产的保值增值实行全过程负责的一种项目管理制度。

依据《关于实行建设项目法人责任制的暂行规定》第四条"新上项目在项目建议书被批准后，应及时组建项目法人筹备组，具体负责项目法人的筹建工作。"第五条规定："有关单位在申报项目可行性研究报告时，须同时提出项目法人的组建方案。否则，其项目可行性研究报告不予审批。"第六条规定"项目可行性研究报告经批准后，正式成立项目法人。并按有关规定确保资本金按时到位。"国家林业局《关于进一步加强国有林区森工非经营性建设项目管理工作的通知》规定："严格执行建设项目法人责任制。项目在立项之前必须明确项目法人，实行建设项目法人责任制。承担建设项目的企业（事业）单位法人为项目法人，也可以根据项目的实际需要按照政事（企业）分开的原则组建项目法人。对于项目管理制度不健全、财务管理混乱、工程质量存在严重问题，没有按国家招投标有关规定将工程发包给没有资质的勘察设计、施工、监理等单位或在招投标过程中进行违规操作的，要追究项目法人的责任。"

项目法人责任制检查主要内容和方法：

（1）检查项目法人责任制是否建立，机构是否健全。

（2）检查人员配备是否满足要求：技术和管理人员特别是计划、设计、技术、施工、造价控制、合同管理、质量安全管理和财务管理的专门工程技术人员是否齐备，主要管理职责是否落实到位。

（3）检查管理制度是否建立健全，如人员、资金、财务、设计变更、工程款支付、档案资料管理制度等。

（4）能否做到对参建单位按合同条款要求进行严格管理。

（5）审批文件、设计文件、图纸、合同等工程资料是否齐全完备，档案资料是否按规范要求归类归档管理。

## 二、项目合同管理检查

《中华人民共和国合同法》第二百七十二条规定"发包人可以与总承包人订立建设工程合同，也可以分别与勘察人、设计人、施工人订立勘察、设计、施工承包合同。发包人不得将应当由一个承包人完成的建设工程肢解成若干部分发包给几个承包人。总承包人或者勘察、设计、施工承包人经发包人同意，可以将自己承包的部分工作交由第三人完成。第三人就其完成的工作成果与总承包人或者勘察、设计、施工承包人向发包人承担连带责任。承包人不得将其承包的全部建设工程转包给第三人或者将其承包的全部建设工程肢解以后以分包的名义分别转包给第三人。禁止承包人将工程分包给不具备相应资质条件的单位。禁止分包单位将其承包的工程再分包。建设工程主体结构的施工必须由承包人自行完成。"第二百七十四条规定"勘察、设计合同的内容包括提交有关基础资料和文件（包括概预算）的期限、质量要求、费用以及其他协作条件等条款。"第二百七十五条规定"施工合同的内容包括工程范围、建设工期、中间交工工程的开工和竣工时间、工程质量、工程造价、技术资料交付时间、材料和设备供应责任、拨款和结算、竣工验收、质量保修范围和质量保证期、双方相互协作等条款。"第二百七十九条规定"建设工程竣工后，发包人应当根据施工图纸及说明书、国家颁发的施工验收规范和质量检验标准及时进行验收。验收合格的，发包人应当按照约定支付价款，并接收该建设工程。建设工程竣工经验收合格后，方可交付使用；未经验收或者验收不合格的，不得交付使用。"等相关条款。

项目合同管理检查主要内容和方法：

（1）查阅财务支付，检查建设项目的勘察设计、施工、设备材料采购和工程监理等是否依法订立合同。

（2）查阅各类合同是否明确了各方的法律责任。

（3）查阅合同条款特别是专项约束条款是否完整合理。

（4）检查签订日期和单位是否真实。

（5）检查有无违法分包、转包合同等情况。

### 三、项目招标投标管理检查

《中华人民共和国招标投标法》已经对招标投标的原则、审核、报批、代理、招投标人资格与条件等作出了具体规定。

国家林业局《林业固定资产投资建设项目管理办法》第十四条规定，符合下列条件之一的林业建设项目必须进行公开招标：

（1）施工单项合同估算价在200万元（含200万元）以上的；

（2）仪器、设备、材料采购单项合同估算价在100万元（含100万元）以上的；

（3）勘察、设计、监理等服务的采购，单项合同估算价在50万元（含50万元）以上的；

（4）单项合同估算低于本条（一）、（二）、（三）款规定的标准，但项目总投资额在3000万元（含3000万元）以上的。

第十五条规定：确需邀请招标或不进行招标的必须经可行性研究报告审批部门批准。

第十六条规定：对达不到招标标准的基建项目及设备（材料）采购，要由计财、纪检、审计、设备（材料）使用等部门选派人员组成建设项目管理或设备（材料）采购小组，建立内部制约机制。

项目招标管理检查主要内容和方法：

（1）林业建设项目是否按照规定进行招标。

（2）对不招标的项目是否组成建设项目或设备（材料）采购小组，建立内部制约机制，是否经合规审批，有无人为肢解工程以规避招标。

（3）对已招标事项：是否按核准方式招标，有无虚假招标、围标、串标现象；查阅各标段内容，检查工程标段划分是否合理；招标代理机构资质是否满足要求，对照招投标法，检查招标程序是否符合规定。

（4）根据《中华人民共和国招标投标法》第三十四至三十六条的各项规定检查开标程序是否合法；根据《中华人民共和国招标投标法》第三十七至四十条的各项规定检查评标程序是否合理；根据《中华人民共和国招标投标法》第四十一至四十八条的各项规定检查中标程序是否合法。

（5）检查签订合同是否与中标单位投标书的承诺条件一致，有无转包或非法分包行为。

（6）报批过程文件是否齐全和归类存档等。

## 四、项目建设监理检查

工程项目监理是指监理单位受项目法人的委托，依据国家批准的工程项目文件、有关工程建设的法律、法规和工程建设监理合同及其他工程建设合同，对工程建设实施的监督管理。

根据《林业固定资产投资建设项目管理办法》第十七条规定："列入国家规定监理范围即可行性研究报告批复文件中含有监理费的林业建设项目，建设单位应当委托具有相应资质等级的工程监理单位进行监理。"第十八条规定："监理单位应当根据有关工程建设的法律、法规、规程、工程设计文件和施工、设备监理合同以及其他工程建设合同，对工程投资、工期和质量等内容进行控制。"第十九条规定："未经监理工程师签字，建筑材料、建筑构配件和设备不得在工程上使用或者安装，施工单位不得进行下一道工序施工。未经总监理工程师签字，建设单位不拨付工程款，不进行竣工验收。"

项目建设监理检查主要内容和方法：

（1）检查监理单位是否具备相应资质，现场监理人员数量和资质是否符合合同规定。

（2）监理工程师、总监更换是否征得项目建设单位同意。

（3）是否编制监理工作大纲、监理规范和监理实施细则。

（4）查阅监理日志，检查隐蔽工程、重要部位，质监人员是否到场，是否进行旁站式监督和签字认证。特别是通过查看隐蔽工程检查记录资料，检查监理工程师是否按工程监理规范的要求，采取旁站、巡检等形式实施监理。检测单位、被检测单位的有关人员是否签字；

（5）监理人员是否对进场材料、设备、构配件的质量进行审核和抽检，是否对已完工程进行抽检，对抽检不合格的是否及时提出了处理意见并得到落实。

（6）对工程量、工程进度款、工程结算的审核是否规范严格，有无审核过程以及资料是否齐全。

### 五、建设项目施工管理检查

建设项目被列入国家年度建设计划以后，就要按照初步设计和年度计划确定的建设内容和开工条件，组织施工。这是基本建设程序中的关键阶段，是对酝酿决策已久的项目具体付诸实施，使之尽快发挥投资效益的关键环节。在这个阶段中建设单位起着至关重要的作用，对工程进度、质量、费用的管理和控制责任重大。因此，科学、严密、合理有序地组织施工建设，意义重大。

林业建设项目根据建设性质可划分为：新建项目、扩建项目、改建项目、迁建项目和恢复项目。

在施工检查中，应严格按照各个建设项目的法律法规和工程技术标准以及可行性研究报告、初步设计、实施方案、作业设计、批复计划等，检查以下内容：

（1）建设单位是否按照批复的建设内容和期限组织施工。

（2）是否办理开工许可证。

（3）是否存在肢解发包、转包、违法分包现象。

（4）施工单位是否具备相应资质。

（5）施工技术方案和施工机械设备、技术人员、施工方法、安全控制、设备材料使用、工程进度是否符合要求等。

## 第五节　建设项目的资金使用管理检查

为确保建设项目顺利实施，关键是充分、合理、高效地使用好专项工程资金。各级项目建设单位要强化管理监督职能，保证专项资金及时、足额投放到位，专款专用，防止挤占挪用。

2002 年《基本建设财务管理规定》正式实施，这对各部门、各地区及项目建设单位加强基本建设财务管理，规范建设资金从投入到形成资产的全过程，节约建设资金，控制建设成本，提高投资效益，明晰交付使用资产价值起到了重要作用。

依据《中华人民共和国会计法》第九条规定："各单位必须根据实际发生的经济业务事项进行会计核算，填制会计凭证，登记会计账簿，编制财务会计报告。任何单位不得以虚假的经济业务事项或者资料进行会计核算。"这一规定体现了会计核算的基本原则，即真实性原则。第三十六条规定："各单位应当根据会计业务的需要，设置会计机构，或者在有关机构中设置会计人员并指定会计主管人员；不具备设置条件的，应当委托经批准设立从事会计代理记账业务的中介机构代理记账"。《会计基础工作规范》第四十二条规定："会计凭证、会计账簿、会计报表和其他会计资料的内容和要求必须符合国家统一会计制度的规定，不得伪造、变造会计凭证和会计账簿，不得设置账外账，不得报送虚假会计报表。"第四十八条规定："原始凭证的基本要求是：原始凭证的内容必须具备：凭证的名称；填制凭证的日期；填制凭证单位名称或者填制人姓名；经办人员的签名或者盖章；接受凭证单位名称；经济业务内容；数量、单价和金额。"第四十九条规定："原始凭证不得涂改、挖补。发现原始凭证有错误的，应当由开出单位重开或者更正，更正处应当加盖开出单位的公章。"

为加强林业生态工程建设资金管理，提高财政资金使用效益，财政部和国家林业局根据林业生态工程特点于2007年制定了《林业生态工程建设资金管理办法》。

《林业生态工程建设资金管理办法》第三条明确规定了林业生态工程包括："天然林保护工程、退耕还林工程、三北和长江流域等防护林体系建设工程、京津风沙源治理工程、野生动植物保护及自然保护区建设工程、湿地保护工程、林木种苗工程、重点森林火险区综合治理工程等。"第十一条规定了林业生态工程建设资金支出的范围"必须严格按照国家批复的总体规划、实施方案或初步设计确定的建设内容和标准安排使用，主要用于：前期工作、科技支撑、封山（沙）育林、人工造林、飞播造林（含飞后管护）、森林防火、野生动植物保护及保护区基础设施建设、种苗补助、建设单位管理费、招投标费等。各地区、各单位不得以任何方式挤占、截留、滞留、挪用建设资金。"第十三条规定"建设单位应做好基本建设财务管理的基础工作，严格按照批准的建设内容，对林业生态工程建设资金按项目单独核算。"第十七条规定"林业生态工程应按照国家有关规定及时编报竣工财务决算。已具备竣工验收条件的项目，应在项目竣工后 3 个月内办理竣工验收。"第二十条规定"有关部门要加大监督检查力度，重点审核以下内容：①造林任务完成情况；②实际造林方式、树种与作业设计比较情况；③种苗费、整地费、抚育费等合同签订情况；④建设单位管理费；⑤待核销基建支出；⑥地方财政配套资金到位情况；⑦政府采购和招投标情况"。第二十一条规定"凡违反规定，弄虚作假、骗取、挤占、滞留、挪用资金或项目未按规定实施的，除将已拨付资金全额收缴国库外，各级财政部门要立即停止对建设单位所在地区的资金拨付，直至纠正。对有关责任人要根据《财政违法行为处罚处分条例》（国务院令第 427 号）等有关规定进行处理并依法追究行政责任。"

《林业重点生态工程建设资金会计核算办法》（林计发〔2004〕223号）明确规定："项目实施单位要严格执行《林业重点生态工程建设资金会计核算办法》的各项核算要求，并依据国家下达的年度基本建设投资计划、批准的工程实施方案（含作业设计）进行会计核算和会计监督。"

项目资金检查主要内容和方法：

### 1. 会计机构设置与会计人员配备检查

主要检查项目建设单位是否按照《会计法》和《会计基础工作规范》的规定，设置会计机构和配备会计人员；会计人员上岗的资质、任职条件、人员分工、财务印鉴保管等是否符合会计基础规范的要求。

### 2. 内部财会管理制度的建立与执行情况检查

主要检查项目建设单位是否按照会计基础工作规范的要求，建立内部财会制度体系、会计人员岗位责任制、财会处理程序、内部牵制制度、原始凭证管理制度、成本核算制度情况等。

### 3. 资金拨付及到位情况检查

主要监督各级林业主管部门是否按规定下达工程投资计划和财政专项资金的预算；省级配套资金、企业和个人自筹资金是否落实；资金拨付单位是否按规定的程序拨付资金，资金使用单位是否按计划和工程进度及时将资金投入使用；有无截留、滞留、违规抵扣等现象。

### 4. 会计核算情况检查

一是会计核算是否执行国家有关基本建设财务管理的规定。项目建设单位是否存在多头开户、违规开户；是否按规定对建设项目实行专账管理、专款专用；各项原始记录、统计台账、凭证账册、会计核算、财务报告等基础性工作是否健全规范。

二是会计科目设置是否符合基本建设财务管理规定和会计制度要求，是否完整；账簿反映的内容是否真实、完整，记录是否及时、清晰；记账凭证是否附列全部经过审核的原始凭证，金额是否一致；会计分录是否正确。

三是会计报表的种类、格式、编制是否符合基建会计报表要求；会计报表反映的内容是否真实、完整、准确、及时；会计报表是否根据账簿编制，账表是否相符，报表间具有勾稽关系的数字是否相符。

### 5. 财务支出情况检查

一是是否按合同规定拨付工程款，有无高估冒算，虚报冒领情况；是否按规定使用管理费、提留工程质量保证金，有无乱摊乱挤建设成本的问题。财务支出审核手续是否齐全，原始单据是否真实、合法；是否存在大额现金支付等。

二是待摊投资是否列有建设内容以外的开支；是否将非法的收费、摊派计入待摊投资；是否将超计划建设期的利息及各种罚款等列入。对照概算批复，检查管理费是否超概；检查有无明显不合理支出内容和虚列支出。

三是工程价款支付情况。了解项目建设单位工程价款结算方式，结算手续是否完备，支付审批程序是否规范，支付的金额是否真实；核算内容是否正确、合规；核实工程投资完成情况；建设期间利息收入是否冲减工程成本等。

### 6. 项目竣工财务决算情况检查

检查竣工财务决算前，各项清理工作完成情况；竣工财务决算的依据是否齐全；竣工财务决算编制是否做到了编报及时、数字准确、内容完整；编制的竣工财务决算报表和竣工财务决算说明书内容是否符合要求；项目竣工决算审计是否规范；项目竣工财务决算报表和竣工财务决算说明书是否按程序报批等。

### 7. 资金使用效益情况检查

主要监督是否按计划完成工程任务量，工程质量是否达到规定标准；有无因管理不善或失职、渎职造成损失、浪费资金的现象。

## 第六节 建设项目的竣工验收检查

竣工验收是全面考核建设工作，检查是否符合设计要求和工程质量的重要环节，也是项目由基本建设阶段转入生产和使用阶段的标志，对促进建设项目（工程）及时投产，发挥投资效果，总结建设经验有重要作用。

《林业建设项目竣工验收实施细则》对验收的权限、条件、内容、程序组织、固定资产移交、产权登记都做了明确规定。第三条规定："竣工验收的主要依据包括，经批准的项目可行性研究报告，总体设计或初步设计，施工图设计，投资计划文件；设备技术说明书，工程建设施工技术验收规范，竣工财务决算及审计报告，主管部门有关审批、修改、调整等文件。"

林业建设项目竣工验收的主要内容是：①项目建设总体完成情况；②项目资金到位及使用情况；③项目变更情况；④施工和设备到位情况；⑤法律、法规执行情况；⑥投产或者投入使用准备情况；⑦竣工财务决算情况；⑧档案资料情况；⑨项目管理情况及其他需要验收的内容。

《林业固定资产投资建设项目管理办法》第二十一条规定："建设项目按批准的设计建成后，建设单位应当于3个月内编制完成工程结算和竣工决算。"

项目竣工验收检查主要方法是：检查建设项目竣工后是否及时验收；竣工验收程序是否规范；相关文件材料和档案是否齐全和规范；主要结论和意见是否符合实际情况；竣工验收后是否及时办理固定资产移交手续等。

以上是林业建设项目检查的基本程序和要求，对小型建设项目可适当简化检查程序和内容，对于有特殊要求的项目要按照国家有关规定检查。

# 第十章

# 野生动物保护管理监督检查

野生动物是重要的自然资源，是自然生态系统中不可替代的重要组成部分，是人类赖以生存和发展的物质基础。依法保护野生动物，对保护、发展和合理利用野生动物资源，拯救珍贵、濒危野生动物物种，保护生物多样性，维护生态平衡，实现经济社会可持续发展具有十分重要的意义，也是我国生态文明建设的重要组成部分。

## 第一节　监督目的、依据和内容

### 一、监督目的

为保护、拯救珍贵、濒危陆生野生动物，保护、发展和合理利用陆生野生动物资源，维护生态平衡，规范地方政府和陆生野生动物行政主管部门依法行政、纠正行政不作为、乱作为等。

### 二、监督依据

- 《中华人民共和国野生动物保护法》（以下简称《保护法》）；
- 《中华人民共和国陆生野生动物保护实施条例》（以下简称《条例》）；
- 《陆生野生动物疫源疫病监测防控管理办法》（以下简称《监测防控办法》）；
- 《中华人民共和国突发事件应对法》；
- 《中华人民共和国动物防疫法》；
- 《中华人民共和国传染病防治法》；
- 《重大动物疫情应急条例》；
- 《全国动物防疫体系建设规划（2010 – 2013）》；
- 其他相关法律、法规和规章。

### 三、监督内容

野生动物保护管理、猎捕、饲养（展演）、运输携带、经营利用、疫源疫病监测、保护项目等。

## 第二节　基本概念

（1）野生动物。生存在自然状态，或来源于自然虽经人工驯养繁殖，但没有发生明显、稳定的遗传变异的动物。即除了家畜（猪、马、牛、羊等）、家禽（鸡、鸭、鹅等）、家鱼（金鱼、鲤鱼、鲢鱼、鲫鱼、草鱼等）、家养宠物（猫、狗等）外都属于野生动物。

（2）野生动物所有权。《保护法》第三条规定："野生动物资源属于国家所有"。

（3）野生动物管理机构。《保护法》第七条规定"国务院林业、渔业行政主管部门分别主管全国陆生、水生野生动物管理工作"。因此，国家林业局是陆生野生动物的行政主管部门，全国各级林业行政主管部门也是当地陆生野生动物的行政主管部门。

（4）陆生野生动物。指依靠陆地（包括水面）生存、繁衍的野生动物，主要包括各种兽类、鸟类、爬行类、部分两栖类和昆虫类；水生野生动物主要是鱼类和部分两栖类。鲸、海豹、海象等虽然是哺乳类，但是根据其生活习性，为了便于管理，也划为水生野生动物。《国家重点保护野生动物名录》标定了由林业、渔业部门管理的具体种类。

（5）野生动物保护级别。按照《保护法》规定，我国目前保护的野生动物分为4个层次，一是国家重点保护野生动物，既《国家重点保护野生动物名录》所列物种，我国重点保护野生动物又分为一级和二级；二是地方重点保护野生动物，由省、自治区、直辖市人民政府制定并公布；三是国家保护的有益的或者有重要经济、科学研究价值的陆生野生动物，这类野生动物是指国家重点保护和省重点保护野生动物之外，需要保护的野生动物；四是有关国际公约和国际协定中规定保护的野生动物，主要是《濒危野生动植物种国际贸易公约》、《中日候鸟保护协定》、《中澳候鸟保护协定》中规定的动物；其中，《濒危野生动植物种国际贸易公约》附录Ⅰ和附录Ⅱ中非源产我国的，按照原林业部的规定，进入我国后按照国家一级和国家二级重点保护野生动物进行管理。

（6）禁猎区。是指依法在一定范围、一定时间内禁止猎捕所有野生动物的地区。禁猎区内，不准进行任何形式的狩猎活动，对区内的其他资源，也要作为野生动物赖以生存的自然条件加以保护。禁猎区的禁猎时限一般为3～10年。违反者，将加重处罚。

（7）禁猎期。是指在某行政区域内，依法设定每年禁止猎捕某种或所有野生动物的时间。违反者，也将加重处罚。

（8）猎捕量限额。是指在一定区域内，对非国家重点保护野生动物年度猎捕数量的限制。猎捕量限额一般由县级林业行政主管部门提出，经省级林业行政主管部门批准执行，报国家林业局备案。

（9）陆生野生动物疫源。是指携带危险性病原体，危及野生动物种群安全，或者可能向人类、饲养动物传播的陆生野生动物。

（10）陆生野生动物疫病。是指在陆生野生动物之间传播、流行，对陆生野生动物种群构成威胁或者可能传染给人类和饲养动物的传染性疾病。

## 第三节　野生动物保护管理工作监督

《中华人民共和国宪法》规定，国家保护和改善生态环境。《保护法》规定，国家保护野生动物及其生存环境，禁止任何单位和个人非法猎捕和破坏。

### 一、地方政府的职责

各级人民政府应当加强管理，制定保护、发展和合理利用野生动物资源的规划和措施，包括：

（1）建立自然保护区；

（2）设立禁猎区；

（3）开展环境监测；

（4）建设项目的环境影响报告书制度；

（5）考察研究、摄影录像和狩猎场所的审批制度；

（6）野生动物受自然灾害威胁时的保护、拯救措施及方案；

（7）因保护野生动物受到损失的补偿制度等；

（8）县级以上各级人民政府应当开展保护野生动物的宣传教育，可以确定适当时间为保护野生动物宣传月、爱鸟周等，提高公民保护野生动物的意识；

（9）县级以上各级人民政府应当鼓励、支持有关科研、教学单位开展野生动物科学研究工作；

（10）对在野生动物资源保护、科学研究和驯养繁殖方面成绩显著的单位和个人，由政府给予奖励。

### 二、野生动物行政主管部门的职责

各级野生动物行政主管部门应当监视、检测环境对野生动物的影响。由于环境影响对野生动物造成危害时，野生动物行政主管部门应当会同有关部门进行调查处理。野生动物行政主管部门应当定期组织对野生动物资源的调查，资源调查由国务院林业行政主管部门和省、自治区、直辖市人民政府林业行政主管部门定期组织，并建立资源档案，为制定野生动物资源保护发展方案、制定和调整国家和地方重点保护野生动物名录提供依据。野生动物资源普查每十年进行一次，普查方案由国务院林业行政主管部门和省、自治区、直辖市人民政府林业行政主管部门批准。县级以上各级人民政府野生动物行政主管部门，应当组织社会各方面力量，采取生物技术措施和工程技术措施，维护和改善野生动物生存环境，保护和发展野生动物资源。禁止任何单位和个人破坏国家和地方重点保护野生动物的生息繁衍场所和生存条件。

### 三、野生动物保护管理工作的监督检查

在野生动物保护管理工作实践中，一些地区乱捕滥猎濒发，重点保护野生动物被非法猎捕；野生动物栖息繁殖地及环境遭到破坏；对伤病野生动物救护不及时；因保护野生动物造成农作物或者其他损失，而政府未按规定给予补偿或补偿不及时。对于以上问题，如果不及时纠正，群众便会有意见，甚至造成严重社会影响。对于这些问题，国家林业局派驻各地的森林资源监督部门应及时进行监督检查。

#### 1. 监督检查目的

野生动物保护管理工作是《保护法》赋予各级人民政府及林业行政主管部门的权力和职责。保护、拯救珍贵、濒危野生动物，保护、发展和合理利用野生动物资源，维护生态平衡是各级人民政府及林业行政主管部门义不容辞的责任。按照国家林业局的部署和要求，实施野生动物保护管理工作的监督检查，是执行和落实《保护法》及有关法律法规，规范、协调、促进各级地方政府及林业行政主管部门野生动物保护管理工作，分析存在问题原因，提出处理和改进意见，落实监督处理结果的重要措施。《保护法》第三十八条规定：对"野生动物行政主管部门的工作人员玩忽职守、滥用职权、徇私舞弊的，由其所在单位或者上级主管机关给予行政处分；情节严重、构成犯罪的，依法追究刑事责任"。

#### 2. 检查内容

（1）地方政府所建立的自然保护区管理状况和对野生动物的保护效果；

（2）禁猎区、禁猎期的规划、执行情况；

（3）对野生动物集中分布区的环境监测及建设项目的环境影响报告书执行情况；

（4）野生动物考察研究、摄影录像、狩猎场所设立、特许猎捕

证、狩猎证等行政许可的审批情况；

(5)野生动物受自然灾害威胁时的保护、拯救措施、方案及执行情况；

(6)野生动物损害农作物等的补偿制度及执行情况；

(7)开展保护野生动物宣传月、爱鸟周等宣传教育情况；

(8)对在野生动物资源保护、科学研究和驯养繁殖方面成绩显著的单位和个人的表彰、奖励情况；

(9)开展野生动物资源调查及建立资源档案情况；

(10)对乱捕乱猎、私收乱购、破坏野生动物栖息地等案件的查处情况。

(11)国家林业局对专项保护、资源调查、培训管理等拨付的资金、设备、物资等，是否及时、足额拨付到指定单位；地方配套资金、设备、物资是否及时、足额到位；资金使用情况；

(12)其他相关情况。

### 3. 检查方法

(1)材料核实。调阅开展工作的全部材料，包括文件、图片、影视资料、新闻媒体报道等，核实材料的真实性。

(2)社会调查。走访或召集工作内容所涉及的单位、个人座谈，了解过程及细节，确认工作情况及处理结果。对群众举报的问题，要与举报人及相关人员，面对面了解核实。

(3)现场核实。携带有关材料和仪器设备，亲赴工作现场，实地查看、照相、录像、测量。

(4)检查结束后，检查人员要当面将检查情况向被检查地政府和林业行政主管部门反馈，听取意见，充实检查材料。全部检查工作结束后，向省级林业行政主管部门通报检查结果，听取意见和建议。

(5)按照国家林业局的部署和要求，及时上报检查报告。

## 第四节 猎捕狩猎管理监督检查

我国对猎捕野生动物实行特许猎捕证和狩猎证管理。

## 一、特许猎捕证

《保护法》第十六条规定：禁止猎捕、杀害国家重点保护野生动物。因科学研究、驯养繁殖、展览或者其他特殊情况，需要捕捉、捕捞国家一级保护野生动物的，必须向国务院野生动物行政主管部门申请特许猎捕证；猎捕国家二级保护野生动物的，必须向省、自治区、直辖市政府野生动物行政主管部门申请特许猎捕证。

《条例》第十一条规定：有下列情形之一，需要猎捕国家重点保护野生动物的，必须申请特许猎捕证：

（1）为进行野生动物科学考察、资源调查，必须猎捕的；

（2）为驯养繁殖国家重点保护野生动物，必须从野外获取种源的；

（3）为承担省级以上科学研究项目或者国家医药生产任务，必须从野外获取国家重点保护野生动物的；

（4）为宣传、普及野生动物知识或者教学、展览的需要，必须从野外获取国家重点保护野生动物的；

（5）因国事活动的需要，必须从野外获取国家重点保护野生动物的；

（6）为调控国家重点保护野生动物种群数量和结构，经科学论证必须猎捕的；

（7）因其他特殊情况，必须捕捉、猎捕国家重点保护野生动物的。

**1. 特许猎捕证申请程序**

《条例》第十二条规定：申请特许猎捕证的程序如下：

（1）需要捕捉国家一级保护野生动物的，必须附具申请人所在地和捕捉地的省、自治区、直辖市人民政府林业行政主管部门签署的意见，向国务院林业行政主管部门申请特许猎捕证；

（2）需要在本省、自治区、直辖市猎捕国家二级保护野生动物的，必须附具申请人所在地的县级人民政府野生动物行政主管部门签署的意见，向省、自治区、直辖市人民政府林业行政主管部门申请特许猎捕证；

（3）需要跨省、自治区、直辖市猎捕国家二级保护野生动物的，必须附具申请人所在地的省、自治区、直辖市人民政府林业行政主管部门签署的意见，向猎捕地的省、自治区、直辖市人民政府林业行政主管部门申请特许猎捕证。

动物园需要申请捕捉国家一级保护野生动物的，在向国务院林业行政主管部门申请特许猎捕证前，须经国务院建设行政主管部门审核同意；需要申请捕捉国家二级保护野生动物的，在向申请人所在地的省、自治区、直辖市人民政府林业行政主管部门申请特许猎捕证前，须经同级政府建设行政主管部门审核同意。

### 2. 申请者应提供的文件资料

（1）书面申请材料；

（2）填写国家重点保护野生动物猎捕申请表；

（3）所在省级林业行政主管部门审核或批准文件（跨省的需要两省级林业行政主管部门审核或批准文件）；

（4）猎捕国家重点保护野生动物，用于驯养繁殖的，要提供饲养场的基本情况，包括饲养场规模、养殖能力、医疗条件和现有养殖种类、数量等；用于科学研究（包括科学考察中收集标本的），需要提供省级以上林业、科研主管部门正式批准的科研立项报告或调查计划，以及申请猎捕动物养殖（标本保存）单位；用于野生动物或其标本展览的，应提供该种动物（标本）现有数量、状况及饲养或陈列条件等情况；

（5）其他相关材料。

### 3. 猎捕活动的安排及监督检查

《条例》第十四条规定：取得特许猎捕证的单位和个人，必须按照特许猎捕证规定的种类、数量、地点、期限、工具和方法进行猎捕，防止误伤野生动物或者破坏其生存环境。猎捕作业完成后，应当在十日内向猎捕地的县级人民政府野生动物行政主管部门申请查验。县级人民政府野生动物行政主管部门对在本行政区域内猎捕国家重点保护野生动物的活动，应当进行监督检查，并及时向批准猎捕的机关报告监督检查结果。

特许猎捕证有猎捕期限，超过期限的即失效，由申请猎捕者向原发证机关申请换发新证。

猎获的野生动物或其产品运离县境时，须经省级林业行政主管部门或其授权单位查验并办理《国家重点保护野生动物或其产品出省运输证明》。

各级野生动物主管部门和森林公安、林业工作站、木材检查站对有关的猎捕活动，均有权监督检查。

### 4. 不予发证的有关规定

核发特许猎捕证的部门接到申请后，应当在 3 个月内做出批准或不批准的决定。

《条例》第十三条规定：有下列情形之一的，不予发放特许猎捕证：①申请猎捕者有条件以合法的非猎捕方式获得国家重点保护野生动物的种源、产品或者达到所需目的的；②猎捕申请不符合国家有关规定或者申请使用的猎捕工具、方法以及猎捕时间、地点不当的；③根据野生动物资源现状不宜捕捉、猎捕的。

## 二、狩猎证

《保护法》第十八条规定：猎捕非国家重点保护野生动物的，必须取得狩猎证，并且服从猎捕量限额管理。非国家重点保护野生动物是指国家重点保护野生动物以外需要保护的野生动物，包括地方重点保护野生动物和有益的或者有重要经济、科学研究价值的陆生野生动物。这类动物一般分布较广、数量较多，有的是传统的狩猎动物，如：野兔、野鸡、野鸭、灰鼠等，有的是有一定生态价值的，如：大多数鸟类、蛇类、蛙类等，还有我国参加的国际公约、条约、协定保护的种类。

### 1. 狩猎证申请程序

根据《条例》的规定，狩猎证由省、自治区、直辖市人民政府林业行政主管部门按照国家林业局的规定印制，由县级以上地方人民政府野生动物行政主管部门或者其授权单位核发。申请狩猎的单位和个人，必须依法向所在地县级人民政府野生动物行政主管部门申请，并且服从猎捕量限额管理。

狩猎者必须按照狩猎证指定的狩猎种类、数量（限额）、狩猎区域、期限和使用的工具、方法进行狩猎。持猎枪狩猎的，必须按照《中华人民共和国枪支法》的规定，取得持枪证和猎枪。

狩猎证每年验证一次。

### 2. 狩猎证申请者应提供的文件资料

（1）书面申请材料；

（2）身份证原件及复印件；

（3）猎枪持枪证、猎枪编号、猎枪照片；

（4）其他相关材料。

## 三、捕捉猎捕管理监督检查

对捕捉猎捕管理的监督检查，分为对核发捕捉猎捕证机关的监督检查和对被行政许可人的监督检查。

### 1. 监督检查目的

（1）防止和纠正乱发特许猎捕证、狩猎证行为；

（2）防止和纠正特许猎捕证、狩猎证持有单位和个人滥捕野生动物行为。

## 2. 检查内容

（1）猎捕量限额制定的程序是否规范，结论是否正确；

（2）核发特许猎捕证、狩猎证的猎捕量是否超过猎捕量限额；

（3）对持有特许猎捕证、狩猎证的单位和个人，其猎捕、狩猎活动的监督是否到位；

（4）申请特许猎捕证、狩猎证的材料是否规范、齐全，是否存在违规发证问题；

（5）捕捉、猎捕、狩猎活动结束后，是否按规定及时向发证机关报告猎捕情况和实际猎捕量；

（6）对持证单位或个人未按规定的种类、数量、时间、地域等进行猎捕、狩猎的处理情况；

（7）对违规狩猎、猎捕的处理，是否符合法律法规的规定，是否落实到位等。

## 3. 检查方法

对发证机关的监督检查：

（1）材料核实。调阅发证机关与核发特许猎捕证、狩猎证相关的档案，包括发证的规章制度、请示批准文件、资源调查报告、猎捕量限额材料、申请单位或个人申请材料、监督猎捕狩猎结果的报告、对违规狩猎猎捕处理的材料等。查阅发证规章制度是否合理、健全；核实猎捕量限额制定的是否科学、合理，程序是否合法；核实、查找违规发证的数量及原因；对违规狩猎猎捕的处理，是否符合法律法规的规定，是否落实到位等。

（2）社会调查。走访或召集发证所涉及的单位、个人座谈，了解实施猎捕狩猎过程及细节，确认工作情况及处理结果。对群众举报的问题，与举报人及相关人员，面对面了解核实。

（3）现场核实。携带有关材料和仪器设备，亲赴工作现场，实地查看、照相、录像、测量。

对猎捕单位或个人的监督检查：

（4）个人留存材料内容与发证机关档案材料是否一致。

（5）猎捕工具是否为规定的工具，该工具是否使用过。

（6）猎获物种类、数量、性别是否与批准的一致。

（7）猎获物是如何处理的，所捕活体的驯养繁殖环境、条件、饲料等是否能保证其健康。

（8）检查结束后，检查人员要当面将检查情况向被检查地政府和林业行政主管部门反馈检查情况，听取意见，充实检查材料。全部检查工作结束后，向省级林业行政主管部门通报检查结果，听取意见和建议。

（9）按照国家林业局的部署和要求，及时上报检查报告。

## 第五节 野生动物驯养繁殖管理监督检查

驯养繁殖是保护和发展野生动物资源的一项重要措施。《保护法》在规定鼓励驯养繁殖野生动物的同时，还规定了实行驯养繁殖许可证制度。任何单位和个人要求驯养繁殖国家重点保护野生动物时，必须履行一定的手续，由野生动物行政主管部门发给驯养繁殖许可证，取得养殖资格，才能从事养殖活动。根据《保护法》规定，原林业部于 1991 年 1 月 9 日颁布了《国家重点保护野生动物驯养繁殖许可证管理办法》，该办法于 1991 年 4 月 1 日起施行。

地方重点保护野生动物和其他野生动物的驯养繁殖管理，按各省、自治区、直辖市林业行政主管部门的规定执行。

从国外或者省外引进野生动物驯养繁殖的，应采取适当措施防止其逃至野外；需要放生野外的，应向所在省级林业行政主管部门提出申请，经主管部门指定的科研机构论证后，属于国家重点保护野生动物的报国家林业局或其授权的单位批准，非国家重点保护野生动物按照地方法规规定执行。取得野生动物驯养繁殖许可证，因设施不完备或擅自放生，造成野生动物逃逸至野外的，由野生动物主管部门责令限期捕回，或采取其他补救措施；野生动物在饲养过程中或逃逸后，造成人员伤亡或野生动物伤亡，给他人和自身造成财产损失的，按照《国家重点保护野生动物驯养繁殖许可证管理办法》及相关规定，由养殖单位或个人承担相应的法律责任。

### 一、驯养繁殖许可证申请程序

驯养繁殖野生动物的单位和个人，必须向所在地县级野生动物行政主管部门提出申请，并填写《国家重点保护野生动物驯养繁殖许可证申请表》或其他申请表，以及其他相关的文件材料。驯养繁殖国家一级重点保护野生动物的，由省级林业行政主管部门报国家林业局审批；驯养繁殖国家二级重点保护野生动物的，由省级林业行政主管部门或其授权单位审批。经批准驯养繁殖国家重点保护野生动物的，其驯养繁殖许可证由省级林业行政主管部门核发；非国家重点保护野生动物驯养繁殖许可证的审批、核发，依据地方法规的规定执行。

因野生动物资源不清、驯养繁殖尚未成功或技术尚未过关、野生动物资源极少而不能满足驯养繁殖种源要求的，不批准核发野生动物驯养繁殖许可证。

为了救护、收容而进行驯养繁殖野生动物，饲养日数不超过一年的，不需要申请办理驯养繁殖许可证。

需要终止驯养繁殖活动的，应在 2 个月内向原批准机关办理终止手续，交回驯养繁殖许可证。

## 二、申请驯养繁殖许可证需提供的文件材料

（1）国家重点保护野生动物驯养繁殖许可证申请表或其他申请表；

（2）证明申请人身份、资格的有效文件或材料；

（3）申请驯养繁殖的野生动物种源来源证明材料，包括引种协议书或意向书、有效批准文件、进出口证明书、收容救护处理文书等；

（4）证明其对驯养繁殖固定场所具有相应使用权的有效文件或材料；

（5）驯养繁殖所需资金来源证明；

（6）野生动物救治及饲养人员技术能力证明；

（7）从事野生动物驯养繁殖的可行性研究报告或总体规划，及野生动物饲料来源说明材料；

（8）申请驯养繁殖野生动物的固定场所、防逃逸设施、笼舍、隔离墙（网）等图片，以及面积、规格、安全性的说明材料；

（9）申请增加驯养繁殖野生动物种类的，需提交原有驯养繁殖的野生动物种类、数量和健康状况的说明材料，及已经取得的驯养繁殖许可证原件、复印件和相关批准文件；

（10）其他相关材料。

## 三、野生动物驯养繁殖管理的监督检查

对野生动物驯养繁殖管理的监督检查分为对林业行政主管部门核发驯养繁殖许可证情况、对被许可人执行情况和主管部门对其他驯养繁殖野生动物管理情况的检查。

### 1. 检查目的

对林业行政主管部门核发驯养繁殖许可证情况的检查，是掌握当地林业行政主管部门贯彻执行《保护法》和《条例》状况，督促地方

政府和林业行政主管部门履行职责，分析问题，总结经验，提升野生动物驯养繁殖管理工作水平。

对野生动物驯养繁殖许可证被许可人的检查，是了解行政许可的执行状况，检验林业行政主管部门管理状况，确保行政许可被严格执行。

进行林业行政主管部门对其他驯养繁殖野生动物管理情况的检查，是检验主管部门的工作是否全面，管理是否到位。

**2. 检查内容**

(1)关于发证的规章制度是否健全；

(2)档案材料是否齐全，是否存在越权发证、违规发证问题；

(3)对违法违规驯养繁殖野生动物是否及时查处、上报；

(4)查处违法违规驯养繁殖野生动物是否符合有关的法律法规，并落实到位；

(5)该区域内是否存在漏发和未年检许可证，或非法驯养繁殖野生动物情况；

(6)被许可人是否存在超范围、超量或未饲养问题。

**3. 检查方法**

(1)材料核实。调阅发证机关与核发驯养繁殖许可证相关的档案，包括发证的规章制度、请示批准文件、申请单位或个人申请材料、监督驯养繁殖结果的报告、对违规驯养繁殖处理的材料等。发证规章制度是否合理、健全；所发驯养繁殖许可证是否规范，程序是否合法；核实、查找违规发证的数量及原因；对违规驯养繁殖的处理，是否符合法律法规的规定，是否落实到位等。

(2)社会调查。走访相关人员，召集野生动物驯养繁殖单位、个人座谈，对群众举报的问题，要与举报人及相关人员，面对面了解核实。

(3)现场核实。携带有关材料和仪器设备，亲赴工作现场，实地查看、照相、录像、测量。查看被许可人的驯养繁殖许可证和相关文件资料，包括驯养繁殖档案、种源证明材料，查看场地、防逃逸设施、笼舍、饲料、隔离墙(网)等；与饲养员、兽医交谈，以了解实际情况；对被处罚的，要了解处理结果。

(4)检查结束后，检查人员要当面将检查情况向被检查地政府和林业行政主管部门反馈，听取意见，充实检查材料。全部检查工作结束后，向省级林业行政主管部门通报检查结果，听取意见和建议。

(5)按照国家林业局的部署和要求，及时上报检查报告。

## 第六节 经营利用、运输野生动物及其产品管理的监督检查

经营利用野生动物直接关系到野生动物资源的保护和发展。经营利用野生动物一般有两种类型，一种是生产经营性利用，如野生动物及其产品收购、出售、加工、进出口及生产性养殖；另一种是非生产经营性利用，如展览、表演、拍摄、办狩猎场等。

《保护法》规定：禁止出售、收购国家重点保护野生动物或者其产品。因科学研究、驯养繁殖、展览等特殊情况，需要出售、收购、利用国家一级保护野生动物或者其产品的，必须经国务院野生动物行政主管部门或者其授权的单位批准；需要出售、收购、利用国家二级保护野生动物或者其产品的，必须经省、自治区、直辖市政府野生动物行政主管部门或者其授权的单位批准。

出售人工驯养繁殖或狩猎所获的野生动物或者其产品，凭驯养繁殖许可证和狩猎证销售。

饭店、商店等出售或收购非国家重点保护野生动物或者其产品的，按照地方规定，所在地县级或县级以上林业行政主管部门批准并核发野生动物及其产品经营利用许可证。

县以上人民政府野生动物行政主管部门和工商行政管理部门负责对野生动物或者其产品的经营利用监督管理，保证正常的经营秩序，打击非法经营利用活动，并制定必要的监管制度。根据《保护法》，对进入集贸市场的野生动物及其产品由工商行政管理部门实施监管；集贸市场以外的经营活动，由野生动物行政主管部门（国家工商行政管理部门已经授权）监管。对违反规定的，分别由野生动物行政主管部门和工商行政管理部门依照职责分工依法处理。

野生动物或其产品的运输管理，是野生动物经营利用管理的重要内容，也是防止非法猎捕、杀害野生动物的重要措施之一。根据《保护法》和《条例》的规定，运输、携带国家重点保护野生动物或者其产品出县境的，必须经省、自治区、直辖市政府野生动物行政主管部门或其授权单位批准并核发《国家重点保护野生动物出省运输证明》。其他野生动物的运输管理，按各省、自治区、直辖市人民政府或林业行政主管部门的法规、规定执行。

## 一、经营利用、运输野生动物及其产品需提供的文件材料

（1）申请书和申请表；

（2）证明申请人身份、资格的有效文件或材料；

（3）野生动物或者其产品来源证明材料，包括购买协议书或意向书、有效批准文件、进出口证明书、收容救护处理文书，或驯养繁殖许可证原件、复印件和相关批准文件等；

（4）证明接收方身份、资格的有效文件或材料，属于驯养繁殖的，要出具接收方野生动物驯养繁殖许可证复印件；属于经营利用或科学研究的，要出具接收方被批准文件或其复印件；

（5）其他相关材料、文件。

## 二、经营利用、运输野生动物及其产品管理的监督检查

对经营利用、运输野生动物及其产品管理的监督检查，分别为对林业行政主管部门批准、核发野生动物经营利用许可证情况，合法运输野生动物及其产品情况，对经营利用野生动物被许可人执行情况和主管部门对其他经营利用、运输野生动物及其产品管理情况的监督检查。

### 1. 检查目的

对林业行政主管部门批准核发野生动物及其产品经营许可证情况的检查，是掌握当地林业行政主管部门贯彻执行《保护法》和《条例》状况，督促地方政府和林业行政主管部门履行职责，分析问题，总结经验，提升对经营利用野生动物及其产品的管理工作水平。

对经营利用野生动物许可证被许可人的检查，是了解行政许可的执行状况，检验林业行政主管部门管理状况，确保行政许可被严格执行。

进行林业行政主管部门对其他经营利用、运输野生动物及其产品管理情况的检查，是检验主管部门的工作是否全面，管理是否到位的主要手段。

### 2. 检查内容

（1）关于发证的规章制度是否健全；

（2）档案材料是否齐全，是否存在越权发证、违规发证问题；

（3）对违法违规经营利用、运输野生动物及其产品是否及时查处、上报；

（4）查处违法违规经营利用、运输野生动物及其产品是否符合有

关的法律法规，并落实到位；

（5）该区域内是否存在漏发和未年检许可证，或非法经营利用、运输野生动物及其产品的情况；

（6）被许可人是否存在超范围、超量或未经批准经营利用、运输野生动物及其产品的问题。

### 3. 检查方法

（1）材料核实。调阅审批野生动物及其产品经营利用许可证相关的档案，包括发证的规章制度、请示批准文件、申请单位或个人申请材料、监督经营利用结果的报告、对违规经营利用处理的材料等。发证规章制度是否合理、健全；所发经营利用许可证是否规范，程序是否合法；核实、查找违规发证的数量及原因；对违规经营利用和运输的处理是否符合法律、法规的规定，整改措施是否落实到位等。

（2）社会调查。走访相关人员，召集野生动物经营利用单位、个人座谈，对群众举报的问题，要与举报人及相关人员，面对面了解核实。

（3）现场核实。携带有关材料和仪器设备，亲赴工作现场，实地查看、照相、录像、测量。查看被许可人的经营利用许可证和相关文件资料，包括经营利用档案、来源证明材料，查看经营场地、经营和运输产品等；与经营人交谈，以了解实际情况；对被处罚的，要了解处理结果。

（4）检查结束后，检查人员要当面将检查情况向被检查地政府和林业行政主管部门反馈检查情况，听取意见，充实检查材料。全部检查工作结束后，向省级林业行政主管部门通报检查结果，听取意见和建议。

（5）按照国家林业局的部署和要求，及时上报检查报告。

## 第七节 野生动物资源保护管理费监督检查

《保护法》规定：野生动物资源属于国家所有。经营利用野生动物或者其产品的，应当缴纳野生动物资源保护管理费。1992 年 11 月 22 日经国务院批准，原林业部、财政部、国家物价局发布了《陆生野生动物资源保护管理费收费办法》（以下简称《收费办法》），同时发布了《捕捉、猎捕国家重点保护野生动物资源保护管理费收费标准》，自1993年1月1日起施行。2011年1月国家发改委、财政部发布了《国家发改委、财政部关于取消部分涉企行政事业性收费的通知》(财综〔2011〕9号)，取消了人工驯养繁殖野生动物资源保护管理费的收取，使野生动物资源保护管理费仅限于对捕捉、猎捕野外国家重点保护野生动物的收取。

收费办法规定，经批准捕捉国家一级重点保护野生动物的，必须向国家林业局或者其授权单位缴纳野生动物资源保护管理费；经批准捕捉国家二级重点保护野生动物的，必须向省、自治区、直辖市林业行政主管部门或者其授权单位缴纳野生动物资源保护管理费。捕捉、猎捕非国家重点保护野生动物的，收费环节、标准和办法，由省级林业行政主管部门提出，经同级物价、财政部门审定后执行。

野生动物资源保护管理费按预算外资金管理，纳入财政专户储存，用于野生动物保护管理、资源调查、宣传教育、驯养繁殖、科学研究，不得发放奖金、搞基本建设、提高福利或挪作他用。收费单位应向同级物价部门办领收费许可证，使用财政部门统一印制的收费票据。

## 一、收取野生动物资源保护管理费数量的依据

(1)《捕捉、猎捕国家重点保护野生动物资源保护管理费收费标准》；

(2)持特许猎捕证、狩猎证猎捕后，实际获得的野生动物种类和数量。

## 二、野生动物资源保护管理费收取和使用监督检查

### 1. 检查目的

掌握地方野生动物行政主管部门收取和使用野生动物资源保护管理费的状况，督促地方政府和林业行政主管部门履行职责，分析问题，总结经验，提高对野生动物资源保护管理费收取、使用工作的重视。

### 2. 检查内容

(1)关于收费的规章制度是否健全；

(2)收费的档案材料是否齐全，是否存在违规收费、超标准收费问题；

(3)所收费用是否按规定的范围支出使用；

(4)查处不缴、少缴资源保护管理费是否符合有关的法律法规，

并落实到位。

**3. 检查方法**

(1)材料核实。调阅收取、使用资源保护管理费相关的档案、账簿，包括收费的规章制度、有关文件、特许猎捕证和狩猎证复印件、监督捕猎结果的报告、对不缴或少缴费处理的材料等。确认规章制度是否合理、健全；收费支出程序是否规范、合法；核实、查找违规收费、违规使用的数量及原因；对不缴或少缴费的处理是否符合法律法规的规定，是否落实到位等。

(2)社会调查。走访相关人员，与缴纳野生动物资源保护管理费的单位和个人座谈，核实情况；对群众举报的问题，要与举报人及相关人员，面对面了解核实。

(3)检查结束后，检查人员要当面将检查情况向被检查地政府和林业行政主管部门反馈检查情况，听取意见，充实检查材料。全部检查工作结束后，向省级林业行政主管部门通报检查结果，听取意见和建议。

(4)按照国家林业局的部署和要求，及时上报检查报告。

## 第八节 陆生野生动物疫源疫病监测防控监督检查

野生动物疫源疫病监测防控是防范野生动物疫病传播和扩散，保护野生动物资源，维护国家公共卫生安全、社会经济发展和生态安全的重要举措。

开展野生动物疫源疫病监测防控的目标是：建立陆生野生动物疫源疫病监测防控体系，调查疫源野生动物活动规律，掌握包括驯养繁殖场所内的野生动物携带病原体本底，及时发现、报告野生动物感染疫病情况，研究、评估疫源疫病发生、传播、扩散的风险，分析、预测疫情流行趋势，提出并采取应对处理措施，预防、控制和消灭野生动物疫情。

## 一、检查目的

掌握地方各级林业行政主管部门陆生野生动物疫源疫病监测防控体系的运行状况，督促地方政府和林业行政主管部门健全体制机制、履行职责、保障资金投入，贯彻落实《监测防控办法》，发现和分析问题，总结经验，提高对陆生野生动物疫源疫病监测防控工作重要性的认识。

## 二、检查内容

对省、市(地、州)、县(市、区)陆生野生动物疫源疫病监测防控工作的以下内容进行检查,特别是机构、规章制度是否建立、健全,专项资金是否到位,信息报告是否及时、安全、通畅。

(1)省、市、县三级的监测管理机构、编制和资金等建立和运行情况;

(2)监测站网络、信息管理与指挥决策系统、预警系统、应急保障系统等建设情况,以及应急物资储备情况等;

(3)国家级、省级、市县级监测站建立运行状况,专职人员配备和人员培训情况;

(4)上级拨付资金、设备、物资到位情况,以及是否将这些资金、设备、物资及时、足额拨付到监测点;

(5)落实日常监测、主动预警、专项监测情况;

(6)深入监测站(点),了解是否配备专职监测员,监测站(点)监测范围、重点、巡查线路是否明确,巡查记录是否健全、完整;

(7)开展野生动物疫源疫病本底调查情况;

(8)执行日报、月报、快报、专题报,动物异常死亡2小时报情况;

(9)各级林业行政主管部门及监测站的应急预案、应急预备队是否建立健全;

(10)发生重大陆生野生动物疫病时,及时启动应急预案情况,是否组织开展监测防控和疫病风险评估,并提出疫情风险范围和防控措施建议,是否及时对事发地进行封锁、隔离、消毒,是否及时对染病动物采取救护措施等;

(11)档案材料:文件、规章制度、图表是否齐全;

(12)资金使用情况。

## 三、检查方法

(1)材料核实。调阅相关的档案、账簿,包括批准文件、规章制度、工作方案、报告、违规处理的材料等。确认规章制度是否合理、健全;报告程序是否规范、及时;核实、查找违规的原因、责任;对违规的处理是否符合法律法规的规定,是否落实到位等。

(2)社会调查。走访各级监测站(点),与监测人员座谈,核实情况；对群众举报的问题，要与举报人及相关人员，面对面了解核实。

（3）检查结束后，检查人员要当面将检查情况向被检查地政府和林业行政主管部门反馈，听取意见，充实检查材料。全部检查工作结束后，向省级林业行政主管部门通报检查结果，听取意见和建议。

（4）按照国家林业局的部署和要求，及时上报检查报告。

# 第十一章

# 野生植物保护管理监督检查

野生植物是指原生地天然生长的珍贵植物和原生地天然生长并具有重要经济、科学研究、文化价值的濒危、稀有植物。

野生植物保护管理是保护、拯救珍贵、濒危野生植物，保护、发展和合理利用野生植物资源，保护生物多样性、维护生态平衡的根本保证。依法保护管理野生植物，对社会、经济可持续发展，保护人类生存环境、建设生态文明具有十分重要的意义。

## 第一节 监督目的、依据和内容

### 一、监督目的

野生植物保护管理监督的目的是监督地方林业行政主管部门依法行政，纠正行政不作为、乱作为等，促进其充分履行国际保护公约，严格执行国家相关法律、法规，保护、拯救珍贵、濒危野生植物，保护、发展和合理利用野生植物资源，维护生态平衡，保护生物多样性。

### 二、监督依据

- 《中华人民共和国森林法》；
- 《中华人民共和国野生植物保护条例》（以下简称《野生植物保护条例》）；
- 《国家林业局关于实行国家重点保护野生植物采集证有关问题的通知》。

### 三、监督内容

（1）野生植物采集管理；
（2）野生植物出售、收购管理。

## 第二节 野生植物采集管理的监督检查

### 一、相关法律规定

《野生植物保护条例》第八条规定，国务院林业行政主管部门主管全国林区内野生植物和林区外珍贵野生树木的监督管理工作。国务院农业行政主管部门主管全国其他野生植物的监督管理工作。国务院建设行政部门负责城市园林、风景名胜区内野生植物的监督管理工作。国务院环境保护部门负责对全国野生植物环境保护工作的协调和监督。国务院其他有关部门依照职责分工负责有关的野生植物保护工作。县级以上地方人民政府负责野生植物管理工作的部门及其职责，由省、自治区、直辖市人民政府根据当地具体情况规定。

按照《野生植物保护条例》规定，野生植物分为国家重点保护野生植物和地方重点保护野生植物。国家重点保护野生植物分为国家一级保护野生植物和国家二级保护野生植物。国家重点保护野生植物名录，由国务院林业行政主管部门、农业行政主管部门（以下简称国务院野生植物行政主管部门）商国务院环境保护、建设等有关部门制定，报国务院批准公布；地方重点保护野生植物，是指国家重点保护野生植物以外，由省、自治区、直辖市保护的野生植物。地方重点保护野生植物名录，由省、自治区、直辖市人民政府制定并公布，报国务院备案。我国参加的与保护野生植物有关的国际条约中与本条例有不同规定的，适用国际条约的规定；但是，中华人民共和国声明保留的条款除外。

《野生植物保护条例》第十六条规定：禁止采集国家一级保护野生植物。因科学研究、人工培育、文化交流等特殊需要，采集国家一级保护野生植物的，必须经采集地的省、自治区、直辖市人民政府野生植物行政主管部门签署意见后，向国务院野生植物行政主管部门或者其授权的机构申请采集证。

采集国家二级保护野生植物的，必须经采集地的县级人民政府野生植物行政主管部门签署意见后，向省、自治区、直辖市人民政府野生植物行政主管部门或者其授权的机构申请采集证。

采集城市园林或者风景名胜区内的国家一级或者二级保护野生植物的，须先征得城市园林或者风景名胜区管理机构同意，分别依照前两款的规定申请采集证。

采集珍贵野生树木或者林区内、草原上的野生植物的，依照森林法、草原法的规定办理。

野生植物行政主管部门发放采集证后，应当抄送环境保护部门备案。

这里所说的野生植物采集，是指对野生植物整株或其某部分，如：花、果、根、茎、叶、枝、皮等，采挖、采伐、摘取、割取的行为。

## 二、野生植物采集证办理程序

### 1. 采集证审批程序

采集国家一级保护野生植物：

（1）申请人经采集地县级林业主管部门对其采集申请表签署意见后，向采集地省级林业主管部门提出申请。

（2）省级林业行政主管部门签署意见后报国家林业局。

（3）国家林业局或其委托的单位可根据需要组织听证、检验、检测、检疫、鉴定和专家评审。

（4）审查合格的，由国家林业局作出准予行政许可的决定，并向申请人核发国家重点保护野生植物采集证；审查不合格的，由国家林业局书面通知申请人并说明理由，告知复议或诉讼权利。

（5）期限。20日内，经批准可以延长10日。

（6）收费标准和依据。不收费。

采集国家二级保护野生植物：

（1）申请人向采集所在地县级林业行政主管部门提出书面申请。没有县级林业行政主管部门的地区，向市级林业行政主管部门提出书面申请。

（2）县或市级林业行政主管部门进行现场核实，无授权核发采集证的向省林业厅申报。

（3）审查合格的，由省林业厅或其授权单位向申请人核发国家重点保护野生植物采集证。在获得采集证后，按有关规定申请办理林木采伐许可证，并纳入森林采伐限额管理。审查不合格的，由省林业厅或其授权单位书面通知申请人并说明理由，告知复议或者诉讼权利。

（4）期限。20日内，经批准可以延长10日。

（5）收费标准和依据。不收费。

**2. 申请采集证应提供的文件材料**

（1）申请人的申请书，说明采集的目的、种类、数量、期限、地点和方法等；

（2）填写国家重点保护野生植物采集证申请表；

（3）居民身份证，营业执照或代码证（复印件各2份）；

（4）证明其采集目的的有效文件和材料；

（5）经县或市级林业行政主管部门批准的采伐作业设计书；

（6）实施采集的工作方案，包括申请采集的种类、数量、期限、地点和方法等；

（7）用于人工培植的，须提交培植基地规模、技术力量、市场预测等可行性研究报告、相关背景材料及采集作业办法；用于科学研究、文化交流等其他用途的，须提交相关背景资料；

（8）县（县级市、区）或市（地、州）级林业行政主管部门的现场核实意见；

（9）其他相关材料。

### 三、野生植物采集管理的监督检查

对野生植物采集管理的监督检查，分为对核发采集证机关的监督检查和对行政被许可人的监督检查。

#### 1. 检查内容

（1）核发采集证的程序是否规范，材料文件是否齐全；发证规章制度是否合理、健全；

（2）对持有采集证的单位和个人，是否进行了现场检查；

（3）核发的采集证，是否按时、按量、按规定物种（树种）采集；有无部分采集、未采集或超量采集，原因是什么；

（4）对持证单位或个人未按规定的种类、数量、时间采集的，是如何进行处理的，是否符合法律法规的规定，整改措施是否落实到位等。

#### 2. 检查方法

（1）材料核实。调阅发证机关与核发采集证相关的档案，包括发证的规章制度、请示批准文件、申请单位或个人申请材料、监督检查结果的报告、对违规采集处理的材料等。

（2）社会调查。走访或召集发证所涉及的单位、个人座谈，了解实施采集过程及细节，确认工作情况及处理结果。对群众举报的问题，与举报人及相关人员，面对面了解核实。

（3）现场核实。携带有关材料和仪器设备，到采集现场，实地查看、测量。

（4）检查结束后，检查人员要向被检查地政府和林业行政主管部门反馈检查情况，听取意见，充实检查材料。全部检查工作结束后，向省级林业行政主管部门通报检查结果，听取意见和建议。

（5）按照国家林业局的部署和要求，及时上报检查报告。

## 第三节　野生植物出售及收购管理的监督检查

《野生植物保护条例》第十八条规定，禁止出售、收购国家一级保护野生植物。出售、收购国家二级保护野生植物的，必须经省、自治区、直辖市人民政府野生植物行政主管部门或者其授权的机构批准。第十九条规定，野生植物行政主管部门应当对经营利用国家二级保护野生植物的活动进行监督检查。

## 一、申请出售、收购野生植物需提供的文件材料

（1）申请书和申请表；

（2）证明申请人身份、资格的有效文件或材料；

（3）野生植物来源证明材料，包括购买协议书或意向书、有效批准文件；

（4）证明其经营野生植物固定场所具有相应使用权的有效文件或材料；

（5）其他相关材料。

## 二、对出售、收购野生植物管理的监督检查

对出售、收购野生植物管理的监督检查，分别为对林业行政主管部门批准情况、对被许可人执行情况，以及主管部门对其他经营利用野生植物及其产品管理情况的监督检查。

### 1. 检查目的

对林业行政主管部门批准出售、收购野生植物情况实施检查，旨在掌握当地林业行政主管部门贯彻执行《野生植物保护条例》情况，督促地方政府和林业行政主管部门履行职责，分析问题，总结经验，提升对出售、收购野生植物的管理工作水平。

对出售、收购野生植物被许可人实施检查，旨在了解行政许可的执行情况，检验林业行政主管部门管理情况，确保行政许可被严格执行。

对其他出售、收购野生植物管理情况实施检查，旨在检验主管部门的工作是否全面，管理是否到位。

### 2. 检查内容

（1）审批的规章制度是否健全；

（2）档案材料是否齐全，是否存在违规批准问题；

（3）对违法违规出售、收购野生植物是否及时查处、上报；

（4）查处违法违规出售、收购野生植物的执法主体、程序、处罚裁量是否符合有关的法律法规，并落实到位；

（5）被许可人是否存在超范围、超量出售、收购野生植物的问题；

（6）该区域内是否存在未经批准，非法出售、收购野生植物的情况。

### 3. 检查方法

（1）材料核实。调阅审批野生植物及其产品经营利用许可证相关的档案，包括发证的规章制度、请示批准文件、申请单位或个人申请材料、监督经营利用结果的报告、对违规经营利用处理的材料等。发证规章制度是否合理、健全；所发经营利用许可证是否规范，程序是否合法；核实、查找违规发证的数量及原因；对违规经营利用的处理，是否符合法律法规的规定，是否落实到位等。

（2）社会调查。走访相关人员，召集野生植物经营利用单位、个人座谈，对群众举报的问题，要与举报人及相关人员，面对面了解核实。

（3）现场核实。携带有关材料和仪器设备，亲赴工作现场，实地查看、照相、录像、测量。查看被许可人的经营利用许可证和相关文件资料，包括经营利用档案、来源证明材料，查看经营场地、经营产品等；与经营者交谈，以了解实际情况；对被处罚的，要了解处理结果。

（4）检查结束后，检查人员要向被检查地政府和林业行政主管部门反馈检查情况，听取意见，充实检查材料。全部检查工作结束后，向省级林业行政主管部门通报检查结果，听取意见和建议。

（5）按照国家林业局的部署和要求，及时上报检查报告。

# 第十二章

# 野生动植物进出口管理监督检查

野生动植物进出口管理监督强化了行政许可的后续监管。它对被许可人落实允许进出口证明书和物种证明所规定的各项要求，进一步规范省级野生动植物进出口主管部门审核行为，掌握行政许可事项的实施情况和相关产业的发展动态，促进经营者依法守约从事野生动植物进出口活动，防止企业虚报瞒报，打击非法贩卖走私等方面，都具有重要作用。

## 第一节 野生动植物进出口行政许可被许可人监督检查

### 一、监督目的

加强濒危野生动植物及其产品的进出口管理，加强野生动植物种源的审批和监督管理，进一步规范进出口行为，完善行政许可监督管理机制，保护和合理利用野生动植物资源，履行《濒危野生动植物种国际贸易公约》(以下简称公约)。

### 二、监督依据

- 《濒危野生动植物种国际贸易公约》；
- 《中华人民共和国野生动物保护法》；
- 《中华人民共和国野生植物保护条例》；
- 《中华人民共和国濒危物种进出口管理条例》(以下简称《进出口管理条例》)；
- 《中华人民共和国行政许可法》；
- 《国务院对确需保留的行政审批项目设定行政许可的决定》；
- 《种用野生动植物种源进口税收优惠政策实施细则》。

### 三、监督内容

**1. 对允许进出口证明书的监督检查**

允许进出口证明书包括：濒危野生动植物种国际贸易公约允许进出口证明书；中华人民共和国野生动植物允许进出口证明书。

(1)被许可人(取得国家濒管办及其办事处核发的允许进出口证明书的公民、法人或者其他组织)是否按照允许进出口证明书所规定的进出口者、口岸、物种、货物类型、数量或重量、期限和其他特殊条件从事进出口活动。

(2)来源情况是否与被许可人出口和再出口所申报来源一致。

(3)申报价格与海关报关单价格是否一致。

(4)活体野生动植物运输条件是否符合国际航空运输协会(IA-TA)《活体动物规则》或《易腐货物规则》的有关规定。

（5）以非商业贸易为目的进口的实际用途是否与申报一致。

（6）以观赏、展演或人工繁育为目的进口的活体濒危野生动植物的生存、死亡、繁育（培育）及调离情况。

（7）以直接经营利用为目的进口濒危野生动植物及其产品的用途、国内销售、加工利用或再出口情况。

（8）是否足额缴纳野生动植物进出口管理费。

### 2. 对非《进出口野生动植物种商品目录》物种证明（以下简称物种证明）的监督检查

（1）被许可人是否按照物种证明所规定的进出口者、口岸、物种、货物类型、数量或重量、期限和其他特殊条件从事进出口活动。

（2）申报出口人工培植来源的与国家重点保护野生植物同名的野生植物及其产品的，是否与实际来源一致。

（3）再出口与国家重点保护野生动植物同名的野生动植物及其产品的，来源是否与实际来源一致。

（4）对于活体野生动物，其空运条件是否符合国际航空运输协会（IATA）《活体动物规则》的有关规定。

（5）安置进出口活体野生动物设施是否存在缺陷，是否可能导致对动物的伤害或造成动物逃逸。

（6）是否出口未定名的或者新发现并有重要价值的野生动植物及其产品，以及国务院或者国务院野生动植物主管部门制止出口的濒危野生动植物及其产品。

（7）进出口濒危野生动植物及其产品的，是否符合生态安全要求和公共利益。

（8）进口濒危野生动植物及其产品涉及外来物种管理的，出口濒危野生动植物及其产品涉及种质资源管理的，是否遵守国家有关规定。

### 3. 对"进口种用野生动植物证明"的监督检查

（1）免税进口的种用野生动植物种源是否妥善安置在经批准申请人的产权地。

（2）是否有出售、转让或调离情况。

（3）因特殊原因确需出售、转让或调离的，是否经所在地省级野生动植物主管部门审核同意，报国家濒管办批准。

## 四、监督方法

（1）采取书面监督检查和实地监督检查相结合的方式，履行对被许可人实施允许进出口证明书和物种证明所许可的进出口活动情况的监督责任。

书面监督检查是采取书面通知的方法，要求被许可人在规定时间内，按监督检查的内容提交允许进出口证明书所许可的进出口情况材料和其他有关材料，通过书面核查，了解被许可事项与监督检查内容要求相对应的情况。

实地监督检查是采取实地查阅材料和现场核查相结合的方法，对被许可人实施允许进出口证明书所许可的进出口活动情况进行监督检查。查阅的材料包括海关报关单、海关加工贸易手册、提货单和其他反映被许可人从事进出口活动情况的有关材料；现场核查可以先获知货物装柜、海关报关、到港提货或离港时间，到被许可人相关货场、个人收藏处、加工场点、销售场所、培植场或养殖场以及海关关区内现场核查，掌握被许可人货证相符情况。

（2）将海关报关单复印件内容与原申报材料内容进行核对，检查许可内容与实施许可的实际情况的一致性。如果发现许可内容与许可实际不一致的，如物种、数量或重量、价格等，应进行调查，并提出处理意见。应重点对大宗贸易物种和敏感物种的进出口活动以及濒危野生动物活体的进出口活动进行实地检查。

（3）对已确定实施实地监督检查事项，检查人员应当将检查的要求及时以书面形式通知被许可人。被许可人原则上至少在货物装柜、从关区提货或实施报关前3天通知监督监察人员，以便于安排实地检查事宜。

（4）对出口或再出口濒危野生动植物及其产品的，实施实地检查的人员应到存放拟出口或再出口濒危野生动植物及其产品的货物装柜或者发货现场进行检查，核实与相应许可内容的一致性。对检查结果不符合许可内容的，监督检查人员有权收回已向被许可人发放的允许出口证明书，并应责令被许可人限期改正，在达到要求后，再向被许可人发放允许进出口证明书。可以采取标记、关封、缩短实地检查和报关的时间差等措施，防止被许可人更换拟出口或再出口的濒危野生动植物及其产品。

（5）对进口濒危野生动植物及其产品的，在履行完通关手续后，实施实地检查的人员应及时对进口的濒危野生动植物及其产品进行检查，核实与相应许可内容的一致性。如系野生动物活体，还应检查安置野生动物的笼舍条件是否与申请材料一致、饲养条件是否能够保证野生动物得到妥善的照管。对检查结果不符合许可内容的，应责令被许可人限期改正。如果实施进口许可的实际情况与许可内容不一致且无法改正的，如更换物种、超数量或重量进口等，实施实地检查的机构应进行调查，并提出处理意见。

（6）对《进口种用野生动植物证明》核发的执行情况进行监督检查。应当采取书面检查与实地检查相结合的方式，重点检查免税进口种用野生动植物种源的数量、去向、用途、经营利用、繁殖和死亡等情况。

## 第二节　省级野生动植物主管部门进出口审核的监督检查

### 一、监督目的

为了加强对濒危野生动植物及其产品的进出口环节的管理，进一步规范省级野生动植物进出口主管部门审核行为，完善行政许可监督管理机制，保护和合理利用野生动植物资源，确保出口、再出口野生动植物及其产品的来源合法、依据充分。

### 二、监督依据

- 《中华人民共和国野生动物保护法》；
- 《中华人民共和国野生植物保护条例》；
- 《中华人民共和国濒危物种进出口管理条例》；
- 《中华人民共和国行政许可法》。

### 三、监督内容

省级野生动植物主管部门是指辖区内的省林业厅、省海洋与渔业厅（省水利厅）以及省农业厅。进口或者出口濒危野生动植物及其产品的，申请人应当向其所在地的省、自治区、直辖市人民政府野生动植物主管部门提出申请，并提交相关申报材料。

（1）申请人提供的进口或者出口合同是否真实有效。

（2）省级野生动植物主管部门对申请人提供的濒危野生动植物及其产品的名称、种类、数量和用途是否经过核实，是否符合相关《公约》或国内法律法规的规定。

（3）活体濒危野生动物的进出口，是否提供了装运设施的说明材料。

（4）是否提供了国务院野生动植物主管部门公示的其他应当提交的材料。

（5）省级野生动植物主管部门自收到申请之日起，是否在10个工作日内签署意见，并将全部申请材料转报国务院野生动植物主管部门。

（6）省级野生动植物主管部门在审批濒危野生动植物及其产品进出口时，是否收取不应收取的费用。

（7）省级野生动植物主管部门在出具人工繁殖野生动物和人工培植野生植物来源证明时，如果来源野生动植物及其产品的地域和产量数量是否符合当地、当年产量的实际情况。

（8）是否建立完善的进出口野生动植物及其产品的审核记录档案。

（9）是否按年度报送野生动物进口计划。

（10）对免税进口的种用野生动物，在进口申报时，是否对饲养条件和饲养场所进行实地核查。在实施进口后，是否掌握免税进口种用野生动植物种源的数量、去向、用途、经营利用、繁殖和死亡等情况。

## 四、监督方法

（1）同申请人取得联系，核实在申报过程中，所提供的相关材料情况，自申报材料受理至审核上报所用的工作日是多少，在办理过程中是否收取费用。向进口活体野生动物的申请人了解，在申报进口前后，省级主管部门是否进行实地核查和了解相关情况。

（2）档案检查，检查省级野生动植物主管部门是否建立完善的进出口审核档案，调阅相关档案和材料。核实材料的准确性，是否收取不该收取的费用，是否超出规定的工作时间。在检查过程中发现问题，责令省级野生动植物主管部门进行限期整改或退还不该收取的费用，并将整改结果报送森林资源监督机构。

# 第十三章

# 森林资源保护管理工作监督检查

本章所指的森林资源保护管理工作监督检查，是指根据国家林业局的规定，由国家林业局各森林资源监督专员办事处实施的，对林业有害生物灾害防治、森林防火、湿地和自然保护区管理等情况的监督检查。监督森林资源保护管理工作，事关国土生态安全、森林食品安全、经济贸易安全和国家气候安全，必须从国家战略大局和林业长远发展的高度，周密部署、科学监督、严格检查。

## 第一节 林业有害生物灾害防治监督检查

### 一、监督目的

林业有害生物防治是保护森林的战略性措施，是维系生态安全的基础性保障工作。控制林业有害生物传播、蔓延，减少灾害损失，保护森林资源，加快构建林业有害生物防治长效机制，切实提高防治能力，有效遏制林业有害生物高发势头，促进林业"双增"目标如期实现。

### 二、检查依据

- 《中华人民共和国森林法》；
- 《森林病虫害防治条例》；
- 《植物检疫条例》；
- 《中共中央国务院关于加快林业发展的决定》；
- 《国家林业局突发林业有害生物事件处置办法》；
- 《全国林业有害生物防治建设规划(2011 – 2020 年)》等有关法律、法规、规章。

### 三、监督内容

(1)林业有害生物"四率"(成灾率、无公害防治率、测报准确率、种苗产地检疫率)指标完成情况、"四率"指标管理是否纳入政府责任状。

(2)林业有害生物灾害应急处置预案管理机制情况。按照政府主导，属地管理的要求，进一步落实地方各级政府在重大林业有害生物防控中的责任，采取更加有力的保障措施，将林业有害生物灾害应急处置预案管理机制责任落到实处。

(3)开展林业有害生物目标管理抽查、自查、通报及奖惩制度情况。

(4)森防资金投入及专款专用，体系是否健全，队伍是否稳定，档案管理是否系统、规范，各项年度重点工作完成情况等。

### 四、监督方法

#### 1. 林业有害生物"四率"检查方法

(1)成灾率。指林业有害生物实际成灾面积占现有林与未成林面积和的千分比。

随机抽取被检林场(乡镇)2~3块报表中记载成灾的地块进行标

准地调查，核查成灾面积是否属实。

成灾界定标准分检疫性有害生物和非检疫性有害生物。检疫性有害生物是在未发生区新发现或已发生区的新造林地发生检疫性有害生物为成灾；在已发生区检疫性有害生物造成寄主植物死亡为成灾，未造成寄主植物死亡的按非检疫性有害生物相应指标降低5个（其中死亡率降低1个）百分点界定成灾标准（达到检疫性有害生物成灾标准的整个小班面积均计入成灾面积）。非检疫性有害生物是叶部病虫害失叶率60%以上，或感病指数50以上；干部病虫害受害株率20%以上；枝梢病虫害到达重度发生统计起点的；种实病虫害的种实受害率20%以上；鼠、兔害未成林造林地寄主受害株率10%以上，成林受害株率20%以上；根部病虫害受害株率20%以上。

成灾率(‰) = 全年实际成灾面积/(现有林面积 + 未成林面积) ×1000‰

（2）无公害防治率。无公害防治面积占发生面积的百分比。食叶害虫非无公害应急防治面积超过1000亩，视为无公害防治率不达标。

无公害防治指对人、畜、禽、鱼及其他生物比较安全，对生态与环境危害较轻的防治措施。生物措施、物理措施、人工措施、仿生制剂防治、部分化学防治、植物源农药防治。无公害防治面积指全年实施无公害防治面积的合计。

检查中将随机抽取被考核林场(乡镇)的2~3块防治任务设计书中设计防治的地块，对防治情况进行核实。

无公害防治率(%) = 无公害防治面积/发生面积×100%

（3）测报准确率。即各林业有害生物种类测报准确率的平均数。调查监测覆盖率85%以下视为测报准确率不达标。

某种类测报准确率(%) = [1 - (预测发生面积 - 实际发生面积)/实际发生面积]×100%

当某种类测报准确率计算结果为负数时，计为零；实际发生面积指本年度内林业有害生物实际发生面积之和(不重复计算)。突发性林业有害生物种类的测报准确率按照100%统计。

（4）种苗产地检疫率。监督实施种苗产地检疫面积(株数)占应施种苗产地检疫面积(株数)的百分比。无种子、苗木生产分布资料或出现重大检疫责任事故视为种苗产地检疫率不达标。

种苗产地检疫率(%) = 实施种苗产地检疫面积(株数)/应施种苗产地检疫面积(株数)×100%

①实施种苗产地检疫面积指年度内实施了产地检疫并持有效产

地检疫合格证的林木种子园、母树林和苗木繁育面积。

②应施种苗产地检疫面积指种子、苗木繁育基地内的生产面积，包括国有、集体及其他所有制的林木种子园、母树林、苗圃或其他苗木繁育场所的所有生产面积。

③监督检查签办植物检疫证书的全过程。检查是否凭产地检疫合格证签发植物检疫证书；出省种子苗木的植物检疫证书是否附森林植物检疫要求书、证书填写项目是否齐全、报检单填写是否完整、是否按要求收取检疫费。

### 2. 林业有害生物灾害应急处置保障措施情况监督检查

（1）监督通讯保障。是否建立和完善重大林业有害生物灾害应急指挥通讯系统，配备必要的有线、无线和卫星通讯器材及交通工具，确保本预案启动后指挥部和有关部门及现场工作组之间的联络畅通。

（2）监督经费保障。重大突发性林业有害生物灾害应急处置所需的经费是否按《突发事件财政应急保障预案》执行。各级政府在重大突发性林业有害生物应急处置所需经费是否列入本级政府财政预算。属于重大突发性林业有害生物灾害造成重大经济损失的单位和个人，地方政府是否予以补助。

（3）监督物资储备。主要监督储备药剂药械、设备仪器、运输车辆、油料及其他物资，并根据建设规划和应急处置物资储备需求由省财政部门安排储备建设资金是否到位。市（州）级、县级林业主管部门对物资储备建设工作是否配合，地方财政部门是否支持。

（4）监督技术保障。对具有潜在危险性的林业有害生物要会同科研院所和大专院校进行超前研究，制定预防和应急处置技术方案，为指挥决策提供技术支持。

（5）监督人员保障。各级林业主管部门要根据有害生物灾害发生形势和专家意见，建立健全森防检疫机构，加大基础设施、设备建设投入，加强防治检疫专业人才和队伍的培养和训练，自如应对林业有害生物灾害处置的专业管理和技术人员队伍。

## 第二节 森林防火监督检查

### 一、监督目的

全面提升森林防火宣传教育工作水平，努力营造全社会关注森林防火、参与森林防火、支持森林防火的良好氛围，维护林区社会稳定，保护国家森林资源和人民生命财产安全，维护国土生态安全，促进林区经济繁荣。

## 二、监督依据

- 《中华人民共和国森林法》；
- 《中华人民共和国森林防火条例》；
- 监督区森林防火有关法律、法规、规章等。

## 三、森林火灾的种类及分类

根据森林火灾燃烧中央地点，蔓延速度，受害部位和程度，大致可把森林火灾分为三大类：地表火；树冠火；地下火。

以受害森林面积大小为标准，森林火灾分为以下四类：

（1）森林火警。受害森林面积不足 1 hm$^2$或其他林地起火（包括荒火）。

（2）一般森林火灾。受害森林面积 1 hm$^2$ 以上，不足 100 hm$^2$ 的。

（3）重大森林火灾。受害森林面积 100 hm$^2$ 以上不足 1000 hm$^2$的。

（4）特大森林火灾。受害森林面积 1000 hm$^2$ 以上的。

## 四、森林火灾的起火原因

森林火灾的起因主要有两大类：人为火和自然火。

### 1. 人为火

（1）生产性火源。农、林、牧业生产用火，林副业生产用火，工矿运输生产用火等。

（2）非生产性火源。如野外炊烟、做饭、烧纸、取暖等。

（3）故意纵火。在人为火源引起的火灾中，以开垦烧荒、吸烟等引起的森林火灾最多。在我国的森林火灾中，由于炊烟、烧荒和上坟烧纸引起的火灾占了绝对数量。

### 2. 自然火

包括雷电火、自燃等。由自然火引起的森林火灾约占我国森林火灾总数的 1%。影响火灾的三要素为温度、湿度和单位可燃的载量。

## 五、森林火险预警信号的划分及含义

按照森林火险天气条件、林内可燃物易燃程度及林火蔓延成灾的危险程度，森林火险预警信号划分为三个等级，依次为黄色、橙色和红色，同时以中英文标识，分别代表三级森林火险（中度危险）、四级森林火险（高度危险）、五级森林火险（极度危险）。一级、二级森林火险仅发布等级预报，不发布预警信号。

### 1. 森林火险黄色预警信号

含义：三级森林火险，未来24小时气象条件导致林内可燃物较易点燃，较易蔓延，具有中度危险。

防御指南：

（1）林内、林缘人员不得在室外用火、吸烟及从事其他易产生明火的活动；

（2）林区野外驾驶、乘车人员及林区居民不得向车（室）外丢弃燃烧剩余物；

（3）各类森林防火人员全部进入防火管理岗位；

（4）各级森林防火机构、基层森林防火责任单位及扑火队伍等进入战备状态。

### 2. 森林火险橙色预警信号

含义：四级森林火险，未来24小时气象条件导致林内可燃物容易点燃，易形成强烈火势快速蔓延，具有高度危险。

防御指南：

（1）林区、野外停止一切用火活动；

（2）对于危险部位或区域实行封山防火；

（3）增加各类森林防火人员数量并延长防火工作时间；

（4）各级森林防火机构、基层森林防火责任单位及林区村屯进入高度防范状态，扑火队和相关人员进入随时应战状态。

### 3. 森林火险红色预警信号

含义：五级森林火险，未来24小时气象条件导致林内可燃物极易点燃，且极易迅猛蔓延，扑火难度极大。

防御指南：

（1）在林区野外停止一切用火的基础上，林区村屯、林内、林缘生产作业点等一律停止生火；

（2）当地政府和相关管理部门、单位实行用火管制，切断一切火因素与森林接触的途径，落实应对措施；

（3）林区各单位要停止林内的一切生产作业活动，向所有人员发出示警；

（4）各级森林防火机构及时启动紧急应对预案和措施，所有相关人员和单位都要处于高度临战状态。

## 六、监督内容

（1）地方人民政府森林防火指挥机构协调和指导本行政区域的森林防火管理情况。森林防火指挥信息系统日常维护和运行情况。

（2）森林火灾的预警、监测、信息报告和处理情况；森林火灾的应急响应机制和措施情况。

（3）森林防火基础设施建设，资金、物资和技术等保障措施情况。

（4）有关地方人民政府建立森林防火联防机制。组织开展林缘田边可燃物计划烧除，实行疏堵结合的火源管理情况。确定联防区域，建立联防制度和建立森林防火长效机制情况。

（5）森林防火宣传活动，普及森林防火知识，森林火灾预防工作情况。

## 七、监督方法

### 1. 内业检查
（1）进入防火期，检查领导带班制度执行情况。

（2）进入防火期，检查防火指挥电台与属地了望台和乡镇（林场）通讯网调度指挥保障情况。

（3）进入防水装备库，检查扑火装备的保养和维护是否到位；消耗的物资是否得到及时补充；扑火机具库是否清洁，配备灭火器材是否摆放整齐，利于存取。

### 2. 外业检查
（1）进入防火期内，沿林区公路、村屯、林缘耕地、施工建设单位、学校等易发森林火险区域，寻查野外用火（烧荒、烧秸秆、烧田埂等）。因特殊需要进行生产用火的，必须报请县级人民政府或者县级政府授权单位批准，用火时要严格遵守当地有关野外用火的规定，备好扑火工具，在三级风以下的天气用火，用火后必须彻底熄灭余火，严防失火。

（2）在高火险时期和清明、端午、"五一"等重要时段，监督各地是否及时发布禁火命令，采取看山头、守坟头、把路口等措施严防死守。

（3）监督进入林区从事副业生产人员，是否持有县级以上林业主管部门或者授权单位核发的入山许可证。是否严格按照批准的时间、地点、范围活动，并接受县级以上地方人民政府林业主管部门的监督管理。

（4）进入防火期内，监督经营单位设置的森林防火警示宣传标志，对进入其经营范围的人员进行森林防火安全宣传情况。

（5）进入防火期内，监督重点国有林区管理机构设立临时性的森林防火检查站，对进入森林防火区的车辆和人员是否进行森林防火检查。

## 第三节 湿地、自然保护区管理监督检查

### 一、湿地监督检查

湿地与森林、海洋并称为全球三大生态系统。湿地具有保持水源、净化水质、蓄洪防旱、调节气候和维护生物多样性等重要生态功能。健康的湿地生态系统，是国家生态安全体系的重要组成部分和经济社会可持续发展的重要基础。

**1. 监督目的**

湿地保护遵循科学规划、保护优先、合理利用、可持续发展的原则。监督湿地保护与开发利用，推进政府协调好近期利益与长远效益的关系，是关系到维护生态平衡，改善生态状况，实现人与自然和谐，促进经济社会可持续发展。

**2. 监督依据**

《国际湿地公约》；《中国湿地保护行动计划》；各省（市、区）颁布的湿地保护的相关法规、规章等。

**3. 监督内容**

（1）县级人民政府是否定期对湿地保护规划实施情况进行监督检查，并指导相关部门做好湿地保护工作。

（2）县级以上人民政府是否组织各有关部门，对本行政区域内的湿地资源进行定期调查和监测，建立湿地资源档案。

（3）县级以上人民政府是否对湿地设立保护界标，保护界标应当标明湿地类型、保护级别和范围等内容。

（4）监督向重要湿地引进动植物物种，是否按照国家有关规定办

理审批手续。湿地保护主管部门及相关部门对引进物种是否进行跟踪监测，对可能给湿地造成或者已经造成危害的，应当及时报告本级人民政府和上一级主管部门，并采取措施，消除危害。

（5）监督向重要湿地投放防疫药物或者采取其他防治措施的，是否事先向有关湿地保护主管部门报告，在湿地保护主管部门指导下制定防治方案，避免或者降低对湿地生态功能的损害。

（6）监督有无在湿地范围内从事下列活动：

①擅自围垦、占用湿地或者改变湿地用途；

②非法采沙、取土；

③放牧、烧荒、砍伐林木、采集国家或者省重点保护的湿地植物；

④向湿地及周边区域排放有毒有害物质或者倾倒固体废弃物；

⑤猎捕、毒杀水鸟及其他野生动物，捡拾、收售鸟卵；

⑥私建、滥建建筑物和构筑物；

⑦破坏保护湿地监测设施及场地；

⑧其他破坏湿地的行为。

## 二、自然保护区保护管理监督检查

自然保护区分生态系统保护区、生物物种保护区和自然遗迹保护区三类；按照保护区的性质来划分，自然保护区可以分为科研保护区、国家公园（即风景名胜区）、管理区和资源管理保护区四类。无论保护区的类型如何，其总体要求是以保护为主，在不影响保护的前提下，把科学研究、生态文明教育、生产和旅游等活动有机地结合起来，使它的生态、社会和经济效益都得到充分发挥。

### 1. 监督依据

• 《中华人民共和国环境保护法》；

• 《中华人民共和国自然保护区条例》；

• 《国家级自然保护区监督检查办法》；

• 《关于认真做好国家级自然保护区划界立标和土地确权等工作的通知》。

### 2. 监督目的

自然保护区管理监督旨在督促自然保护区管理机构及有关主管部门认真贯彻执行国家和省有关自然保护区的法律法规，督促保护区改进管理方式和手段，不断提高自然保护区管理和建设水平。

### 3. 自然保护区经营区划

自然保护区可划分为核心区、缓冲区、实验区。

（1）核心区。自然保护区内保存完好的天然状态的生态系统以及珍稀、濒危动植物的集中分布地，为核心区。核心区内禁止任何单位和个人进入，因科学研究的需要，必须进入核心区从事科学研究观测、调查活动的，应当事先向自然保护区管理机构提交申请和活动计划，并经省级以上人民政府有关自然保护区行政主管部门批准；其中，进入国家级自然保护区核心区的，必须经国务院有关自然保护区行政主管部门批准。

（2）缓冲区。核心区外围可以划定一定面积的缓冲区。禁止在缓冲区开展旅游和生产经营活动。因教学科研为目的，需要进入自然保护区的缓冲区从事非破坏性的科学研究、教学实习和标本采集活动的，应当事先向自然保护区管理机构提交申请和活动计划，经自然保护区管理机构批准。

（3）实验区。缓冲区外围划为实验区。可以进入实验区从事科学试验、教学实习、参观考察、旅游以及驯化、繁殖珍稀、濒危野生动植物等活动。

在自然保护区的核心区和缓冲区内，不得建设任何生产设施。在自然保护区的实验区内，不得建设污染环境、破坏资源或者景观的生产设施；建设其他项目，其污染物排放不得超过国家和地方规定的污染物排放标准。

### 4. 监督内容

监督自然保护区管理机构及有关主管部门认真贯彻执行有关自然保护区的法律法规和标准规范情况。监督内容包括：

（1）在国家级自然保护区内违法砍伐、放牧、狩猎、捕捞、采药、开垦、烧荒、开矿、采石、挖沙、影视拍摄等；

（2）违法批准在国家级自然保护区内建设污染或者破坏生态环境的项目；

（3）涉及国家级自然保护区且其环境影响评价文件依法由地方环境保护行政主管部门审批的建设项目，其环境影响评价文件在审批前是否征得国务院环境保护行政主管部门的同意；

（4）国家级自然保护区内是否存在破坏、侵占、非法转让自然保护区的土地或者其他自然资源的行为；

（5）国家级自然保护区的旅游活动方案是否经过国务院有关自然保护区行政主管部门批准，旅游活动是否符合法律法规规定和自然

保护区建设规划(总体规划)的要求;

(6)国家级自然保护区建设是否符合建设规划(总体规划)要求,相关基础设施、设备是否符合国家有关标准和技术规范;

(7)国家级自然保护区管理机构是否依法履行职责;

(8)国家级自然保护区的建设和管理经费的使用是否符合国家有关规定;

(9)法律法规规定的应当实施监督检查的其他内容。

# 附　表

## 东北、内蒙古重点国有林区森林资源管理情况检查工作用表

## 附表一　遥感判读调查表

### 遥表1　资料提交情况登记表

林业局

| 名称 | 格式 | 数量 | 提交时间 | 备注 |
|------|------|------|----------|------|
|      |      |      |          |      |
|      |      |      |          |      |
|      |      |      |          |      |
|      |      |      |          |      |
|      |      |      |          |      |
|      |      |      |          |      |
|      |      |      |          |      |
|      |      |      |          |      |
|      |      |      |          |      |
|      |      |      |          |      |
|      |      |      |          |      |
|      |      |      |          |      |
|      |      |      |          |      |
|      |      |      |          |      |
|      |      |      |          |      |
|      |      |      |          |      |
|      |      |      |          |      |
|      |      |      |          |      |
|      |      |      |          |      |
|      |      |      |          |      |
|      |      |      |          |      |
|      |      |      |          |      |

提交单位：　　　　　　　　提交人：

接收单位：　　　　　　　　接收人：

遥表 2　遥感判读图斑基本情况登记表

林业局

| 判读图斑号 | 横坐标 | 纵坐标 | 林场 | 林班 | 经理小班 | 作业区 | 伐区小班 | 前期影像 | | 后期影像 | | 采伐证号 | 判读变化类型 |
|---|---|---|---|---|---|---|---|---|---|---|---|---|---|
| | | | | | | | | 数据源 | 时相 | 数据源 | 时相 | | |
| | | | | | | | | | | | | | |
| | | | | | | | | | | | | | |
| | | | | | | | | | | | | | |
| | | | | | | | | | | | | | |
| | | | | | | | | | | | | | |
| | | | | | | | | | | | | | |
| | | | | | | | | | | | | | |
| | | | | | | | | | | | | | |

## 遥表3　疑似无证采伐判读地块明细表

林业局　　　　　　　　　　　　　　　　　　　　　　　　单位：hm²

| 序号 | 图斑号 | 林场 | 林班号 | 小班号 | 面积 | 横坐标 | 纵坐标 | 类型 |
|------|--------|------|--------|--------|------|--------|--------|------|
|  |  |  |  |  |  |  |  |  |
|  |  |  |  |  |  |  |  |  |
|  |  |  |  |  |  |  |  |  |
|  |  |  |  |  |  |  |  |  |
|  |  |  |  |  |  |  |  |  |
|  |  |  |  |  |  |  |  |  |
|  |  |  |  |  |  |  |  |  |
|  |  |  |  |  |  |  |  |  |
|  |  |  |  |  |  |  |  |  |
|  |  |  |  |  |  |  |  |  |
|  |  |  |  |  |  |  |  |  |
|  |  |  |  |  |  |  |  |  |
|  |  |  |  |  |  |  |  |  |
|  |  |  |  |  |  |  |  |  |
|  |  |  |  |  |  |  |  |  |
|  |  |  |  |  |  |  |  |  |
|  |  |  |  |  |  |  |  |  |
|  |  |  |  |  |  |  |  |  |
|  |  |  |  |  |  |  |  |  |
|  |  |  |  |  |  |  |  |  |

## 附表二 外业调查表

### 调表1 有证伐区基本情况及计算表

| 伐区位置 | 省(管局) | | 林业局(县) | | 林场(乡镇) | | 林班(村) | | 小班(伐区号) |
|---|---|---|---|---|---|---|---|---|---|
| 伐区调查设计 | 有无伐区调查设计 | | 设计单位资质等级 | | 设计采伐方式 | | | | 设计采伐树种 |
| | 设计采伐面积(hm²) | | 设计采伐蓄积(m³) | | 设计采伐株数(株) | | 设计采伐强度 | | |
| | | | | | | | 株数(%) | | 蓄积(%) |
| 发证情况 | 采伐林分起源 | 采伐林种 | 采伐树种 | 权属 | | 林权证号 | 采伐类型 | | 采伐方式 |
| | 采伐蓄积(m³) | | | | | | | | |
| | 采伐面积(hm²) | 商品材 | | 采伐株数(株) | | 采伐强度(%) | | | |
| | | | | | | 株数 | | 蓄积 | |
| 伐区作业综合情况 | 实际采伐方式 | | 实际采伐林种 | | 实际采伐树种 | | 有无天窗 | | 伐区清理随集随清情况 |
| | 清林质量 | | | 是否越界采伐 | | 有无留半截号 | | 有无应采未采 | |
| | 集材方式 | | 实际集材方式 | | 集材道长度/宽度 | | / | | |
| | 采伐均匀度 | 均匀 | | 团状 | | 带状 | | 零散 | |
| 伐区检查验收情况 | | | | | | | | | |
| 实际调查 | 实际采伐面积(hm²) | | | | 实际采伐量(m³) | | | | |
| 计算 | 伐区采伐量(m³) | | 采伐株数(株) | | 未超高伐根比率(%) | | 丢弃材损失量(m³/hm²) | | 超高伐根损失量(m³/hm²) |
| 其他有关情况 | | | | | | | | | |

调查者：　　　　　　　　　　　　　　　　　　　年　月　日

检查者：　　　　　　　　　　　　　　　　　　　年　月　日

### 调表 2　伐区遥感调查表及样圆布设分布示意

| 局 | | 林场 | | 林班 | | 作业伐区 | | 小班 | |
|---|---|---|---|---|---|---|---|---|---|
| 坡向 | | 郁闭度 | | 集材方式 | | 集材道长度/宽度 | | | / |
| 采伐均匀度 | 均匀 | | 团状 | | 带状 | | 零散 | | |
| 样圆中心点 GPS 坐标 | | | | | | | | | |
| 1. | / | 2. | / | 3. | / | 4. | / | | |
| 5. | / | 6. | / | 7. | / | 8. | / | | |
| 9. | / | 10. | / | 11. | / | 12. | / | | |
| 13. | / | 14. | / | 15. | / | 16. | / | | |
| 17. | / | 18. | / | 19. | / | 20. | / | | |
| 21. | / | 22. | / | 23. | / | 24. | / | | |
| 25. | / | 26. | / | 27. | / | 28. | / | | |
| 29. | / | 30. | / | 31. | / | 32. | / | | |
| 33. | / | 34. | / | 35. | / | 36. | / | | |
| 37. | / | 38. | / | 39. | / | 40. | / | | |
| 41. | / | 42. | / | 43. | / | 44. | / | | |

调查者：　　　　　　　　　　　　　　　　　　　年　　月　　日

### 调表 3    罗盘导线及 GPS 点记录表

局 　　　　 林场 　　　　 林班 　　　　 作业伐区 　　　　 小班

| 测点 | 罗盘导线 | | | GPS 点 | | 测点 | 罗盘导线 | | | GPS 点 | |
|---|---|---|---|---|---|---|---|---|---|---|---|
| | 方位角 | 倾斜角 | 斜距 | 纵坐标 | 横坐标 | | 方位角 | 倾斜角 | 斜距 | 纵坐标 | 横坐标 |
| 1 | | | | | | 31 | | | | | |
| 2 | | | | | | 32 | | | | | |
| 3 | | | | | | 33 | | | | | |
| 4 | | | | | | 34 | | | | | |
| 5 | | | | | | 35 | | | | | |
| 6 | | | | | | 36 | | | | | |
| 7 | | | | | | 37 | | | | | |
| 8 | | | | | | 38 | | | | | |
| 9 | | | | | | 39 | | | | | |
| 10 | | | | | | 40 | | | | | |
| 11 | | | | | | 41 | | | | | |
| 12 | | | | | | 42 | | | | | |
| 13 | | | | | | 43 | | | | | |
| 14 | | | | | | 44 | | | | | |
| 15 | | | | | | 45 | | | | | |
| 16 | | | | | | 46 | | | | | |
| 17 | | | | | | 47 | | | | | |
| 18 | | | | | | 48 | | | | | |
| 19 | | | | | | 49 | | | | | |
| 20 | | | | | | 50 | | | | | |
| 21 | | | | | | 51 | | | | | |
| 22 | | | | | | 52 | | | | | |
| 23 | | | | | | 53 | | | | | |
| 24 | | | | | | 54 | | | | | |
| 25 | | | | | | 55 | | | | | |
| 26 | | | | | | 56 | | | | | |
| 27 | | | | | | 57 | | | | | |
| 28 | | | | | | 58 | | | | | |
| 29 | | | | | | 59 | | | | | |
| 30 | | | | | | 60 | | | | | |

调查者： 　　　　　　　　　　　　　　　　 年 　　 月 　　 日

检查者： 　　　　　　　　　　　　　　　　 年 　　 月 　　 日

### 调表4　外业检查（调查/汇总）检尺野账记录

林业局　　　　　林场　　　　林班　　　　作业区　　　　　小班（斑）

小班（图斑）面积：　　　　　　hm² 　　　采伐方式：　　　作业设计时间：

起点坐标：　　　　　　　　　采伐性质：

| 径阶＼树种 | | | | | | | | |
|---|---|---|---|---|---|---|---|---|
| 6 | | | | | | | | |
| 8 | | | | | | | | |
| 10 | | | | | | | | |
| 12 | | | | | | | | |
| 14 | | | | | | | | |
| 16 | | | | | | | | |
| 18 | | | | | | | | |
| 20 | | | | | | | | |
| 22 | | | | | | | | |
| 24 | | | | | | | | |
| 26 | | | | | | | | |
| 28 | | | | | | | | |
| 30 | | | | | | | | |
| 32 | | | | | | | | |
| 34 | | | | | | | | |
| 36 | | | | | | | | |
| 38 | | | | | | | | |
| 40 | | | | | | | | |
| 42 | | | | | | | | |
| 44 | | | | | | | | |
| 46 | | | | | | | | |
| 48 | | | | | | | | |
| 50 | | | | | | | | |
| 52 | | | | | | | | |
| 54 | | | | | | | | |
| 56 | | | | | | | | |
| 58 | | | | | | | | |
| 60 | | | | | | | | |
| | | | | | | | | |
| | | | | | | | | |
| | | | | | | | | |
| 应采未采 | | | | | | | | |
| 天窗 | | | | | | | | |
| 遗弃材 | | | | | | | | |

检查者：　　　　　　　　　　　　　　　　　　检查时间：

### 调表5 疑似无证采伐检查汇总分析表

| 序号 | 林场 | 林班 | 小班(图斑)号 | 判读情况 | | 踏查情况 | | | | 现地情况简单描述 |
|---|---|---|---|---|---|---|---|---|---|---|
| | | | | 坐标(X、Y) | 面积 | 面积 | 蓄积 | 是否误判 | 变化原因 | |
| 合计 | | | | | | | | | | |
| 1 | | | | | | | | | | |
| 2 | | | | | | | | | | |
| 3 | | | | | | | | | | |
| 4 | | | | | | | | | | |
| 5 | | | | | | | | | | |
| 6 | | | | | | | | | | |
| 7 | | | | | | | | | | |
| 8 | | | | | | | | | | |
| 9 | | | | | | | | | | |
| 10 | | | | | | | | | | |
| 11 | | | | | | | | | | |
| 12 | | | | | | | | | | |
| 13 | | | | | | | | | | |
| 14 | | | | | | | | | | |
| 15 | | | | | | | | | | |
| 16 | | | | | | | | | | |
| 17 | | | | | | | | | | |
| 18 | | | | | | | | | | |
| 19 | | | | | | | | | | |
| 20 | | | | | | | | | | |

注：1."是否误判"栏填写判误情况，填写"是"或"否"。2."变化原因"栏，分为"无证采伐""有证位移"、"占地"、"毁林"和"毁林开垦"等。

## 附表三　被检林业局基本情况核查用表

### 报表1　林业局采伐许可证核发及拨交情况统计表

填表单位：　　　　　　　　　　　　　　　　单位：个、hm²、m³

| 项目＼单位 | 合计 | | | | 主伐 | | | | 抚育 | | | | 更新采伐 | | | | | | | |
|---|---|---|---|---|---|---|---|---|---|---|---|---|---|---|---|---|---|---|---|---|
| | 小班数 | 面积 | 蓄积 | 出材 | 小班数 | 面积 | 蓄积 | 出材 | 小班数 | 面积 | 蓄积 | 出材 | 小班数 | 面积 | 蓄积 | 出材 | 小班数 | 面积 | 蓄积 | 出材 |
| 局计 | | | | | | | | | | | | | | | | | | | | |
| 林场 | | | | | | | | | | | | | | | | | | | | |
| 林场 | | | | | | | | | | | | | | | | | | | | |

填表人：　　　　　时间：　　年　月　日

### 报表2　林业局伐区验收统计表

填表单位：　　　　　　　　　　　　　　　　单位：hm²、m³

| 项目＼单位 | 小班数 | 合计 | | | 主伐 | | | 抚育伐 | | | 其他(更新) | | | 其中人工林 | | |
|---|---|---|---|---|---|---|---|---|---|---|---|---|---|---|---|---|
| | | 面积 | 蓄积 | 出材 | 面积 | 蓄积 | 出材 | 面积 | 蓄积 | 出材 | 面积 | 蓄积 | 出材 | 面积 | 蓄积 | 出材 |
| 局计 | | | | | | | | | | | | | | | | |
| 林场 | | | | | | | | | | | | | | | | |
| 林场 | | | | | | | | | | | | | | | | |
| 林场 | | | | | | | | | | | | | | | | |

填表人：时间：　　年　月　日

### 报表3　森林资源管理检查问题汇总表

填报单位：　　　　　　　　　　　　　　　　　　　　　　单位：hm³、m³

| 序号 | 林业局 | 林场林班 | 小班(图斑) | 违法占地问题 | | 无证采伐问题 | | 超证采伐问题 | | | | 滥伐问题 | | 其他问题 | | 备注 |
|---|---|---|---|---|---|---|---|---|---|---|---|---|---|---|---|---|
| | | | | 面积 | 蓄积 | 面积 | 蓄积 | 设计蓄积 | 检查蓄积 | 超采蓄积 | 超采率(%) | 串采树种 | 串采蓄积 | 面积 | 蓄积 | |
| 1 | | | | | | | | | | | | | | | | |
| 2 | | | | | | | | | | | | | | | | |
| 3 | | | | | | | | | | | | | | | | |
| 4 | | | | | | | | | | | | | | | | |

### 报表4　林业局木材产品产、销、存统计表

填表单位：　　　　　　　　　　　　　　　　　　　　　　单位：m³

| 项目　内容 | 期初库存（　年　月　日） | 生产 | 本期销售 | 期末库存（　年　月　日） |
|---|---|---|---|---|
| 一、原木 | | | | |
| (一)经济材 | | | | |
| (二)薪材 | | | | |
| 二、剩余物 | | | | |
| 三、小秆 | | | | |
| 四、其他 | | | | |
| 1. | | | | |
| 2. | | | | |

填表人：　　　　　　时间：　　年　月　日

### 报表5  林业局木材加工厂(点)情况表

填表单位:                                                              单位:m³

| 序号 | 企业名称 | 法人 | 主管部门 | 经济性质 | 加工许可证号 | 营业执照号 | 主营 | 项目 | 产销(消)存 | | | 备注 |
|---|---|---|---|---|---|---|---|---|---|---|---|---|
| | | | | | | | | | 期初库存 | 生产、消耗 | 期末库存 | |
| 1 | | | | | | | | 原料 | | | | |
| | | | | | | | | 成品 | | | | |
| 2 | | | | | | | | 原料 | | | | |
| | | | | | | | | 成品 | | | | |
| 3 | | | | | | | | 原料 | | | | |
| | | | | | | | | 成品 | | | | |
| 4 | | | | | | | | 原料 | | | | |
| | | | | | | | | 成品 | | | | |
| 5 | | | | | | | | 原料 | | | | |
| | | | | | | | | 成品 | | | | |
| 6 | | | | | | | | 原料 | | | | |
| | | | | | | | | 成品 | | | | |

填表人:                     时间:    年    月    日

### 报表6  年度执法部门收缴木材记录表

填表日期:    年    月    日                                              单位:m³

| 执法单位 | 卷宗号 | 查处时间 | 收缴数量 | 木材流向 | 数量 | 备注 |
|---|---|---|---|---|---|---|
| | | 年  月  日 | | | | |
| | | 年  月  日 | | | | |
| | | 年  月  日 | | | | |
| | | 年  月  日 | | | | |
| | | 年  月  日 | | | | |

数据来源于森保部门或林政部门案件卷宗检查统计。                      填表人:

**报表7 林业局资源管理检查工作量统计表**

填表单位：                                              单位：hm³、m³

| 专员办 | 局 | 人数 | 天数 | 工作日 | 检查林场 | 小班 | 检查面积 | 台账 | 野账 | 录入 | 遥感斑块 |
|--------|----|------|------|--------|----------|------|----------|------|------|------|----------|
|        |    |      |      |        |          |      |          |      |      |      |          |
|        |    |      |      |        |          |      |          |      |      |      |          |
|        |    |      |      |        |          |      |          |      |      |      |          |
|        |    |      |      |        |          |      |          |      |      |      |          |
|        |    |      |      |        |          |      |          |      |      |      |          |
|        |    |      |      |        |          |      |          |      |      |      |          |
| 合计   |    |      |      |        |          |      |          |      |      |      |          |

统计人：            统计时间：    年    月    日

**报表8 _____年度森林资源管理检查_____林业局检查情况汇总表**

填表单位：                                              单位：hm²、m³

| 专员办 | 检查年度 | 被检林业局 | 林场 | 林班 | 作业区 | 采伐小班 | 有证无证 | 采伐类型 | 采伐方式 | 伐前蓄积 | 设计采伐面积 | 设计采伐蓄积 | 实际采伐面积 | 实际采伐蓄积 | 采伐树种 | 超采面积 | 超采蓄积 |
|--------|----------|------------|------|------|--------|----------|----------|----------|----------|----------|--------------|--------------|--------------|--------------|----------|----------|----------|
|        |          |            |      |      |        |          |          |          |          |          |              |              |              |              |          |          |          |
|        |          |            |      |      |        |          |          |          |          |          |              |              |              |              |          |          |          |
|        |          |            |      |      |        |          |          |          |          |          |              |              |              |              |          |          |          |
|        |          |            |      |      |        |          |          |          |          |          |              |              |              |              |          |          |          |
|        |          |            |      |      |        |          |          |          |          |          |              |              |              |              |          |          |          |
|        |          |            |      |      |        |          |          |          |          |          |              |              |              |              |          |          |          |

统计人：            统计时间：    年    月    日

## 附表四　林地检查报表

### 占表 1

_____县（局）_____年占用征用林地工程项目调查表

单位：hm³、元、m³

| 工程项目名称 | 动工时间 | 项目类型 | 实际征占林地面积 | 审核（批）文号 | 审核（批）面积 | 森林植被恢复费 | | 三项补偿补助费用 | | 征占林地采伐林木 | | 采伐许可证号 | 违法征占林地处理 | |
|---|---|---|---|---|---|---|---|---|---|---|---|---|---|---|
| | | | | | | 标准费用 | 征收费用 | 协议（测算）费用 | 落实费用 | 面积 | 蓄积 | | 处理 | 处理结果 |
| 1 | 2 | 3 | 4 | 5 | 6 | 7 | 8 | 9 | 10 | 11 | 12 | 13 | 14 | 15 |

被检查县（局）林业主管部门意见（公章）：　　　　被检查县林业主管部门（主要）领导签章（签字）：

年　月　日

检查表1填写说明：①此表由县（局）林业主管部门填报上年度1月1日至检查时发生的占用征用林地工程项目情况。②工程项目名称：有立项（核准、备案）成审核（批）文件的，按文件上的名称填写。无文件的，填写的项目名称要体现占用征用林地地点、范围，单位和使用目的等。③动工时间：填写工程开始占用征用林地时间，格式："×××年××月××日"，还未动工的，填写"未动工"。④项目类型：分为工程建设、乡村建设、临时占地，为林业生产服务。⑤实际占用征用林地面积：县（局）林业主管部门掌握的实际占用征用林地面积。⑥审核（批）文号：林业主管部门审核（批）文件的编号。⑦审核（批）面积：林业主管部门审核（批）文件批准同意的林地面积。⑧标准费用：按标准应缴纳的森林植被恢复费数额。⑨征收费用：实际缴纳的森林植被恢复费数额。⑩三项补偿补助协议（测算）费用：用地单位与被占地森林经营者签订协议（或按标准计算）的协议、林木补偿和安置补助费三项费用的合计数额。⑪落实费用：用地单位实际兑现给被占地森林经营者的林地、林木补偿和安置补助费三项费用的合计数额。⑫采伐面积：因占用征用林地实际采伐林木的合计数值。⑬采伐蓄积：因占用征用林地实际采伐林木数量。⑭采伐许可证号：林木采伐许可证的编号。⑮处理：林业主管部门或司法机关是否对未经审核（批）、超审核（批）占用征用林地等违规占地行为依法进行处理，填写"是"或"否"。⑯处理结果：依法处理的结果。⑰其他说明：面积单位"公顷"，保留四位小数；蓄积单位"立方米"，保留一位小数；费用单位"元"，取整。

## 占表 2 _____县（局）_____年到期临时占用林地回收情况调查表

单位：hm²、元

| 工程项目名称 | 审批林地机关 | 审批文号 | 审批时间 | 审批面积 | 森林植被恢复费 | | 是否到期 | 是否回收 | 到期未回收原因 | 是否原地恢复森林植被 | 未原地恢复植被原因 | 备注 |
| | | | | | 征收费用 | 返还费用 | | | | | | |
| 1 | 2 | 3 | 4 | 5 | 6 | 7 | 8 | 9 | 10 | 11 | 12 | 13 |

被检查县（局）林业主管部门意见（公章）：

年　　月　　日

占表 2 填写说明：①此表由县（局）林业主管部门填写。②工程项目名称：按林地审批文件的名称填写。③审批林地机关：审批临时占用林地文件上的名称。④审批文号：审批临时占用林地文件的编号。⑤审批时间：审批同意临时占用林地时间，格式："××××年××月××日"。⑥审批面积：审批临时占用林地文件批准的使用林地面积。⑦征收费用：用地单位实际缴纳的森林植被恢复费。⑧返还费用：任实际缴纳森林植被恢复费中，上级林业部门、财政部门核拨到县（局）林业主管部门直接收取的森林植被恢复费数额。⑨是否到期：至检查时是否已到期。⑩是否回收：是否已收回到期的临时占用林地，填"是"或"否"。⑪到期未回收原因：说明未收回到期临时占用林地的理由和原因。⑫是否原地恢复森林植被：填"是"或"否"。⑬未原地恢复植被原因：说明未原地恢复森林植被的理由和原因。

占表3 _____ 县（局）_____ 年恢复森林植被情况调查表

单位：元，hm²

| 工程项目名称 | 审核林地机关 | 审核文号 | 审核时间 | 审核面积 | 森林植被恢复费征收情况 | | 森林植被恢复费返还情况 | | | | 调查规划设计 | 森林植被恢复实际使用情况 | | | | | | | |
|---|---|---|---|---|---|---|---|---|---|---|---|---|---|---|---|---|---|---|---|
| | | | | | 标准费用 | 征收费用 | 返还费用 | 返还年度 | 是否返还用地单位 | 合计 | | 整地、造林 | | | 抚育 | 护林防火 | 病虫害防治 | 资源管护 | 其他 |
| | | | | | | | | | | | | 费用 | 规划面积 | 是否在年度造林计划中单列 | | | | | |
| 1 | 2 | 3 | 4 | 5 | 6 | 7 | 8 | 9 | 10 | 11 | 12 | 13 | 14 | 15 | 16 | 17 | 18 | 19 | 20 |

被检查县（局）林业主管部门意见（公章）：

年　　月　　日

占表3填写说明：①此表由县（局）林业主管部门填报近三年来（如检查年度为2010年，即2007年以来）永久占地工程项目（不包括临时占用林地项目和为林业生产服务的项目）的森林植被恢复费征收、返还和恢复森林植被情况。②工程项目名称：按审核占用林地文件的工程项目名称。③审核林地机关：审核征占用林地文件上的林业主管部门名称。④审核占用林地文号：审核占用林地文件上的编号。⑤审核时间：审核同意开始占用林地时间，格式："××年××月××日"。⑥标准费用：按规定标准核定到县（局）林业主管部门的森林植被恢复费。⑦征收费用：用地单位实际缴纳的森林植被恢复费。⑧返还费用：在实际缴纳的森林植被恢复费中，上级林业主管部门、财政部门核拨到县（局）林业主管部门或县（局）林业主管部门直接收取的森林植被恢复费数额。⑨返还年度：上级林业主管部门、财政部门核拨到县（局）林业主管部门或县（局）林业主管部门直接收取森林植被恢复费的自然年度，如"2010"。⑩是否返还用地单位：是否存在征收后又返还给用地单位的情况，填"是"或"否"。⑪合计：至检查时止，返还用于整地、返还用地单位方面的数额。⑫调查规划设计：使用森林植被恢复费的规划数额。⑬整地、造林费用：实际用于整地、造林方面的数额。⑭整地、造林面积：造林的森林植被恢复费造林方面的数额。⑮是否在年度造林计划中单列：实际用于整地、造林的森林植被恢复费用或规划面积是否在当年造林计划中单独列示或说明，填"是"或"否"。⑯抚育：实际用于抚育方面的数额。⑰护林防火：实际用于护林防火方面的数额。⑱病虫害防治：实际用于病虫害防治方面的数额。⑲资源管护：实际用于资源管护方面的数额。⑳其他：实际用于其他方面的数额。㉑第11列数值＝第12列数值＋第13列数值＋第16列数值＋第17列数值＋第18列数值＋第19列数值＋第20列数值，取整。㉒第12列数值＝第14列数值＋第16列数值＋第17列数值＋第18列数值＋第19列数值＋第20列数值。㉒其他说明：面积单位"公顷"，保留四位小数，费用单位"元"，取整。

## 占表4　占用征用林地监测目视判读标志记录表

图像时相：　　　　　　　　数据类型：

建标单位：　　　　　　　建标人：　　　　　　日期：

检查县地址：＿＿＿＿＿省＿＿＿＿＿地区(市)＿＿＿＿＿县

图像位置：纵坐标：　　　横坐标：　　受检单位：

图像特征：海拔：　　　　坡向：　　　　坡度：　　坡位：

| 上期图像： | 本期图像： |
|---|---|
|  |  |

上、下期图像差异特征：1. 上期面积　　本期面积　　差值

　　　　　　　　　　　　2. 图像影质差异：占地特征较明显　占地特征不明显　其他

前地类：　有林地　疏林地　未成林造林地　灌木林地　无林地

现地类：　耕地　交通运输用地　水域及水利设施用地　城乡建设用地　勘查采矿用地　其他建设用地

主要树种(植被)：

证明资料来源：直接从图像判读　受检单位提供材料　综合图像判读与提供材料　其他

其他情况说明：

## 占表5　县(市、区、局)林地用途变化检测图斑登记表

单位：hm²

| 图斑号 | 乡镇 | 村 | 横坐标 | 纵坐标 | 前地类 | 现地类 | 变化类型 | 明显程度 | 判读面积 | 有无采伐林木 | 是否审核(批) | 是否掌握 | 林地依据 | 备注 |
|---|---|---|---|---|---|---|---|---|---|---|---|---|---|---|
|  |  |  |  |  |  |  |  |  |  |  |  |  |  |  |

调查人员：　　　　　　　　　　　　　　　　年　　月　　日

附(图)表

## 占表 6　林业局林地用途变化检测图斑验证表

单位：hm²

| 图斑号 | 乡镇 | 村 | 室内判读因子 | | | | | | | | | | | | 实地验证核实因子 | | | | | | | |
| --- | --- | --- | --- | --- | --- | --- | --- | --- | --- | --- | --- | --- | --- | --- | --- | --- | --- | --- | --- | --- | --- | --- |
| | | | 横坐标 | 纵坐标 | 前地类 | 现地类 | 变化类型 | 明显程度 | 判读面积 | 有无采伐林木 | 是否审核（批） | 是否掌握 | 林地依据 | 备注 | 横坐标 | 纵坐标 | 前地类 | 现地类 | 林地用途是否变化 | 有无采伐林木 | 是否掌握 | 备注 |

调查人员：　　　　　年　月　日

**173**

占表7　林业局＿＿＿＿＿年占用征用林地检查卡片

单位：$hm^2$、$m^3$、元

| 工程项目名称 | | | | | | |
|---|---|---|---|---|---|---|
| 动工时间 | | 建设性质 | | 1 公益性建设　2 经营性建设 | | |
| 用途 | 1 公路 2 铁路 3 机场 4 水利水电 5 电力通讯 6 油气管道 7 勘查采矿 8 城乡公共建设用地 9 城乡经营性建设用地　10 旅游设施 11 商业性开发 12 其他 | | | | | |
| 工程项目类型 | 1 工程建设　2 乡村建设 3 临时占用林地　4 直接为林业生产服务 | | | | | |
| 项目等级 | 1 国家级　2 省级　3 市级　4 县级 5 其他 | | | | | |
| 审核(批)级别 | 1 国家级　2 省级　3 市级　4 县级 5 未审核(批) | | | | | |
| 批准立项机关 | | 立项文号 | | 立项时间 | | 年月日 |
| 审核(批)征占林地机关 | | 审核(批)文号 | | 审核(批)时间 | | 年月日 |
| 分林地类型、权属面积 | | 审核(批)面积 | 实际面积 | 违法违规用地面积 | | |
| | | | | 异地占用 | 未按用途 | 超期限占用 |
| 林地类型 | 合　计 | | | | | |
| | 重点防特林林地 | | | | | |
| | 防特林林地 | | | | | |
| | 用经薪林林地 | | | | | |
| | 苗圃地 | | | | | |
| | 未成林造林地 | | | | | |
| | 疏灌林地 | | | | | |
| | 其　他 | | | | | |
| 权属 | 国　有 | | | | | |
| | 集　体 | | | | | |
| 森林植被恢复费收缴情况 | | | | 三项补偿费用落实情况 | | |
| 标准费用 | | 征收费用 | | 协议(测算)费用 | | |
| 低于标准原因 | | 责任单位或责任人 | | 落实费用 | | |
| 采伐林木情况 | 实采面积 | 实采蓄积 | | 林木采伐许可证办理情况 | 1 无证采伐 2 有证采伐 | |
| 国家重点建设项目 | 1 是　2 否 | | | 灾区恢复重建项目 | 1 是　2 否 | |
| 占地性质 | 1 无任何审核(批)手续　2 越权审核(批)　3 异地占用　4 超审核(批)占地 5 未按用途使用　6 超期限占用　7 审核未动工　8 依法占地 | | | | | |
| 越权审核(批)机关 | | | | 责任人 | | |

（续）

| 违法违规占林地单位 | | 责任人 | |
|---|---|---|---|
| 违法违规征占林地查处情况 | 1 不掌握　2 已掌握、未处理　3 处理不到位　4 处理到位 | | |
| 依法处理情况及依据 | | | |
| 地方林业部门提供 | 1 是　2 否 | 认定年度 | 1 上年度<br>2 本年度至检查时止 |
| 是否属遥感检测项目 | 1 是　2 否 | | |
| 其他有关<br>情况说明 | | | |

检查人员：　　　　　检查日期：　月　日　　县局协调人员（签字）：

占表7填写说明：①工程项目名称：有立项（核准、备案）或审核（批）文件的，按文件上的名称填写；无文件的，填写的项目名称要体现占用征用林地地点、范围、单位和用途等。②动工时间：填写工程建设开始占用林地时间，填至年月日；经林业部门审核（批）未动工的，填写"未动工"。③项目等级：依据工程项目立项批复机关级别等，在相应代码上打"√"。④审核（批）级别：依据审核（批）占用征用林地林业主管部门的级别，分为国家级、省级、地市级、县级林业主管部门，未经审核（批）的选5。⑤批准立项机关、文号和时间：批准立项（核准、备案）文件上的机关名称、文件编号和文件发出时间。⑥审核（批）占用征用地机关、文号和时间：审核（批）占用征用林地文件上的机关名称、文件编号和文件发出时间。⑦审核（批）面积：具备审核（批）权限林业主管部门在审核（批）文件上的同意面积。⑧实际面积：现地量测至检查时实际改变林地用途面积。实地量测数据要记载于《面积测量记录表》上。⑨标准费用：按标准计算的应缴纳植被恢复费数额。⑩征收费用：用地单位实际缴纳的植被恢复费数额。⑪低于标准原因及责任单位或责任人：填写导致征收植被恢复费用低于标准费用的原因及导致低于标准费用的责任单位或责任人。⑫协议（测算）费用：用地单位与被占地森林经营者签订的协议（或按标准计算）的林地、林木补偿费和安置补助费三项费用的合计数额。⑬落实费用：用地单位实际兑现给被占地森林经营者的林地、林木补偿费和安置补助费三项费用的合计数额。⑭实采面积：至检查时，因占用征用林地的实际采伐胸径大于等于5 cm的林木面积（省级林业部门另有规定的按其规定执行）。⑮实采蓄积：至检查时，实际采伐占用征用林地上的林木蓄积量。⑯国家重点建设项目：是否属于国家发改委确定的国家重点建设项目。⑰. 灾区恢复重建项目：是否属于雨雪冰冻灾害和"汶川"地震灾区恢复重建项目。⑱占地性质：在相应代码上打"√"，当占用征用林地行为同时符合一个以上占地性质判定条件时，按照从1至8的优先顺序确定（省级林业主管部门发文下放占用征用林地审核（批）权限，地（市）、县级林业主管部门予以审核（批）的，认定为越权审核（批））。⑲越权审核（批）机关和责任人：填写超规定权限审核（批）同意征占用林地的林业主管部门和相关责任人。⑳违法违规占地单位和责任人：填写占地性质为1、3、4、5、6的用地单位和相关负责人。㉑对违法违规占用征用依法处理情况：至检查时，对占地性质为1~6的查处情况，在相应代码上打"√"。处理到位要符合以下条件：一是林业部门已责令停工；二是已依法查处，该行政处罚的林业部门已进行处罚，对达到刑事立案标准的移交司法机关进行刑事处罚，并依法办结；三是必须占用征用的，林业部门已重新办理审核（批）手续，不再占用征用的，已限期恢复植被或林业生产条件。有关责任单位或责任人拒不执行或拖延等造成处理决定没有落实的不能认定为查处到位。㉒依法处理情况及依据：填写对违法占地类型为1~5的查处落实情况及依据（必须填写处理到位的依据，如做出行政罚款的决定，必须填写足额罚款收据和具体数额；收集、复印处理到位的有关依据以备查）。㉓工程项目是否由地方林业部门提供：在相应代码上打"√"。㉔是否属遥感检测项目：是否属利用遥感检测出工程项目的占用征用林地图斑或部分图斑面积。㉕其他情况说明：填写其他需要说明的内容。㉖检查人员：检查人员签名。㉗检查日期：具体检查时间。㉘县局协调人员：配合、协助和参与检查工作的被检查县人员签名，对检查结果予以认可。

**占表8　林业局_____年到期临时占用林地回收情况检查卡片**

单位：hm²

| 工程项目名称 | |
|---|---|
| 审批情况 | 审批机关　　审批文号　　　　　　审批时间<br>　　　　　　　　　　　　　　　年<br>　　　　　　　　　　　　　　月　日<br><br>批准开始占地时间　　批准占地截止时间　　审批面积 |
| 回收情况 | 1　已回收　2　未回收 |
| 到期不回收<br>原因 | 1未重新办理审核(批)手续，继续占用　2重新办理占地审核(批)手续，继续占用　3停止占用、未恢复林业生产条件4其他原因 |
| 重新办理审核<br>(批)情况 | 审核(批)机关　审核(批)文号　审核(批)时间　审核(批)面积<br>　　　　　　　　　　　　　　　年<br>　　　　　　　　　　　　　　月　日 |
| 是否将永久占地作<br>为临时林地审批 | 1　是　2　否 |
| 恢复森林植被情况 | 1　未恢复森林植被　2　恢复森林植被 |
| 未恢复森林植被措<br>施原因 | 1未征收森林植被恢复费　2未返还森林植被恢复费　3恢复森林植被经费不足　4原地恢复植被困难　5其他原因 |
| 其他有关<br>情况说明 | |

　　检查人员：　　　检查日期：　　　月　　日　　　县局协调人员(签字)：

　　占表9填写说明：①本表检查的临时占用林地是指近三年来（如检查年度为2010年，即2007年以来）审批的临时占用林地到期后原地恢复森林植被情况。②回收情况：临时占用林地到期后林业部门是否回收。③恢复森林植被情况：临时占用林地到期后是否在原地恢复森林植被。④是否将永久占用林地作为临时占用林地审批：林业部门在审批临时占用林地或重新审核(批)中是否存在将永久占用林地作为临时占用林地审批的情况。⑤其他有关情况说明：说明到期未回收或未恢复森林植被"其他原因"或其他有关情况。

占表9　林业局_____年恢复森林植被情况检查卡片

单位：hm²、元

| 工程项目名称 | | | | | | | |
|---|---|---|---|---|---|---|---|
| 审核机关 | | 审核文号 | | 审核时间 | | 审核面积 | |
| | | | | 年 月 日 | | | |
| 森林植被恢复费征收情况 | 标准费用 | 征收费用 | 低于标准原因 | | | | |
| | | | 责任单位或责任人 | | | | |
| 森林植被恢复费返还情况 | 应返还费用 | 返还费用 | 是否按比例返还 | | 1　是　2　否 | | |
| | | | 是否返还用地单位 | | 1　是　2　否 | | |
| | | | 返还年度 | | 1　当年返还　2　次年返回 3　三年后返还　4　未返还 | | |
| 森林植被恢复费使用情况 | 合　计 | 调查规划设计 | 整地、造林 | 抚育 | 护林防火 | 病虫害防治 | 资源管护 | 其他 |
| 整地、造林规划面积 | | | 是否在年度造林计划中单列 | | 1　是　2　否 | | |
| 整地、造林核实情况 | 1　未实施　2　实施 | | | | | | |
| 其他有关情况说明 | | | | | | | |

检查人员：　　　检查日期：　　　月　　　日　　　县局协调人员（签字）：

占表9填写说明：①本表检查的近三年来（如检查年度为2010年，即2007年以来）永久占用征用林地工程项目（不包括用林占地项目和为林业生产服务的项目）的森林植被恢复费征收、返还和恢复森林植被情况。②应返还费用：按照规定应返还至县（局）林业主管部门的森林植被恢复费。③是否按比例返还：是否按照规定比例将征收森林植被恢复费返还至县（局）林业主管部门。④是否返还用地单位：是否存在将征收森林植被恢复费返还给用地单位的情况。⑤是否在年度造林计划中单列：整地、造林的森林植被恢复费用或规划面积是否在当年造林计划中单独列示或说明。⑥返还年度：根据上级林业部门、财政部门核拨到县（局）林业主管部门或县（局）林业主管部门直接收取森林植被恢复费的自然年度与审核（批）年度差值选择。⑦整地、造林核实情况：根据资料和抽查小班现地情况，判定是否已实施了整地、造林措施。

### 占表10　林业局_____年毁林开垦检查卡片

单位：hm² 、m³

| 毁林开垦事件名称 | | | |
|---|---|---|---|
| 毁林开垦开始时间 | | | |
| 毁林开垦面积 | | | |
| 损毁林木情况 | 损毁林木面积 | 损毁林木蓄积 | 损毁林木株数 |
| | | | |
| 林地权属证明材料 | | | |
| 毁林开垦责任单位(人) | | | |
| 毁林开垦是否由地方提供 | 1 是　2 否 | | |
| 林业部门对毁林开垦依法处理情况 | 1 不掌握　　　　　2 已掌握、未处理<br>3 处理不到位　　　4 处理到位 | | |
| 依法处理情况及依据 | | | |
| 是否属遥感检测项目 | 1 是　2 否 | | |
| 其他有关<br>情况说明 | | | |

检查人员：　　　检查日期：　　　月　　　日　　　县局协调人员(签字)：

### 占表11　林业局_____年三项补偿补助费用落实情况问卷调查表

单位：hm²、m³、元

| | | | |
|---|---|---|---|
| 被占地单位<br>（村组、农户） | | 乡（镇、场） | |
| 被占地单位类型 | □农户　□国有森林经营单位　□其他森林经营单位或个人 | | |
| 被占林地面积 | | 被占林木蓄积 　　　　　　被占林木株数 | |
| 你对三项补偿补助<br>费用了解程度 | □了解　□不了解 | | |
| 你是否愿意接受问<br>卷调查 | □愿意　□不愿意 | | |
| 你与占地单位（个<br>人）签订的协议三项<br>补偿补助费用数额 | | | |
| 你已得到的三项补<br>偿补助费用数额 | | | |
| 工程项目情况<br>（检查人员填写） | 工程项目名称 | | |
| | 项目等级 | □国家级　□省级　□市级　□县级　□其他 | |
| | 用途 | □公路　　□铁路　　□机场　　□水利水电<br>□电力通讯　□油气管道　　□勘查采矿<br>□城乡公共建设用地　□城乡经营性建设用地<br>□旅游设施　□商业性开发　　□其他 | |
| | 征占用林地审核<br>（批）情况 | □经审核（批）　　□未经审核（批） | |
| | 补偿补助标准是<br>否低于上级标准 | □是　□否 | |
| | 三项补偿补助费<br>用账目情况 | □账目齐全　□账目不全 | |
| | 林地补偿补助<br>标准占当地耕地<br>标准的比例 | □＞100%　□99%～80%　　□79%～60%　□59%<br>～40%　□39%～30%　□29%～10%　□＜10% | |

调查者　　　　　　　　　　　　　　　　　　　年　月　日

占表11填写说明：林地补偿补助标准占当地耕地标准的比例：林地补偿费、安置补助费标准占当地耕地土地补偿费、安置补助费标准的大致比例区间。

# 附　录

# 中华人民共和国森林法

## 第一章　总则

**第一条**　为了保护、培育和合理利用森林资源，加快国土绿化，发挥森林蓄水保土、调节气候、改善环境和提供林产品的作用，适应社会主义建设和人民生活的需要，特制定本法。

**第二条**　在中华人民共和国领域内从事森林、林木的培育种植、采伐利用和森林、林木、林地的经营管理活动，都必须遵守本法。

**第三条**　森林资源属于国家所有，由法律规定属于集体所有的除外。国家所有的和集体所有的森林、林木和林地，个人所有的林木和使用的林地，由县级以上地方人民政府登记造册，发放证书，确认所有权或者使用权。国务院可以授权国务院林业主管部门对国务院确定的国家所有的重点林区的森林、林木和林地登记造册，发放证书，并通知有关地方人民政府。

森林、林木、林地的所有者和使用者的合法权益，受法律保护，任何单位和个人不得侵犯。

**第四条**　森林分为以下五类：

（一）防护林：以防护为主要目的的森林、林木和灌木丛，包括水源涵养林，水土保护林，防风固沙林，农田、牧场防护林、护岸林，护路林；

（二）用材林：以生产木材为主要目的的森林和林木，包括以生产竹材为主要目的竹林；

（三）经济林：以生产果品，食用油料、饮料、调料，工业原料和药材等为主要目的的林木；

（四）薪炭林：以生产燃料为主要目的的林木；

（五）特种用途林：以国防、环境保护、科学实验等为主要目的的森林和林木，包括国防林、实验林、母树林、环境保护林、风景林，名胜古迹和革命纪念地的林木，自然保护区的森林。

**第五条**　林业建设实行以营林为基础，普遍护林，大力造林，采育结合，永续利用的方针。

**第六条**　国家鼓励林业科学研究，推广林业先进技术，提高林业科学技术水平。

第七条　国家保护林农的合法权益，依法减轻林农的负担，禁止向林农违法收费、罚款，禁止向林农进行摊派和强制集资。

国家保护承包造林的集体和个人的合法权益，任何单位和个人不得侵犯承包造林的集体和个人依法享有的林木所有权和其他合法权益。

第八条　国家对森林资源实行以下保护性措施：

（一）对森林实行限额采伐，鼓励植树造林、封山育林，扩大森林覆盖面积；

（二）根据国家和地方人民政府有关规定，对集体和个人造林、育林给予经济扶持或者长期贷款；

（三）提倡木材综合利用和节约使用木材，鼓励开发、利用木材代用品；

（四）征收育林费，专门用于造林育林。

（五）煤炭、造纸等部门，按照煤炭和木浆纸张等产品的产量提取一定数额的资金，专门用于营造坑木、造纸等用材林。

（六）建立林业基金制度。

国家设立森林生态效益补偿基金，用于提供生态效益的防护林和特种用途林的森林资源、林木的营造、抚育、保护和管理。森林生态效益补偿基金必须专款专用，不得挪作他作。具体办法由国务院规定。

第九条　国家和省、自治区人民政府，对民族自治地方的林业生产建设，依照国家对民族自治地方自治权的规定，在森林开发、木材分配和林业基金使用方面，给予比一般地区更多的自主权和经济利益。

第十条　国务院林业主管部门主管全国林业工作。县级以上地方人民政府林业主管部门，主管本地区的林业工作。乡级人民政府设专职或者兼职人员负责林业工作。

第十一条　植树造林、保护森林，是公民应尽的义务。各级人民政府应当组织全民义务植树，开展植树造林活动。

第十二条　在植树造林、保护森林、森林管理以及林业科学研究等方面成绩显著的单位或者个人，由各级人民政府给予奖励。

## 第二章　森林经营管理

第十三条　各级林业主管部门依照本法规定，对森林资源的保护、利用、更新，实行管理和监督。

第十四条　各级林业主管部门负责组织森林资源清查，建立资源档案制度，掌握资源变化情况。

第十五条　下列森林、林木、林地使用权可以依法转让，也可以依法作价入股或者作为合资、合作造林、经营林木的出资、合作条件，但不得将林地改为非林地：

（一）用材林、经济林、薪炭林；

（二）用材林、经济林、薪炭林的林地使用权；

（三）用材林、经济林、薪炭林的采伐迹地、火烧迹地的林地使用权；

（四）国务院规定的其他森林、林木和其他林地使用权。

依照前款规定转让、作价入股或者作为合资、合作造林、经营林木的出资、合作条件的，已经取得的林木采伐许可证可以同时转让，同时转让双方都必须遵守本法关于森林、林木采伐和更新造林的规定。

除本条第一款规定的情形外，其他森林、林木和其他林地使用权不得转让。

具体办法由国务院规定。

第十六条　各级人民政府应当制定林业长远规划。国有林业企业事业单位和自然保护区，应当根据林业长远规划，编制森林经营方案，报上级主管部门批准后实行。

林业主管部门应当指导农村集体经济组织和国有的农场、牧场、工矿企业等单位编制森林经营方案。

第十七条　单位之间发生的林木、林地所有权和使用权争议，由县级以上人民政府处理。

个人之间、个人与单位之间发生的林木、林地所有权和使用权争议，由当地县级或者乡级人民政府依法处理。

当事人对人民政府的处理决定不服的，可以在接到通知之日起一个月内，向人民院起诉。

在林木、林地权属争议解决以前，任何一方不得砍伐有争议的林木。

第十八条　进行勘查、开采矿藏和各项建设工程，应当不占或者少占林地；必须占用或者征用林地的，经县级以上人民政府林业主管部门审核同意后，依照有关土地的法律、行政法规办理建设用地审批手续，并由用地单位依照国务院有关规定缴纳森林、植被恢复费，森林植被恢复费专款专用，由林业主管部门依照有关规定统一安排植树造林，恢复森林植被，植树造林面积不得少于因占用、征用林地而减少的森林植被面积。上级林业主管部门应当定期督促、检查下级林业主管部门组织植树造林、恢复森林植被的情况。

任何单位和个人不得挪用森林植被恢复费。县级以上人民政府审计机关应当加强森林植被恢复费使用情况的监督。

## 第三章　森林保护

第十九条　地方各级人民政府应当组织有关部门建立护林组织，负责护林工作；根据实际需要在大面积林区增加护林设施，加强森林保护；督促有林的和林区的基层单位，订立护林公约，组织群众护林，划定护林责任区，配备专职或者兼职护林员。

护林员可以由县级或者乡级人民政府委任。护林员的主要职责是：巡护森林，制止破坏森林资源的行为。对造成森林资源破坏的，护林员有权要求当地有关部门处理。

第二十条　依照国家有关规定在林区设立的森林公安机关，负责维护辖区社会治安秩序，保护辖区内的森林资源，并可以依照本法规定，在国务院林业主管部门授权的范围内，代行本法第三十九条、第四十二条、第四十四条规定的行政处罚权。

武装森林警察部队执行国家赋予的预防和扑救森林火灾的任务。

第二十一条　地方各级人民政府应当切实做好森林火灾的预防和扑救工作：

（一）规定森林防火期。在森林防火期内，禁止在林区野外用火；因特殊情况需要用火的，必须经过县级人民政府或者县级人民政府授权的机关批准；

（二）在林区设置防火设施；

（三）发生森林火灾，必须立即组织当地军民和有关部门扑救；

（四）因扑救森林火灾负伤、致残、牺牲的，国家职工由所在单位给予医疗、抚恤；非国家职工由起火单位按照国务院有关主管部门的规定给予医疗、抚恤，起火单位对起火没有责任或者确实无力负担的，由当地人民政府给予医疗、抚恤。

第二十二条　各级林业主管部门负责组织森林病虫害防治工作。

林业主管部门负责规定林木种苗的检疫对象，划定疫区和保护区，对林木种苗进行检疫。

第二十三条　禁止毁林开垦和毁林采石、采砂、采土以及其他毁林行为。

禁止在幼林地和特种用途林内砍柴、放牧。

进入森林和森林边缘地区的人员，不得擅自移动或者损坏为林业服务的标志。

**第二十四条** 国务院林业主管部门和省、自治区、直辖市人民政府，应当在不同自然地带的典型森林生态地区、珍贵动物和植物生长繁殖的林区、天然热带雨林等具有特殊保护价值的其他天然林区，划定自然保护区，加强保护管理。

自然保护区的管理办法，由国务院林业主管部门制定，报国务院批准施行。

对自然保护区以外的珍贵树木和林区内具有特殊价值的植物资源，应当认真保护；未经省、自治区、直辖市林业主管部门批准，不得采伐和采集。

**第二十五条** 林区内列为国家保护的野生动物，禁止猎捕；因特殊需要猎捕的，按照国家有关法规办理。

## 第四章　植树造林

**第二十六条** 各级人民政府应当制定植树造林规划，因地制宜地确定本地区提高森林覆盖率的奋斗目标。

各级人民政府应当组织各行各业和城乡居民完成植树造林规划确定的任务。

宜林荒山荒地，属于国家所有的，由林业主管部门和其他主管部门组织造林；属于集体所有的，由集体经济组织组织造林。

铁路公路两旁、江河两侧、湖泊水库周围，由各有关主管单位因地制宜地组织造林；工矿区，机关、学校用地，部队营区以及农场、牧场、渔场经营地区，由各该单位负责造林。

国家所有和集体所有的宜林荒山荒地可以由集体或者个人承包造林。

**第二十七条** 国有企业事业单位、机关、团体、部队营造的林木，由营造单位经营并按照国家规定支配林木收益。

集体所有制单位营造的林木，归该单位所有。

农村居民在房前屋后、自留地、自留山种植的林木，归个人所有。城镇居民和职工在自有房屋的庭院内种植的林木，归个人所有。

集体或者个人承包国家所有和集体所有的宜林荒山荒地造林的，承包后种植的林木归承包的集体或者个人所有；承包合同另有规定的，按照承包合同的规定执行。

第二十八条　新造幼林地和其他必须封山育林的地方，由当地人民政府组织封山育林。

## 第五章　森林采伐

第二十九条　国家根据用材林的消耗量低于生长量的原则，严格控制森林年采伐量。国家所有的森林和林木以国有林业企业事业单位、农场、厂矿为单位，集体所有的森林和林木、个人所有的林木以县为单位，制定年采伐限额，由省、自治区、直辖市林业主管部门汇总，经同级人民政府审核后，报国务院批准。

第三十条　国家制定统一的年度木材生产计划。年度木材生产计划不得超过批准的年采伐限额。计划管理的范围由国务院规定。

第三十一条　采伐森林和林木必须遵守下列规定：

（一）成熟的用材林应当根据不同情况，分别采取择伐、皆伐和渐伐方式。皆伐应当严格控制，并在采伐的当年或者次年内完成更新造林；

（二）防护林和特种用途林中的国防林、母树林、环境保护林、风景林，只准进行抚育和更新性质的采伐；

（三）特种用途林中的名胜古迹和革命纪念地的林木、自然保护区的森林，严禁采伐。

第三十二条　采伐林木必须申请采伐许可证，按许可证的规定进行采伐；农村居民采伐自留地和房前屋后个人所有的零星林木除外。

国有林业企业事业单位、机关、团体、部队、学校和其他国有企业事业单位采伐林木，由所在地县级以上林业主管部门依照有关规定审核发放采伐许可证。

铁路、公路的护路林和城镇林木的更新采伐，由有关主管部门依照有关规定审核发放采伐许可证。

农村集体经济组织采伐林木，由县级林业主管部门审核发放采伐许可证。

农村居民采伐自留山和个人承包集体的林木，由县级林业主管部门或者其委托的乡、镇人民政府审核发放采伐许可证。

采伐以生产竹林为主要目的的竹林，适用以上各款规定。

第三十三条　审核发放采伐许可证的部门，不得超过批准的年采伐限额发放采伐许可证。

第三十四条 国有林业企业事业单位申请采伐许可证时，必须提出伐区调查设计文件。其他单位申请采伐许可证时，必须提出有关采伐的目的、地点、林种、林况、面积、蓄积、方式和更新措施等内容的文件。

对伐区作业不符合规定的单位，发放采伐许可证的部门有权收缴采伐许可证，中止其采伐，直到纠正为止。

第三十五条 采伐林木的单位或者个人，必须按照采伐许可证规定的面积、株数、树种、期限完成更新造林任务，更新造林的面积和株数不得少于采伐的面积和株数。

第三十六条 林区木材的经营和监督管理办法，由国务院另行规定。

第三十七条 从林区运出木材，必须持有林业主管部门发给的运输证件，国家统一调拨的木材除外。

依法取得采伐许可证后，按照许可证的规定采伐的木材，从林区运出时，林业主管部门应当发放运输证件。

经省、自治区、直辖市人民政府批准，可以在林区设立木材检查站，负责检查木材运输。对未取得运输证件或者物资主管部门发给的调拨通知书运输木材的，木材检查站有权制止。

第三十八条 国家禁止、限制出口珍贵树木及其制品、衍生物。禁止、限制出口的珍贵树木及其制品、衍生物的名录和年度限制出口总量，由国务院林业主管部门会同国务院有关部门制定，报国务院批准。

出口前款规定限制出口的珍贵树木或者其制品、衍生物的，必须经出口人所在地省、自治区、直辖市人民政府林业主管部门审核，报国务院林业主管部门批准，海关凭国务院林业主管部门的批准文件放行。进出口的树木或者其制品、衍生物属于中国参加的国际公约限制进出口的濒危物种的，并必须向国家濒危物种进出口管理机构申请办理允许进出口证明书，海关并凭允许进出口证明书放行。

## 第六章　法律责任

第三十九条 盗伐森林或者其他林木的，依法赔偿损失；由林业主管部门责令补种盗伐株数十倍的树木，没收盗伐的林木或者变卖所得，并处以盗伐林木价值三倍以上五倍以下的罚款。

滥伐森林或者其他林木，由林业主管部门责令补种滥伐株数五倍的树木，并处滥伐林木价值二倍以上五倍以下的罚款。

拒不补种树木或者补种不符合国家有关规定的，由林业主管部门代为补种，所需费用由违法者支付。

盗伐、滥伐森林或者其他林木，构成犯罪的，依法追究刑事责任。

**第四十条** 违反本法规定，非法采伐、毁坏珍贵树木的，依法追究刑事责任。

**第四十一条** 违反本法规定，超过批准的年采伐限额发放林木采伐许可证或者超越职权发放林木采伐许可证、木材运输证件、批准出口文件、允许进出口证明书的，由上一级人民政府林业主管部门责令纠正，对直接负责的主管人员和其他直接责任人员依法给予行政处分；有关人民政府林业主管部门未予纠正的，国务院林业主管部门可以直接处理；构成犯罪的，依法追究刑事责任。

**第四十二条** 违反本法规定，买卖林木采伐许可证、木材运输证件、批准出口文件、允许进出口证明书的，由林业主管部门没收违法买卖的证件、文件和违法所得，并处违法买卖证件、文件的价款一倍以上三倍以下的罚款；构成犯罪的，依法追究刑事责任。

伪造林木采伐许可证、木材运输证件、批准出口文件、允许进出口证明书的，依法追究刑事责任。

**第四十三条** 在林区非法收购明知是盗伐、滥伐的林木的，由林业主管部门责令停止违法行为，没收违法收购的盗伐、滥伐的林木或者变卖所得，可以并处违法收购林木的价款一倍以上三倍以下的罚款；构成犯罪的，依法追究刑事责任。

**第四十四条** 违反本法规定，进行开垦、采石、采砂、采土、采种、采脂和其他活动，致使森林、林木受到毁坏的，依法赔偿损失；由林业主管部门责令停止违法行为，补种毁坏株数一倍以上三倍以下的树木，可以处毁坏林木价值一倍以上五倍以下的罚款。

违反本法规定，在幼林地和特种用途林内砍柴、放牧致使森林、林木受到毁坏的，依法赔偿损失；由林业主管部门责令停止违法行为，补种毁坏株数一倍以上三倍以下的树木。

拒不补种树木或者补种不符合国家有关规定的，由林业主管部门代为补种，所需费用由违法者支付。

**第四十五条** 采伐林木的单位或者个人没有按照规定完成更新造林任务的，发放采伐许可证的部门有权不再发给采伐许可证，直到完成更新造林任务为止；情节严重的，可以由林业主管部门处以罚款，对直接责任人员由所在单位或者上级主管机关给予行政处分。

第四十六条　从事森林资源保护、林业监督管理工作的林业主管部门的工作人员和其他国家机关的有关工作人员滥用职权、玩忽职守、徇私舞弊、构成犯罪的，依法追究刑事责任；尚不构成犯罪的，依法给予行政处分。

## 第七章　附则

第四十七条　国务院林业主管部门根据本法制定实施办法，报国务院批准施行。

第四十八条　民族自治地方不能全部适用本法规定的，自治机关可以根据本法的原则，结合民族自治地方的特点，制定变通或者补充规定，依照法定程序报省、自治区或者全国人民代表大会常务委员会批准施行。

第四十九条　本法自 1985 年 1 月 1 日起施行。

# 中华人民共和国森林法实施条例

## 第一章 总则

**第一条** 根据《中华人民共和国森林法》(以下简称森林法),制定本条例。

**第二条** 森林资源,包括森林、林木、林地以及依托森林、林木、林地生存的野生动物、植物和微生物。

森林,包括乔木林和竹林。

林木,包括树木和竹子。

林地,包括郁闭度 0.2 以上的乔木林地以及竹林地、灌木林地、疏林地、采伐迹地、火烧迹地、未成林造林地、苗圃地和县级以上人民政府规划的宜林地。

**第三条** 国家依法实行森林、林木和林地登记发证制度。依法登记的森林、林木和林地的所有权、使用权受法律保护,任何单位和个人不得侵犯。

森林、林木和林地的权属证书式样由国务院林业主管部门规定。

**第四条** 依法使用的国家所有的森林、林木和林地,按照下列规定登记:

(一)使用国务院确定的国家所有的重点林区(以下简称重点林区)的森林、林木和林地的单位,应当向国务院林业主管部门提出登记申请,由国务院林业主管部门登记造册,核发证书,确认森林、林木和林地使用权以及由使用者所有的林木所有权;

(二)使用国家所有的跨行政区域的森林、林木和林地的单位和个人,应当向共同的上一级人民政府林业主管部门提出登记申请,由该人民政府登记造册,核发证书,确认森林、林木和林地使用权以及由使用者所有的林木所有权;

(三)使用国家所有的其他森林、林木和林地的单位和个人,应当向县级以上地方人民政府林业主管部门提出登记申请,由县级以上地方人民政府登记造册,核发证书,确认森林、林木和林地使用权以及由使用者所有的林木所有权。

未确定使用权的国家所有的森林、林木和林地,由县级以上人民政府登记造册，负责保护管理。

**第五条** 集体所有的森林、林木和林地，由所有者向所在地的县级人民政府林业主管部门提出登记申请，由该县级人民政府登记造册，核发证书，确认所有权。

单位和个人所有的林木，由所有者向所在地的县级人民政府林业主管部门提出登记申请，由该县级人民政府登记造册，核发证书，确认林木所有权。

使用集体所有的森林、林木和林地的单位和个人，应当向所在地的县级人民政府林业主管部门提出登记申请，由该县级人民政府登记造册，核发证书，确认森林、林木和林地使用权。

**第六条** 改变森林、林木和林地所有权、使用权的，应当依法办理变更登记手续。

**第七条** 县级以上人民政府林业主管部门应当建立森林、林木和林地权属管理档案。

**第八条** 国家重点防护林和特种用途林，由国务院林业主管部门提出意见，报国务院批准公布；地方重点防护林和特种用途林，由省、自治区、直辖市人民政府林业主管部门提出意见，报本级人民政府批准公布；其他防护林、用材林、特种用途林以及经济林、薪炭林，由县级人民政府林业主管部门根据国家关于林种划分的规定和本级人民政府的部署组织划定，报本级人民政府批准公布。

省、自治区、直辖市行政区域内的重点防护林和特种用途林的面积，不得少于本行政区域森林总面积的百分之三十。

经批准公布的林种改变为其他林种的，应当报原批准公布机关批准。

**第九条** 依照森林法第八条第一款第（五）项规定提取的资金，必须专门用于营造坑木、造纸等用材林，不得挪作他用。审计机关和林业主管部门应当加强监督。

**第十条** 国务院林业主管部门向重点林区派驻的森林资源监督机构，应当加强对重点林区内森林资源保护管理的监督检查。

## 第二章　森林经营管理

**第十一条** 国务院林业主管部门应当定期监测全国森林资源消长和森林生态环境变化的情况。

重点林区森林资源调查、建立档案和编制森林经营方案等项工作，由国务院林业主管部门组织实施；其他森林资源调查、建立档案和编制森林经营方案等项工作，由县级以上地方人民政府林业主管部门组织实施。

**第十二条**　制定林业长远规划，应当遵循下列原则：

（一）保护生态环境和促进经济的可持续发展；

（二）以现有的森林资源为基础；

（三）与土地利用总体规划、水土保持规划、城市规划、村庄和集镇规划相协调。

第十三条　林业长远规划应当包括下列内容：

（一）林业发展目标；

（二）林种比例；

（三）林地保护利用规划；

（四）植树造林规划。

**第十四条**　全国林业长远规划由国务院林业主管部门会同其他有关部门编制，报国务院批准后施行。

地方各级林业长远规划由县级以上地方人民政府林业主管部门会同其他有关部门编制，报本级人民政府批准后施行。

下级林业长远规划应当根据上一级林业长远规划编制。

林业长远规划的调整、修改，应当报经原批准机关批准。

**第十五条**　国家依法保护森林、林木和林地经营者的合法权益。任何单位和个人不得侵占经营者依法所有的林木和使用的林地。

用材林、经济林和薪炭林的经营者，依法享有经营权、收益权和其他合法权益。

防护林和特种用途林的经营者，有获得森林生态效益补偿的权利。

**第十六条**　勘查、开采矿藏和修建道路、水利、电力、通讯等工程，需要占用或者征用林地的，必须遵守下列规定：

（一）用地单位应当向县级以上人民政府林业主管部门提出用地申请，经审核同意后，按照国家规定的标准预交森林植被恢复费，领取使用林地审核同意书。用地单位凭使用林地审核同意书依法办理建设用地审批手续。占用或者征用林地未经林业主管部门审核同意的，土地行政主管部门不得受理建设用地申请。

（二）占用或者征用防护林林地或者特种用途林林地面积 10 公顷以上的，用材林、经济林、薪炭林林地及其采伐迹地面积 35 公顷以上的，其他林地面积 70 公顷以上的，由国务院林业主管部门审核；占用或者征用林地面积低于上述规定数量的，由省、自治区、直辖市人民政府林业主管部门审核。占用或者征用重点林区的林地的，由国务院林业主管部门审核。

（三）用地单位需要采伐已经批准占用或者征用的林地上的林木时，应当向林地所在地的县级以上地方人民政府林业主管部门或者国务院林业主管部门申请林木采伐许可证。

（四）占用或者征用林地未被批准的，有关林业主管部门应当自接到不予批准通知之日起7日内将收取的森林植被恢复费如数退还。

**第十七条** 需要临时占用林地的，应当经县级以上人民政府林业主管部门批准。

临时占用林地的期限不得超过两年，并不得在临时占用的林地上修筑永久性建筑物；占用期满后，用地单位必须恢复林业生产条件。

**第十八条** 森林经营单位在所经营的林地范围内修筑直接为林业生产服务的工程设施，需要占用林地的，由县级以上人民政府林业主管部门批准；修筑其他工程设施，需要将林地转为非林业建设用地的，必须依法办理建设用地审批手续。

前款所称直接为林业生产服务的工程设施是指：

（一）培育、生产种子、苗木的设施；

（二）贮存种子、苗木、木材的设施；

（三）集材道、运材道；

（四）林业科研、试验、示范基地；

（五）野生动植物保护、护林、森林病虫害防治、森林防火、木材检疫的设施；

（六）供水、供电、供热、供气、通讯基础设施。

## 第三章 森林保护

**第十九条** 县级以上人民政府林业主管部门应当根据森林病虫害测报中心和测报点对测报对象的调查和监测情况，定期发布长期、中期、短期森林病虫害预报，并及时提出防治方案。

森林经营者应当选用良种，营造混交林，实行科学育林，提高防御森林病虫害的能力。

发生森林病虫害时，有关部门、森林经营者应当采取综合防治措施，及时进行除治。

发生严重森林病虫害时，当地人民政府应当采取紧急除治措施，防止蔓延，消除隐患。

第二十条　国务院林业主管部门负责确定全国林木种苗检疫对象。省、自治区、直辖市人民政府林业主管部门根据本地区的需要，可以确定本省、自治区、直辖市的林木种苗补充检疫对象，报国务院林业主管部门备案。

第二十一条　禁止毁林开垦、毁林采种和违反操作技术规程采脂、挖笋、掘根、剥树皮及过度修枝的毁林行为。

第二十二条　25 度以上的坡地应当用于植树、种草。25 度以上的坡耕地应当按照当地人民政府制定的规划，逐步退耕，植树和种草。

第二十三条　发生森林火灾时，当地人民政府必须立即组织军民扑救；有关部门应当积极做好扑救火灾物资的供应、运输和通讯、医疗等工作。

# 第四章　植树造林

第二十四条　森林法所称森林覆盖率，是指以行政区域为单位森林面积与土地面积的百分比。森林面积，包括郁闭度 0.2 以上的乔木林地面积和竹林地面积、国家特别规定的灌木林地面积、农田林网以及村旁、路旁、水旁、宅旁林木的覆盖面积。

县级以上地方人民政府应当按照国务院确定的森林覆盖率奋斗目标，确定本行政区域森林覆盖率的奋斗目标，并组织实施。

第二十五条　植树造林应当遵守造林技术规程，实行科学造林，提高林木的成活率。

县级人民政府对本行政区域内当年造林的情况应当组织检查验收，除国家特别规定的干旱、半干旱地区外，成活率不足百分之八十五的，不得计入年度造林完成面积。

第二十六条　国家对造林绿化实行部门和单位负责制。

铁路公路两旁、江河两岸、湖泊水库周围，各有关主管单位是造林绿化的责任单位。工矿区，机关、学校用地，部队营区以及农场、牧场、渔场经营地区，各该单位是造林绿化的责任单位。

责任单位的造林绿化任务，由所在地的县级人民政府下达责任通知书，予以确认。

第二十七条　国家保护承包造林者依法享有的林木所有权和其他合法权益。未经发包方和承包方协商一致，不得随意变更或者解除承包造林合同。

# 第五章　森林采伐

**第二十八条**　国家所有的森林和林木以国有林业企业事业单位、农场、厂矿为单位，集体所有的森林和林木、个人所有的林木以县为单位，制定年森林采伐限额，由省、自治区、直辖市人民政府林业主管部门汇总、平衡，经本级人民政府审核后，报国务院批准；其中，重点林区的年森林采伐限额，由国务院林业主管部门审核后，报国务院批准。

国务院批准的年森林采伐限额，每5年核定一次。

**第二十九条**　采伐森林、林木作为商品销售的，必须纳入国家年度木材生产计划；但是，农村居民采伐自留山上个人所有的薪炭林和自留地、房前屋后个人所有的零星林木除外。

**第三十条**　申请林木采伐许可证，除应当提交申请采伐林木的所有权证书或者使用权证书外，还应当按照下列规定提交其他有关证明文件：

（一）国有林业企业事业单位还应当提交采伐区调查设计文件和上年度采伐更新验收证明；

（二）其他单位还应当提交包括采伐林木的目的、地点、林种、林况、面积、蓄积量、方式和更新措施等内容的文件；

（三）个人还应当提交包括采伐林木的地点、面积、树种、株数、蓄积量、更新时间等内容的文件。

因扑救森林火灾、防洪抢险等紧急情况需要采伐林木的，组织抢险的单位或者部门应当自紧急情况结束之日起30日内，将采伐林木的情况报告当地县级以上人民政府林业主管部门。

**第三十一条**　有下列情形之一的，不得核发林木采伐许可证：

（一）防护林和特种用途林进行非抚育或者非更新性质的采伐的，或者采伐封山育林期、封山育林区内的林木的；

（二）上年度采伐后未完成更新造林任务的；

（三）上年度发生重大滥伐案件、森林火灾或者大面积严重森林病虫害，未采取预防和改进措施的。

林木采伐许可证的式样由国务院林业主管部门规定，由省、自治区、直辖市人民政府林业主管部门印制。

**第三十二条**　除森林法已有明确规定的外，林木采伐许可证按照下列规定权限核发：

（一）县属国有林场，由所在地的县级人民政府林业主管部门核发；

（二）省、自治区、直辖市和设区的市、自治州所属的国有林业企业事业单位、其他国有企业事业单位，由所在地的省、自治区、直辖市人民政府林业主管部门核发；

（三）重点林区的国有林业企业事业单位，由国务院林业主管部门核发。

第三十三条　利用外资营造的用材林达到一定规模需要采伐的，应当在国务院批准的年森林采伐限额内，由省、自治区、直辖市人民政府林业主管部门批准，实行采伐限额单列。

第三十四条　在林区经营（含加工）木材，必须经县级以上人民政府林业主管部门批准。

木材收购单位和个人不得收购没有林木采伐许可证或者其他合法来源证明的木材。

前款所称木材，是指原木、锯材、竹材、木片和省、自治区、直辖市规定的其他木材。

第三十五条　从林区运出非国家统一调拨的木材，必须持有县级以上人民政府林业主管部门核发的木材运输证。

重点林区的木材运输证，由国务院林业主管部门核发；其他木材运输证，由县级以上地方人民政府林业主管部门核发。

木材运输证自木材起运点到终点全程有效，必须随货同行。没有木材运输证的，承运单位和个人不得承运。

木材运输证的式样由国务院林业主管部门规定。

第三十六条　申请木材运输证，应当提交下列证明文件：

（一）林木采伐许可证或者其他合法来源证明；

（二）检疫证明；

（三）省、自治区、直辖市人民政府林业主管部门规定的其他文件。

符合前款条件的，受理木材运输证申请的县级以上人民政府林业主管部门应当自接到申请之日起3日内发给木材运输证。

依法发放的木材运输证所准运的木材运输总量，不得超过当地年度木材生产计划规定可以运出销售的木材总量。

第三十七条　经省、自治区、直辖市人民政府批准在林区设立的木材检查站，负责检查木材运输；无证运输木材的，木材检查站应当予以制止，可以暂扣无证运输的木材，并立即报请县级以上人民政府林业主管部门依法处理。

# 第六章 法律责任

**第三十八条** 盗伐森林或者其他林木，以立木材积计算不足 0.5 m³ 或者幼树不足 20 株的，由县级以上人民政府林业主管部门责令补种盗伐株数 10 倍的树木，没收盗伐的林木或者变卖所得，并处盗伐林木价值 3 倍至 5 倍的罚款。

盗伐森林或者其他林木，以立木材积计算 0.5 m³ 以上或者幼树 20 株以上的，由县级以上人民政府林业主管部门责令补种盗伐株数 10 倍的树木，没收盗伐的林木或者变卖所得，并处盗伐林木价值 5 倍至 10 倍的罚款。

**第三十九条** 滥伐森林或者其他林木，以立木材积计算不足 2 m³ 或者幼树不足 50 株的，由县级以上人民政府林业主管部门责令补种滥伐株数 5 倍的树木，并处滥伐林木价值 2 倍至 3 倍的罚款。

滥伐森林或者其他林木，以立木材积计算 2 m³ 以上或者幼树 50 株以上的，由县级以上人民政府林业主管部门责令补种滥伐株数 5 倍的树木，并处滥伐林木价值 3 倍至 5 倍的罚款。

超过木材生产计划采伐森林或者其他林木的，依照前两款规定处罚。

**第四十条** 违反本条例规定，未经批准，擅自在林区经营（含加工）木材的，由县级以上人民政府林业主管部门没收非法经营的木材和违法所得，并处违法所得 2 倍以下的罚款。

**第四十一条** 违反本条例规定，毁林采种或者违反操作技术规程采脂、挖笋、掘根、剥树皮及过度修枝，致使森林、林木受到毁坏的，依法赔偿损失，由县级以上人民政府林业主管部门责令停止违法行为，补种毁坏株数 1 倍至 3 倍的树木，可以处毁坏林木价值 1 倍至 5 倍的罚款；拒不补种树木或者补种不符合国家有关规定的，由县级以上人民政府林业主管部门组织代为补种，所需费用由违法者支付。

违反森林法和本条例规定，擅自开垦林地，致使森林、林木受到毁坏的，依照森林法第四十四条的规定予以处罚；对森林、林木未造成毁坏或者被开垦的林地上没有森林、林木的，由县级以上人民政府林业主管部门责令停止违法行为，限期恢复原状，可以处非法开垦林地每平方米 10 元以下的罚款。

**第四十二条** 有下列情形之一的，由县级以上人民政府林业主管部门责令限期完成造林任务；逾期未完成的，可以处应完成而未完成造林任务所需费用 2 倍以下的罚款；对直接负责的主管人员和其他直接责任人员，依法给予行政处分：

（一）连续两年未完成更新造林任务的；

（二）当年更新造林面积未达到应更新造林面积 50% 的；

（三）除国家特别规定的干旱、半干旱地区外，更新造林当年成活率未达到 85% 的；

（四）植树造林责任单位未按照所在地县级人民政府的要求按时完成造林任务的。

第四十三条　未经县级以上人民政府林业主管部门审核同意，擅自改变林地用途的，由县级以上人民政府林业主管部门责令限期恢复原状，并处非法改变用途林地每平方米 10 元至 30 元的罚款。

临时占用林地，逾期不归还的，依照前款规定处罚。

第四十四条　无木材运输证运输木材的，由县级以上人民政府林业主管部门没收非法运输的木材，对货主可以并处非法运输木材价款 30% 以下的罚款。

运输的木材数量超出木材运输证所准运的运输数量的，由县级以上人民政府林业主管部门没收超出部分的木材；运输的木材树种、材种、规格与木材运输证规定不符又无正当理由的，没收其不相符部分的木材。

使用伪造、涂改的木材运输证运输木材的，由县级以上人民政府林业主管部门没收非法运输的木材，并处没收木材价款 10% 至 50% 的罚款。

承运无木材运输证的木材的，由县级以上人民政府林业主管部门没收运费，并处运费 1 倍至 3 倍的罚款。

第四十五条　擅自移动或者毁坏林业服务标志的，由县级以上人民政府林业主管部门责令限期恢复原状；逾期不恢复原状的，由县级以上人民政府林业主管部门代为恢复，所需费用由违法者支付。

第四十六条　违反本条例规定，未经批准，擅自将防护林和特种用途林改变为其他林种的，由县级以上人民政府林业主管部门收回经营者所获取的森林生态效益补偿，并处所获取森林生态效益补偿 3 倍以下的罚款。

## 第七章　附则

第四十七条　本条例中县级以上地方人民政府林业主管部门职责权限的划分，由国务院林业主管部门具体规定。

**第四十八条** 本条例自发布之日起施行。1986 年 4 月 28 日国务院批准、1986 年 5 月 10 日林业部发布的《中华人民共和国森林法实施细则》同时废止。

# 中华人民共和国土地管理法

## 第一章 总则

**第一条** 为了加强土地管理，维护土地的社会主义公有制，保护、开发土地资源，合理利用土地，切实保护耕地，促进社会经济的可持续发展，根据宪法，制定本法。

**第二条** 中华人民共和国实行土地的社会主义公有制，即全民所有制和劳动群众集体所有制。

全民所有，即国家所有土地的所有权由国务院代表国家行使。

任何单位和个人不得侵占、买卖或者以其他形式非法转让土地。土地使用权可以依法转让。

国家为了公共利益的需要，可以依法对土地实行征收或者征用并给予补偿。

国家依法实行国有土地有偿使用制度。但是，国家在法律规定的范围内划拨国有土地使用权的除外。

**第三条** 十分珍惜、合理利用土地和切实保护耕地是我国的基本国策。各级人民政府应当采取措施，全面规划，严格管理，保护、开发土地资源，制止非法占用土地的行为。

**第四条** 国家实行土地用途管制制度。

国家编制土地利用总体规划，规定土地用途，将土地分为农用地、建设用地和未利用地。严格限制农用地转为建设用地，控制建设用地总量，对耕地实行特殊保护。

前款所称农用地是指直接用于农业生产的土地，包括耕地、林地、草地、农田水利用地、养殖水面等；建设用地是指建造建筑物、构筑物的土地，包括城乡住宅和公共设施用地、工矿用地、交通水利设施用地、旅游用地、军事设施用地等；未利用地是指农用地和建设用地以外的土地。

使用土地的单位和个人必须严格按照土地利用总体规划确定的用途使用土地。

**第五条** 国务院土地行政主管部门统一负责全国土地的管理和监督工作。

县级以上地方人民政府土地行政主管部门的设置及其职责，由省、自治区、直辖市人民政府根据国务院有关规定确定。

**第六条** 任何单位和个人都有遵守土地管理法律、法规的义务，并有权对违反土地管理法律、法规的行为提出检举和控告。

**第七条** 在保护和开发土地资源、合理利用土地以及进行有关的科学研究等方面成绩显著的单位和个人，由人民政府给予奖励。

## 第二章 土地的所有权和使用权

**第八条** 城市市区的土地属于国家所有。

农村和城市郊区的土地，除由法律规定属于国家所有的以外，属于农民集体所有；宅基地和自留地、自留山，属于农民集体所有。

**第九条** 国有土地和农民集体所有的土地，可以依法确定给单位或者个人使用。使用土地的单位和个人，有保护、管理和合理利用土地的义务。

**第十条** 农民集体所有的土地依法属于村农民集体所有的，由村集体经济组织或者村民委员会经营、管理；已经分别属于村内两个以上农村集体经济组织的农民集体所有的，由村内各该农村集体经济组织或者村民小组经营、管理；已经属于乡（镇）农民集体所有的，由乡（镇）农村集体经济组织经营、管理。

**第十一条** 农民集体所有的土地，由县级人民政府登记造册，核发证书，确认所有权。

农民集体所有的土地依法用于非农业建设的，由县级人民政府登记造册，核发证书，确认建设用地使用权。

单位和个人依法使用的国有土地，由县级以上人民政府登记造册，核发证书，确认使用权；其中，中央国家机关使用的国有土地的具体登记发证机关，由国务院确定。

确认林地、草原的所有权或者使用权，确认水面、滩涂的养殖使用权，分别依照《中华人民共和国森林法》、《中华人民共和国草原法》和《中华人民共和国渔业法》的有关规定办理。

**第十二条** 依法改变土地权属和用途的，应当办理土地变更登记手续。

**第十三条** 依法登记的土地的所有权和使用权受法律保护，任何单位和个人不得侵犯。

**第十四条** 农民集体所有的土地由本集体经济组织的成员承包经营，从事种植业、林业、畜牧业、渔业生产。土地承包经营期限为三十年。发包方和承包方应当订立承包合同，约定双方的权利和义务。承包经营土地的农民有保护和按照承包合同约定的用途合理利用土地的义务。农民的土地承包经营权受法律保护。

在土地承包经营期限内，对个别承包经营者之间承包的土地进行适当调整的，必须经村民会议三分之二以上成员或者三分之二以上村民代表的同意，并报乡（镇）人民政府和县级人民政府农业行政主管部门批准。

第十五条　国有土地可以由单位或者个人承包经营，从事种植业、林业、畜牧业、渔业生产。农民集体所有的土地，可以由本集体经济组织以外的单位或者个人承包经营，从事种植业、林业、畜牧业、渔业生产。发包方和承包方应当订立承包合同，约定双方的权利和义务。土地承包经营的期限由承包合同约定。承包经营土地的单位和个人，有保护和按照承包合同约定的用途合理利用土地的义务。

农民集体所有的土地由本集体经济组织以外的单位或者个人承包经营的，必须经村民会议三分之二以上成员或者三分之二以上村民代表的同意，并报乡（镇）人民政府批准。

第十六条　土地所有权和使用权争议，由当事人协商解决；协商不成的，由人民政府处理。

单位之间的争议，由县级以上人民政府处理；个人之间、个人与单位之间的争议，由乡级人民政府或者县级以上人民政府处理。

当事人对有关人民政府的处理决定不服的，可以自接到处理决定通知之日起三十日内，向人民法院起诉。

在土地所有权和使用权争议解决前，任何一方不得改变土地利用现状。

## 第三章　土地利用总体规划

第十七条　各级人民政府应当依据国民经济和社会发展规划、国土整治和资源环境保护的要求、土地供给能力以及各项建设对土地的需求，组织编制土地利用总体规划。

土地利用总体规划的规划期限由国务院规定。

第十八条　下级土地利用总体规划应当依据上一级土地利用总体规划编制。

地方各级人民政府编制的土地利用总体规划中的建设用地总量不得超过上一级土地利用总体规划确定的控制指标，耕地保有量不得低于上一级土地利用总体规划确定的控制指标。

省、自治区、直辖市人民政府编制的土地利用总体规划，应当确保本行政区域内耕地总量不减少。

**第十九条** 土地利用总体规划按照下列原则编制：

（一）严格保护基本农田，控制非农业建设占用农用地；

（二）提高土地利用率；

（三）统筹安排各类、各区域用地；

（四）保护和改善生态环境，保障土地的可持续利用；

（五）占用耕地与开发复垦耕地相平衡。

**第二十条** 县级土地利用总体规划应当划分土地利用区，明确土地用途。

乡（镇）土地利用总体规划应当划分土地利用区，根据土地使用条件，确定每一块土地的用途，并予以公告。

**第二十一条** 土地利用总体规划实行分级审批。

省、自治区、直辖市的土地利用总体规划，报国务院批准。

省、自治区人民政府所在地的市、人口在一百万以上的城市以及国务院指定的城市的土地利用总体规划，经省、自治区人民政府审查同意后，报国务院批准。

本条第二款、第三款规定以外的土地利用总体规划，逐级上报省、自治区、直辖市人民政府批准；其中，乡（镇）土地利用总体规划可以由省级人民政府授权的设区的市、自治州人民政府批准。

土地利用总体规划一经批准，必须严格执行。

**第二十二条** 城市建设用地规模应当符合国家规定的标准，充分利用现有建设用地，不占或者尽量少占农用地。

城市总体规划、村庄和集镇规划，应当与土地利用总体规划相衔接，城市总体规划、村庄和集镇规划中建设用地规模不得超过土地利用总体规划确定的城市和村庄、集镇建设用地规模。

在城市规划区内、村庄和集镇规划区内，城市和村庄、集镇建设用地应当符合城市规划、村庄和集镇规划。

**第二十三条** 江河、湖泊综合治理和开发利用规划，应当与土地利用总体规划相衔接。在江河、湖泊、水库的管理和保护范围以及蓄洪滞洪区内，土地利用应当符合江河、湖泊综合治理和开发利用规划，符合河道、湖泊行洪、蓄洪和输水的要求。

**第二十四条** 各级人民政府应当加强土地利用计划管理，实行建设用地总量控制。

土地利用年度计划，根据国民经济和社会发展计划、国家产业政策、土地利用总体规划以及建设用地和土地利用的实际状况编制。土地利用年度计划的编制审批程序与土地利用总体规划的编制审批程序相同，一经审批下达，必须严格执行。

第二十五条　省、自治区、直辖市人民政府应当将土地利用年度计划的执行情况列为国民经济和社会发展计划执行情况的内容，向同级人民代表大会报告。

第二十六条　经批准的土地利用总体规划的修改，须经原批准机关批准；未经批准，不得改变土地利用总体规划确定的土地用途。

经国务院批准的大型能源、交通、水利等基础设施建设用地，需要改变土地利用总体规划的，根据国务院的批准文件修改土地利用总体规划。

经省、自治区、直辖市人民政府批准的能源、交通、水利等基础设施建设用地，需要改变土地利用总体规划的，属于省级人民政府土地利用总体规划批准权限内的，根据省级人民政府的批准文件修改土地利用总体规划。

第二十七条　国家建立土地调查制度。

县级以上人民政府土地行政主管部门会同同级有关部门进行土地调查。土地所有者或者使用者应当配合调查，并提供有关资料。

第二十八条　县级以上人民政府土地行政主管部门会同同级有关部门根据土地调查成果、规划土地用途和国家制定的统一标准，评定土地等级。

第二十九条　国家建立土地统计制度。

县级以上人民政府土地行政主管部门和同级统计部门共同制定统计调查方案，依法进行土地统计，定期发布土地统计资料。土地所有者或者使用者应当提供有关资料，不得虚报、瞒报、拒报、迟报。

土地行政主管部门和统计部门共同发布的土地面积统计资料是各级人民政府编制土地利用总体规划的依据。

第三十条　国家建立全国土地管理信息系统，对土地利用状况进行动态监测。

## 第四章　耕地保护

第三十一条　国家保护耕地，严格控制耕地转为非耕地。

国家实行占用耕地补偿制度。非农业建设经批准占用耕地的，按照"占多少，垦多少"的原则，由占用耕地的单位负责开垦与所占用耕地的数量和质量相当的耕地；没有条件开垦或者开垦的耕地不符合要求的，应当按照省、自治区、直辖市的规定缴纳耕地开垦费，专款用于开垦新的耕地。

省、自治区、直辖市人民政府应当制定开垦耕地计划，监督占用耕地的单位按照计划开垦耕地或者按照计划组织开垦耕地，并进行验收。

**第三十二条** 县级以上地方人民政府可以要求占用耕地的单位将所占用耕地耕作层的土壤用于新开垦耕地、劣质地或者其他耕地的土壤改良。

**第三十三条** 省、自治区、直辖市人民政府应当严格执行土地利用总体规划和土地利用年度计划，采取措施，确保本行政区域内耕地总量不减少；耕地总量减少的，由国务院责令在规定期限内组织开垦与所减少耕地的数量与质量相当的耕地，并由国务院土地行政主管部门会同农业行政主管部门验收。个别省、直辖市确因土地后备资源匮乏，新增建设用地后，新开垦耕地的数量不足以补偿所占用耕地的数量的，必须报经国务院批准减免本行政区域内开垦耕地的数量，进行易地开垦。

**第三十四条** 国家实行基本农田保护制度。下列耕地应当根据土地利用总体规划划入基本农田保护区，严格管理：

（一）经国务院有关主管部门或者县级以上地方人民政府批准确定的粮、棉、油生产基地内的耕地；

（二）有良好的水利与水土保持设施的耕地，正在实施改造计划以及可以改造的中、低产田；

（三）蔬菜生产基地；

（四）农业科研、教学试验田；

（五）国务院规定应当划入基本农田保护区的其他耕地。

各省、自治区、直辖市划定的基本农田应当占本行政区域内耕地的百分之八十以上。

基本农田保护区以乡（镇）为单位进行划区定界，由县级人民政府土地行政主管部门会同同级农业行政主管部门组织实施。

**第三十五条** 各级人民政府应当采取措施，维护排灌工程设施，改良土壤，提高地力，防止土地荒漠化、盐渍化、水土流失和污染土地。

**第三十六条** 非农业建设必须节约使用土地，可以利用荒地的，不得占用耕地；可以利用劣地的，不得占用好地。

禁止占用耕地建窑、建坟或者擅自在耕地上建房、挖砂、采石、采矿、取土等。

禁止占用基本农田发展林果业和挖塘养鱼。

第三十七条　禁止任何单位和个人闲置、荒芜耕地。已经办理审批手续的非农业建设占用耕地，一年内不用而又可以耕种并收获的，应当由原耕种该幅耕地的集体或者个人恢复耕种，也可以由用地单位组织耕种；一年以上未动工建设的，应当按照省、自治区、直辖市的规定缴纳闲置费；连续二年未使用的，经原批准机关批准，由县级以上人民政府无偿收回用地单位的土地使用权；该幅土地原为农民集体所有的，应当交由原农村集体经济组织恢复耕种。

在城市规划区范围内，以出让方式取得土地使用权进行房地产开发的闲置土地，依照《中华人民共和国城市房地产管理法》的有关规定办理。

承包经营耕地的单位或者个人连续二年弃耕抛荒的，原发包单位应当终止承包合同，收回发包的耕地。

第三十八条　国家鼓励单位和个人按照土地利用总体规划，在保护和改善生态环境、防止水土流失和土地荒漠化的前提下，开发未利用的土地；适宜开发为农用地的，应当优先开发成农用地。

国家依法保护开发者的合法权益。

第三十九条　开垦未利用的土地，必须经过科学论证和评估，在土地利用总体规划划定的可开垦的区域内，经依法批准后进行。禁止毁坏森林、草原开垦耕地，禁止围湖造田和侵占江河滩地。

根据土地利用总体规划，对破坏生态环境开垦、围垦的土地，有计划有步骤地退耕还林、还牧、还湖。

第四十条　开发未确定使用权的国有荒山、荒地、荒滩从事种植业、林业、畜牧业、渔业生产的，经县级以上人民政府依法批准，可以确定给开发单位或者个人长期使用。

第四十一条　国家鼓励土地整理。县、乡（镇）人民政府应当组织农村集体经济组织，按照土地利用总体规划，对田、水、路、林、村综合整治，提高耕地质量，增加有效耕地面积，改善农业生产条件和生态环境。

地方各级人民政府应当采取措施，改造中、低产田，整治闲散地和废弃地。

第四十二条　因挖损、塌陷、压占等造成土地破坏，用地单位和个人应当按照国家有关规定负责复垦；没有条件复垦或者复垦不符合要求的，应当缴纳土地复垦费，专项用于土地复垦。复垦的土地应当优先用于农业。

## 第五章　建设用地

**第四十三条**　任何单位和个人进行建设，需要使用土地的，必须依法申请使用国有土地；但是，兴办乡镇企业和村民建设住宅经依法批准使用本集体经济组织农民集体所有的土地的，或者乡（镇）村公共设施和公益事业建设经依法批准使用农民集体所有的土地的除外。

前款所称依法申请使用的国有土地包括国家所有的土地和国家征收的原属于农民集体所有的土地。

**第四十四条**　建设占用土地，涉及农用地转为建设用地的，应当办理农用地转用审批手续。

省、自治区、直辖市人民政府批准的道路、管线工程和大型基础设施建设项目、国务院批准的建设项目占用土地，涉及农用地转为建设用地的，由国务院批准。

在土地利用总体规划确定的城市和村庄、集镇建设用地规模范围内，为实施该规划而将农用地转为建设用地的，按土地利用年度计划分批次由原批准土地利用总体规划的机关批准。在已批准的农用地转用范围内，具体建设项目用地可以由市、县人民政府批准。

本条第二款、第三款规定以外的建设项目占用土地，涉及农用地转为建设用地的，由省、自治区、直辖市人民政府批准。

**第四十五条**　征收下列土地的，由国务院批准：

（一）基本农田；

（二）基本农田以外的耕地超过三十五公顷的；

（三）其他土地超过七十公顷的。

征收前款规定以外的土地的，由省、自治区、直辖市人民政府批准，并报国务院备案。

征收农用地的，应当依照本法第四十四条的规定先行办理农用地转用审批。其中，经国务院批准农用地转用的，同时办理征地审批手续，不再另行办理征地审批；经省、自治区、直辖市人民政府在征地批准权限内批准农用地转用的，同时办理征地审批手续，不再另行办理征地审批，超过征地批准权限的，应当依照本条第一款的规定另行办理征地审批。

**第四十六条**　国家征收土地的，依照法定程序批准后，由县级以上地方人民政府予以公告并组织实施。

被征收土地的所有权人、使用权人应当在公告规定期限内，持土地权属证书到当地人民政府土地行政主管部门办理征地补偿登记。

**第四十七条**　征收土地的，按照被征收土地的原用途给予补偿。

征收耕地的补偿费用包括土地补偿费、安置补助费以及地上附着物和青苗的补偿费。征收耕地的土地补偿费，为该耕地被征收前三年平均年产值的六至十倍。征收耕地的安置补助费，按照需要安置的农业人口数计算。需要安置的农业人口数，按照被征收的耕地数量除以征地前被征收单位平均每人占有耕地的数量计算。每一个需要安置的农业人口的安置补助费标准，为该耕地被征收前三年平均年产值的四至六倍。但是，每公顷被征收耕地的安置补助费，最高不得超过被征收前三年平均年产值的十五倍。

征收其他土地的土地补偿费和安置补助费标准，由省、自治区、直辖市参照征收耕地的土地补偿费和安置补助费的标准规定。

被征收土地上的附着物和青苗的补偿标准，由省、自治区、直辖市规定。

征收城市郊区的菜地，用地单位应当按照国家有关规定缴纳新菜地开发建设基金。

依照本条第二款的规定支付土地补偿费和安置补助费，尚不能使需要安置的农民保持原有生活水平的，经省、自治区、直辖市人民政府批准，可以增加安置补助费。但是，土地补偿费和安置补助费的总和不得超过土地被征收前三年平均年产值的三十倍。

国务院根据社会、经济发展水平，在特殊情况下，可以提高征收耕地的土地补偿费和安置补助费的标准。

**第四十八条**　征地补偿安置方案确定后，有关地方人民政府应当公告，并听取被征地的农村集体经济组织和农民的意见。

**第四十九条**　被征地的农村集体经济组织应当将征收土地的补偿费用的收支状况向本集体经济组织的成员公布，接受监督。

禁止侵占、挪用被征收土地单位的征地补偿费用和其他有关费用。

**第五十条**　地方各级人民政府应当支持被征地的农村集体经济组织和农民从事开发经营，兴办企业。

**第五十一条**　大中型水利、水电工程建设征收土地的补偿费标准和移民安置办法，由国务院另行规定。

第五十二条 建设项目可行性研究论证时，土地行政主管部门可以根据土地利用总体规划、土地利用年度计划和建设用地标准，对建设用地有关事项进行审查，并提出意见。

第五十三条 经批准的建设项目需要使用国有建设用地的，建设单位应当持法律、行政法规规定的有关文件，向有批准权的县级以上人民政府土地行政主管部门提出建设用地申请，经土地行政主管部门审查，报本级人民政府批准。

第五十四条 建设单位使用国有土地，应当以出让等有偿使用方式取得；但是，下列建设用地，经县级以上人民政府依法批准，可以以划拨方式取得：

（一）国家机关用地和军事用地；

（二）城市基础设施用地和公益事业用地；

（三）国家重点扶持的能源、交通、水利等基础设施用地；

（四）法律、行政法规规定的其他用地。

第五十五条 以出让等有偿使用方式取得国有土地使用权的建设单位，按照国务院规定的标准和办法，缴纳土地使用权出让金等土地有偿使用费和其他费用后，方可使用土地。

自本法施行之日起，新增建设用地的土地有偿使用费，百分之三十上缴中央财政，百分之七十留给有关地方人民政府，都专项用于耕地开发。

第五十六条 建设单位使用国有土地的，应当按照土地使用权出让等有偿使用合同的约定或者土地使用权划拨批准文件的规定使用土地；确需改变该幅土地建设用途的，应当经有关人民政府土地行政主管部门同意，报原批准用地的人民政府批准。其中，在城市规划区内改变土地用途的，在报批前，应当先经有关城市规划行政主管部门同意。

第五十七条 建设项目施工和地质勘查需要临时使用国有土地或者农民集体所有的土地的，由县级以上人民政府土地行政主管部门批准。其中，在城市规划区内的临时用地，在报批前，应当先经有关城市规划行政主管部门同意。土地使用者应当根据土地权属，与有关土地行政主管部门或者农村集体经济组织、村民委员会签订临时使用土地合同，并按照合同的约定支付临时使用土地补偿费。

临时使用土地的使用者应当按照临时使用土地合同约定的用途使用土地，并不得修建永久性建筑物。

临时使用土地期限一般不超过二年。

第五十八条　有下列情形之一的，由有关人民政府土地行政主管部门报经原批准用地的人民政府或者有批准权的人民政府批准，可以收回国有土地使用权：

（一）为公共利益需要使用土地的；

（二）为实施城市规划进行旧城区改建，需要调整使用土地的；

（三）土地出让等有偿使用合同约定的使用期限届满，土地使用者未申请续期或者申请续期未获批准的；

（四）因单位撤销、迁移等原因，停止使用原划拨的国有土地的；

（五）公路、铁路、机场、矿场等经核准报废的。

依照前款第（一）项、第（二）项的规定收回国有土地使用权的，对土地使用权人应当给予适当补偿。

第五十九条　乡镇企业、乡（镇）村公共设施、公益事业、农村村民住宅等乡（镇）村建设，应当按照村庄和集镇规划，合理布局，综合开发，配套建设；建设用地，应当符合乡（镇）土地利用总体规划和土地利用年度计划，并依照本法第四十四条、第六十条、第六十一条、第六十二条的规定办理审批手续。

第六十条　农村集体经济组织使用乡（镇）土地利用总体规划确定的建设用地兴办企业或者与其他单位、个人以土地使用权入股、联营等形式共同举办企业的，应当持有关批准文件，向县级以上地方人民政府土地行政主管部门提出申请，按照省、自治区、直辖市规定的批准权限，由县级以上地方人民政府批准；其中，涉及占用农用地的，依照本法第四十四条的规定办理审批手续。

按照前款规定兴办企业的建设用地，必须严格控制。省、自治区、直辖市可以按照乡镇企业的不同行业和经营规模，分别规定用地标准。

第六十一条　乡（镇）村公共设施、公益事业建设，需要使用土地的，经乡（镇）人民政府审核，向县级以上地方人民政府土地行政主管部门提出申请，按照省、自治区、直辖市规定的批准权限，由县级以上地方人民政府批准；其中，涉及占用农用地的，依照本法第四十四条的规定办理审批手续。

第六十二条　农村村民一户只能拥有一处宅基地，其宅基地的面积不得超过省、自治区、直辖市规定的标准。

农村村民建住宅，应当符合乡（镇）土地利用总体规划，并尽量使用原有的宅基地和村内空闲地。

农村村民住宅用地，经乡（镇）人民政府审核，由县级人民政府批准；其中，涉及占用农用地的，依照本法第四十四条的规定办理审批手续。

农村村民出卖、出租住房后，再申请宅基地的，不予批准。

**第六十三条** 农民集体所有的土地的使用权不得出让、转让或者出租用于非农业建设；但是，符合土地利用总体规划并依法取得建设用地的企业，因破产、兼并等情形致使土地使用权依法发生转移的除外。

**第六十四条** 在土地利用总体规划制定前已建的不符合土地利用总体规划确定的用途的建筑物、构筑物，不得重建、扩建。

**第六十五条** 有下列情形之一的，农村集体经济组织报经原批准用地的人民政府批准，可以收回土地使用权：

(一)为乡(镇)村公共设施和公益事业建设，需要使用土地的；

(二)不按照批准的用途使用土地的；

(三)因撤销、迁移等原因而停止使用土地的。

依照前款第(一)项规定收回农民集体所有的土地的，对土地使用权人应当给予适当补偿。

## 第六章　监督检查

**第六十六条** 县级以上人民政府土地行政主管部门对违反土地管理法律、法规的行为进行监督检查。

土地管理监督检查人员应当熟悉土地管理法律、法规，忠于职守、秉公执法。

**第六十七条** 县级以上人民政府土地行政主管部门履行监督检查职责时，有权采取下列措施：

(一)要求被检查的单位或者个人提供有关土地权利的文件和资料，进行查阅或者予以复制；

(二)要求被检查的单位或者个人就有关土地权利的问题作出说明；

(三)进入被检查单位或者个人非法占用的土地现场进行勘测；

(四)责令非法占用土地的单位或者个人停止违反土地管理法律、法规的行为。

**第六十八条** 土地管理监督检查人员履行职责，需要进入现场进行勘测、要求有关单位或者个人提供文件、资料和作出说明的，应当出示土地管理监督检查证件。

**第六十九条** 有关单位和个人对县级以上人民政府土地行政主

管部门就土地违法行为进行的监督检查应当支持与配合，并提供工作方便，不得拒绝与阻碍土地管理监督检查人员依法执行职务。

第七十条　县级以上人民政府土地行政主管部门在监督检查工作中发现国家工作人员的违法行为，依法应当给予行政处分的，应当依法予以处理；自己无权处理的，应当向同级或者上级人民政府的行政监察机关提出行政处分建议书，有关行政监察机关应当依法予以处理。

第七十一条　县级以上人民政府土地行政主管部门在监督检查工作中发现土地违法行为构成犯罪的，应当将案件移送有关机关，依法追究刑事责任；尚不构成犯罪的，应当依法给予行政处罚。

第七十二条　依照本法规定应当给予行政处罚，而有关土地行政主管部门不给予行政处罚的，上级人民政府土地行政主管部门有权责令有关土地行政主管部门作出行政处罚决定或者直接给予行政处罚，并给予有关土地行政主管部门的负责人行政处分。

## 第七章　法律责任

第七十三条　买卖或者以其他形式非法转让土地的，由县级以上人民政府土地行政主管部门没收违法所得；对违反土地利用总体规划擅自将农用地改为建设用地的，限期拆除在非法转让的土地上新建的建筑物和其他设施，恢复土地原状，对符合土地利用总体规划的，没收在非法转让的土地上新建的建筑物和其他设施；可以并处罚款；对直接负责的主管人员和其他直接责任人员，依法给予行政处分；构成犯罪的，依法追究刑事责任。

第七十四条　违反本法规定，占用耕地建窑、建坟或者擅自在耕地上建房、挖砂、采石、采矿、取土等，破坏种植条件的，或者因开发土地造成土地荒漠化、盐渍化的，由县级以上人民政府土地行政主管部门责令限期改正或者治理，可以并处罚款；构成犯罪的，依法追究刑事责任。

第七十五条　违反本法规定，拒不履行土地复垦义务的，由县级以上人民政府土地行政主管部门责令限期改正；逾期不改正的，责令缴纳复垦费，专项用于土地复垦，可以处以罚款。

第七十六条　未经批准或者采取欺骗手段骗取批准，非法占用土地的，由县级以上人民政府土地行政主管部门责令退还非法占用的土地，对违反土地利用总体规划擅自将农用地改为建设用地的，限期拆除在非法占用的土地上新建的建筑物和其他设施，恢复土地原状，对符合土地利用总体规划的，没收在非法占用的土地上新建的建筑物和其他设施，可以并处罚款；对非法占用土地单位的直接负责的主管人员和其他直接责任人员，依法给予行政处分；构成犯罪的，依法追究刑事责任。

超过批准的数量占用土地，多占的土地以非法占用土地论处。

**第七十七条** 农村村民未经批准或者采取欺骗手段骗取批准，非法占用土地建住宅的，由县级以上人民政府土地行政主管部门责令退还非法占用的土地，限期拆除在非法占用的土地上新建的房屋。

超过省、自治区、直辖市规定的标准，多占的土地以非法占用土地论处。

**第七十八条** 无权批准征收、使用土地的单位或者个人非法批准占用土地的，超越批准权限非法批准占用土地的，不按照土地利用总体规划确定的用途批准用地的，或者违反法律规定的程序批准占用、征收土地的，其批准文件无效，对非法批准征收、使用土地的直接负责的主管人员和其他直接责任人员，依法给予行政处分；构成犯罪的，依法追究刑事责任。非法批准、使用的土地应当收回，有关当事人拒不归还的，以非法占用土地论处。

非法批准征收、使用土地，对当事人造成损失的，依法应当承担赔偿责任。

**第七十九条** 侵占、挪用被征收土地单位的征地补偿费用和其他有关费用，构成犯罪的，依法追究刑事责任；尚不构成犯罪的，依法给予行政处分。

**第八十条** 依法收回国有土地使用权当事人拒不交出土地的，临时使用土地期满拒不归还的，或者不按照批准的用途使用国有土地的，由县级以上人民政府土地行政主管部门责令交还土地，处以罚款。

**第八十一条** 擅自将农民集体所有的土地的使用权出让、转让或者出租用于非农业建设的，由县级以上人民政府土地行政主管部门责令限期改正，没收违法所得，并处罚款。

**第八十二条** 不依照本法规定办理土地变更登记的，由县级以上人民政府土地行政主管部门责令其限期办理。

**第八十三条** 依照本法规定，责令限期拆除在非法占用的土地上新建的建筑物和其他设施的，建设单位或者个人必须立即停止施工，自行拆除；对继续施工的，作出处罚决定的机关有权制止。建设单位或者个人对责令限期拆除的行政处罚决定不服的，可以在接到责令限期拆除决定之日起十五日内，向人民法院起诉；期满不起诉又不自行拆除的，由作出处罚决定的机关依法申请人民法院强制执行，费用由违法者承担。

**第八十四条**　土地行政主管部门的工作人员玩忽职守、滥用职权、徇私舞弊，构成犯罪的，依法追究刑事责任；尚不构成犯罪的，依法给予行政处分。

## 第八章　附则

**第八十五条**　中外合资经营企业、中外合作经营企业、外资企业使用土地的，适用本法；法律另有规定的，从其规定。

**第八十六条**　本法自 1999 年 1 月 1 日起施行。

# 中华人民共和国土地管理法实施条例

## 第一章 总则

**第一条** 根据《中华人民共和国土地管理法》(以下简称《土地管理法》),制定本条例。

## 第二章 土地的所有权和使用权

**第二条** 下列土地属于全民所有即国家所有:

(一)城市市区的土地;

(二)农村和城市郊区中已经依法没收、征收、征购为国有的土地;

(三)国家依法征用的土地;

(四)依法不属于集体所有的林地、草地、荒地、滩涂及其他土地;

(五)农村集体经济组织全部成员转为城镇居民的,原属于其成员集体所有的土地;(六)因国家组织移民、自然灾害等原因,农民成建制地集体迁移后不再使用的原属于迁移农民集体所有的土地。

**第三条** 国家依法实行土地登记发证制度。依法登记的土地所有权和土地使用权受法律保护,任何单位和个人不得侵犯。土地登记内容和土地权属证书式样由国务院土地行政主管部门统一规定。土地登记资料可以公开查询。

确认林地、草原的所有权或者使用权,确认水面、滩涂的养殖使用权,分别依照《森林法》、《草原法》和《渔业法》的有关规定办理。

**第四条** 农民集体所有的土地,由土地所有者向土地所在地的县级人民政府土地行政主管部门提出土地登记申请,由县级人民政府登记造册,核发集体土地所有权证书,确认所有权。

农民集体所有的土地依法用于非农业建设的,由土地使用者向土地所在地的县级人民政府土地行政主管部门提出土地登记申请,由县级人民政府登记造册,核发集体土地使用权证书,确认建设用地使用权。设区的市人民政府可以对市辖区内农民集体所有的土地实行统一登记。

  **第五条** 单位和个人依法使用的国有土地，由土地使用者向土地所在地的县级以上人民政府土地行政主管部门提出土地登记申请，由县级以上人民政府登记造册，核发国有土地使用权证书，确认使用权。其中，中央国家机关使用的国有土地的登记发证，由国务院土地行政主管部门负责，具体登记发证办法由国务院土地行政主管部门会同国务院机关事务管理局等有关部门制定。未确定使用权的国有土地，由县级以上人民政府登记造册，负责保护管理。

  **第六条** 依法改变土地所有权、使用权的，因依法转让地上建筑物、构筑物等附着物导致土地使用权转移的，必须向土地所在地的县级以上人民政府土地行政主管部门提出土地变更登记申请，由原土地登记机关依法进行土地所有权、使用权变更登记。土地所有权、使用权的变更，自变更登记之日起生效。

  依法改变土地用途的，必须持批准文件，向土地所在地的县级以上人民政府土地行政主管部门提出土地变更登记申请，由原土地登记机关依法进行变更登记。

  **第七条** 依照《土地管理法》的有关规定，收回用地单位的土地使用权的，由原土地登记机关注销土地登记。

  土地使用权有偿使用合同约定的使用期限届满，土地使用者未申请续期或者虽申请续期未获批准的，由原土地登记机关注销土地登记。

## 第三章　土地利用总体规划

  **第八条** 全国土地利用总体规划，由国务院土地行政主管部门会同国务院有关部门编制，报国务院批准。

  省、自治区、直辖市的土地利用总体规划，由省、自治区、直辖市人民政府组织本级土地行政主管部门和其他有关部门编制，报国务院批准。

  省、自治区人民政府所在地的市、人口在100万以上的城市以及国务院指定的城市的土地利用总体规划，由各该市人民政府组织本级土地行政主管部门和其他有关 部门编制，经省、自治区人民政府审查同意后，报国务院批准。

  本条第一款、第二款、第三款规定以外的土地利用总体规划，由有关人民政府组织本级土地行政主管部门和其他有关部门编制，逐级上报省、自治区、直辖市人民政府批准；其中，乡（镇）土地利用总体规划,由乡(镇)人民政府编制,逐级上报省、自治区、直辖市人民政府或者省、自治区、直辖市人民政府授权的设区的市、自治州人民政府批准。

**第九条** 土地利用总体规划的规划期限一般为15年。

**第十条** 依照《土地管理法》规定,土地利用总体规划应当将土地划分为农用地、建设用地和未利用地。

县级和乡(镇)土地利用总体规划应当根据需要,划定基本农田保护区、土地开垦区、建设用地区和禁止开垦区等;其中,乡(镇)土地利用总体规划还应当根据土地使用条件,确定每一块土地的用途。

土地分类和划定土地利用区的具体办法,由国务院土地行政主管部门会同国务院有关部门制定。

**第十一条** 乡(镇)土地利用总体规划经依法批准后,乡(镇)人民政府应当在本行政区域内予以公告。

公告应当包括下列内容:(一)规划目标;(二)规划期限;(三)规划范围;(四)地块用途;(五)批准机关和批准日期。

**第十二条** 依照《土地管理法》第二十六条第二款、第三款规定修改土地利用总体规划的,由原编制机关根据国务院或者省、自治区、直辖市人民政府的批准文件修改。修改后的土地利用总体规划应当报原批准机关批准。

上一级土地利用总体规划修改后,涉及修改下一级土地利用总体规划的,由上一级人民政府通知下一级人民政府作出相应修改,并报原批准机关备案。

**第十三条** 各级人民政府应当加强土地利用年度计划管理,实行建设用地总量控制。土地利用年度计划一经批准下达,必须严格执行。

土地利用年度计划应当包括下列内容:

(一)农用地转用计划指标;

(二)耕地保有量计划指标;

(三)土地开发整理计划指标。

**第十四条** 县级以上人民政府土地行政主管部门应当会同同级有关部门进行土地调查。土地调查应当包括下列内容:

(一)土地权属;

(二)土地利用现状;

(三)土地条件。

地方土地利用现状调查结果，经本级人民政府审核，报上一级人民政府批准后，应当向社会公布；全国土地利用现状调查结果，报国务院批准后，应当向社会公布。土地调查规程，由国务院土地行政主管部门会同国务院有关部门制定。

第十五条　国务院土地行政主管部门会同国务院有关部门制定土地等级评定标准。县级以上人民政府土地行政主管部门应当会同同级有关部门根据土地等级评定标准，对土地等级进行评定。地方土地等级评定结果，经本级人民政府审核，报上一级人民政府土地行政主管部门批准后，应当向社会公布。

根据国民经济和社会发展状况，土地等级每6年调整1次。

## 第四章　耕地保护

第十六条　在土地利用总体规划确定的城市和村庄、集镇建设用地范围内，为实施城市规划和村庄、集镇规划占用耕地，以及在土地利用总体规划确定的城市建设用地范围外的能源、交通、水利、矿山、军事设施等建设项目占用耕地的，分别由市、县人民政府、农村集体经济组织和建设单位依照《土地管理法》第三十一条的规定负责开垦耕地；没有条件开垦或者开垦的耕地不符合要求的，应当按照省、自治区、直辖市的规定缴纳耕地开垦费。

第十七条　禁止单位和个人在土地利用总体规划确定的禁止开垦区内从事土地开发活动。

在土地利用总体规划确定的土地开垦区内，开发未确定土地使用权的国有荒山、荒地、荒滩从事种植业、林业、畜牧业、渔业生产的，应当向土地所在地的县级以上人民政府土地行政主管部门提出申请，报有批准权的人民政府批准。

一次性开发未确定土地使用权的国有荒山、荒地、荒滩600公顷以下的，按照省、自治区、直辖市规定的权限，由县级以上地方人民政府批准；开发600公顷以上的，报国务院批准。

开发未确定土地使用权的国有荒山、荒地、荒滩从事种植业、林业、畜牧业或者渔业生产的，经县级以上人民政府依法批准，可以确定给开发单位或者个人长期使用，使用期限最长不得超过50年。

第十八条　县、乡（镇）人民政府应当按照土地利用总体规划，组织农村集体经济组织制定土地整理方案，并组织实施。地方各级人民政府应当采取措施，按照土地利用总体规划推进土地整理。土地整理新增耕地面积的百分之六十可以用作折抵建设占用耕地的补偿指标。

土地整理所需费用，按照谁受益谁负担的原则，由农村集体经济组织和土地使用者共同承担。

## 第五章　建设用地

**第十九条**　建设占用土地，涉及农用地转为建设用地的，应当符合土地利用总体规划和土地利用年度计划中确定的农用地转用指标；城市和村庄、集镇建设占用土地，涉及农用地转用的，还应当符合城市规划和村庄、集镇规划。不符合规定的，不得批准农用地转为建设用地。

**第二十条**　在土地利用总体规划确定的城市建设用地范围内，为实施城市规划占用土地的，按照下列规定办理：

（一）市、县人民政府按照土地利用年度计划拟订农用地转用方案、补充耕地方案、征用土地方案，分批次逐级上报有批准权的人民政府。

（二）有批准权的人民政府土地行政主管部门对农用地转用方案、补充耕地方案、征用土地方案进行审查，提出审查意见，报有批准权的人民政府批准；其中，补充耕地方案由批准农用地转用方案的人民政府在批准农用地转用方案时一并批准。

（三）农用地转用方案、补充耕地方案、征用土地方案经批准后，由市、县人民政府组织实施，按具体建设项目分别供地。

在土地利用总体规划确定的村庄、集镇建设用地范围内，为实施村庄、集镇规划占用土地的，由市、县人民政府拟订农用地转用方案、补充耕地方案，依照前款规定的程序办理。

**第二十一条**　具体建设项目需要使用土地的，建设单位应当根据建设项目的总体设计一次申请，办理建设用地审批手续；分期建设的项目，可以根据可行性研究报告确定的方案分期申请建设用地，分期办理建设用地有关审批手续。

**第二十二条**　具体建设项目需要占用土地利用总体规划确定的城市建设用地范围内的国有建设用地的，按照下列规定办理：

（一）建设项目可行性研究论证时，由土地行政主管部门对建设项目用地有关事项进行审查，提出建设项目用地预审报告；可行性研究报告报批时，必须附具土地行政主管部门出具的建设项目用地预审报告。

（二）建设单位持建设项目的有关批准文件，向市、县人民政府土地行政主管部门提出建设用地申请，由市、县人民政府土地行政主管部门审查，拟订供地方案，报市、县人民政府批准；需要上级人民政府批准的，应当报上级人民政府批准。

（三）供地方案经批准后，由市、县人民政府向建设单位颁发建设用地批准书。有偿使用国有土地的，由市、县人民政府土地行政主管部门与土地使用者签订国有土地有偿使用合同；划拨使用国有土地的，由市、县人民政府土地行政主管部门向土地使用者核发国有土地划拨决定书。

（四）土地使用者应当依法申请土地登记。通过招标、拍卖方式提供国有建设用地使用权的，由市、县人民政府土地行政主管部门会同有关部门拟订方案，报市、县人民政府批准后，由市、县人民政府土地行政主管部门组织实施，并与土地使用者签订土地有偿使用合同。土地使用者应当依法申请土地登记。

第二十三条　具体建设项目需要使用土地的，必须依法申请使用土地利用总体规划确定的城市建设用地范围内的国有建设用地。能源、交通、水利、矿山、军事设施等建设项目确需使用土地利用总体规划确定的城市建设用地范围外的土地，涉及农用地的，按照下列规定办理：

（一）建设项目可行性研究论证时，由土地行政主管部门对建设项目用地有关事项进行审查，提出建设项目用地预审报告；可行性研究报告报批时，必须附具土地行政主管部门出具的建设项目用地预审报告。

（二）建设单位持建设项目的有关批准文件，向市、县人民政府土地行政主管部门提出建设用地申请，由市、县人民政府土地行政主管部门审查，拟订农用地转用方案、补充耕地方案、征用土地方案和供地方案（涉及国有农用地的，不拟订征用土地方案），经市、县人民政府审核同意后，逐级上报有批准权的人民政府批准；其中，补充耕地方案由批准农用地转用方案的人民政府在批准农用地转用方案时一并批准；供地方案由批准征用土地的人民政府在批准征用土地方案时一并批准（涉及国有农用地的，供地方案由批准农用地转用的人民政府在批准农用地转用方案时一并批准）。

（三）农用地转用方案、补充耕地方案、征用土地方案和供地方案经批准后，由市、县人民政府组织实施，向建设单位颁发建设用地批准书。有偿使用国有土地的，由市、县人民政府土地行政主管部门与土地使用者签订国有土地有偿使用合同；划拨使用国有土地的，由市、县人民政府土地行政主管部门向土地使用者核发国有土地划拨决定书。

（四）土地使用者应当依法申请土地登记。建设项目确需使用土地利用总体规划确定的城市建设用地范围外的土地，涉及农民集体所有的未利用地的，只报批征用土地方案和供地方案。

第二十四条　具体建设项目需要占用土地利用总体规划确定的国有未利用地的，按照省、自治区、直辖市的规定办理；但是，国家重点建设项目、军事设施和跨省、自治区、直辖市行政区域的建设项目以及国务院规定的其他建设项目用地，应当报国务院批准。

第二十五条　征用土地方案经依法批准后，由被征用土地所在地的市、县人民政府组织实施，并将批准征地机关、批准文号、征用土地的用途、范围、面积以及征地补偿标准、农业人员安置办法和办理征地补偿的期限等，在被征用土地所在地的乡（镇）、村予以公告。

被征用土地的所有权人、使用权人应当在公告规定的期限内，持土地权属证书到公告指定的人民政府土地行政主管部门办理征地补偿登记。

市、县人民政府土地行政主管部门根据经批准的征用土地方案，会同有关部门拟订征地补偿、安置方案，在被征用土地所在地的乡（镇）、村予以公告，听取被征用土地的农村集体经济组织和农民的意见。征地补偿、安置方案报市、县人民政府批准后，由市、县人民政府土地行政主管部门组织实施。对补偿标准有争议的，由县级以上地方人民政府协调；协调不成的，由批准征用土地的人民政府裁决。征地补偿、安置争议不影响征用土地方案的实施。

征用土地的各项费用应当自征地补偿、安置方案批准之日起3个月内全额支付。

第二十六条　土地补偿费归农村集体经济组织所有；地上附着物及青苗补偿费归地上附着物及青苗的所有者所有。

征用土地的安置补助费必须专款专用，不得挪作他用。需要安置的人员由农村集体经济组织安置的，安置补助费支付给农村集体经济组织，由农村集体经济组织管理和使用；由其他单位安置的，安置补助费支付给安置单位；不需要统一安置的，安置补助费发放给被安置人员个人或者征得被安置人员同意后用于支付被安置人员的保险费用。

市、县和乡（镇）人民政府应当加强对安置补助费使用情况的监督。

**第二十七条**　抢险救灾等急需使用土地的，可以先行使用土地。其中，属于临时用地的，灾后应当恢复原状并交还原土地使用者使用，不再办理用地审批手续；属于永久性建设用地的，建设单位应当在灾情结束后 6 个月内申请补办建设用地审批手续。

**第二十八条**　建设项目施工和地质勘查需要临时占用耕地的，土地使用者应当自临时用地期满之日起 1 年内恢复种植条件。

**第二十九条**　国有土地有偿使用的方式包括：

（一）国有土地使用权出让；

（二）国有土地租赁；

（三）国有土地使用权作价出资或者入股。

**第三十条**　《土地管理法》第五十五条规定的新增建设用地的土地有偿使用费，是指国家在新增建设用地中应取得的平均土地纯收益。

## 第六章　监督检查

**第三十一条**　土地管理监督检查人员应当经过培训，经考核合格后，方可从事土地管理监督检查工作。

**第三十二条**　土地行政主管部门履行监督检查职责，除采取《土地管理法》第六十七条规定的措施外，还可以采取下列措施：

（一）询问违法案件的当事人、嫌疑人和证人；

（二）进入被检查单位或者个人非法占用的土地现场进行拍照、摄像；

（三）责令当事人停止正在进行的土地违法行为；

（四）对涉嫌土地违法的单位或者个人，停止办理有关土地审批、登记手续；

（五）责令违法嫌疑人在调查期间不得变卖、转移与案件有关的财物。

**第三十三条**　依照《土地管理法》第七十二条规定给予行政处分的，由责令作出行政处罚决定或者直接给予行政处罚决定的上级人民政府土地行政主管部门作出。对于警告、记过、记大过的行政处分决定，上级土地行政主管部门可以直接作出；对于降级、撤职、开除的行政处分决定，上级土地行政主管部门应当按照国家有关人事管理权限和处理程序的规定，向有关机关提出行政处分建议，由有关机关依法处理。

## 第七章　法律责任

**第三十四条**　违反本条例第十七条的规定，在土地利用总体规划确定的禁止开垦区内进行开垦的，由县级以上人民政府土地行政主管部门责令限期改正；逾期不改正的，依照《土地管理法》第七十六条的规定处罚。

**第三十五条**　在临时使用的土地上修建永久性建筑物、构筑物的，由县级以上人民政府土地行政主管部门责令限期拆除；逾期不拆除的，由作出处罚决定的机关依法申请人民法院强制执行。

**第三十六条**　对在土地利用总体规划制定前已建的不符合土地利用总体规划确定的用途的建筑物、构筑物重建、扩建的，由县级以上人民政府土地行政主管部门责令限期拆除；逾期不拆除的，由作出处罚决定的机关依法申请人民法院强制执行。

**第三十七条**　阻碍土地行政主管部门的工作人员依法执行职务的，依法给予治安管理处罚或者追究刑事责任。

**第三十八条**　依照《土地管理法》第七十三条的规定处以罚款的，罚款额为非法所得的百分之五十以下。

**第三十九条**　依照《土地管理法》第八十一条的规定处以罚款的，罚款额为非法所得的百分之五以上百分之二十以下。

**第四十条**　依照《土地管理法》第七十四条的规定处以罚款的，罚款额为耕地开垦费的2倍以下。

**第四十一条**　依照《土地管理法》第七十五条的规定处以罚款的，罚款额为土地复垦费的2倍以下。

**第四十二条**　依照《土地管理法》第七十六条的规定处以罚款的，罚款额为非法占用土地每平方米30元以下。

**第四十三条**　依照《土地管理法》第八十条的规定处以罚款的，罚款额为非法占用土地每平方米10元以上30元以下。

**第四十四条**　违反本条例第二十八条的规定，逾期不恢复种植条件的，由县级以上人民政府土地行政主管部门责令限期改正，可以处耕地复垦费2倍以下的罚款。

**第四十五条**　违反土地管理法律、法规规定，阻挠国家建设征用土地的，由县级以上人民政府土地行政主管部门责令交出土地；拒不交出土地的，申请人民法院强制执行。

## 第八章　附　则

**第四十六条**　本条例自 1999 年 1 月 1 日起施行。1991 年
1 月 4 日国务院发布的《中华人民共和国土地管理法实施条例》
同时废止。

# 中华人民共和国行政许可法

## 第一章 总则

**第一条** 为了规范行政许可的设定和实施，保护公民、法人和其他组织的合法权益，维护公共利益和社会秩序，保障和监督行政机关有效实施行政管理，根据宪法，制定本法。

**第二条** 本法所称行政许可，是指行政机关根据公民、法人或者其他组织的申请，经依法审查，准予其从事特定活动的行为。

**第三条** 行政许可的设定和实施，适用本法。

有关行政机关对其他机关或者对其直接管理的事业单位的人事、财务、外事等事项的审批，不适用本法。

**第四条** 设定和实施行政许可，应当依照法定的权限、范围、条件和程序。

**第五条** 设定和实施行政许可，应当遵循公开、公平、公正的原则。

有关行政许可的规定应当公布；未经公布的，不得作为实施行政许可的依据。行政许可的实施和结果，除涉及国家秘密、商业秘密或者个人隐私的外，应当公开。

符合法定条件、标准的，申请人有依法取得行政许可的平等权利，行政机关不得歧视。

**第六条** 实施行政许可，应当遵循便民的原则，提高办事效率，提供优质服务。

**第七条** 公民、法人或者其他组织对行政机关实施行政许可，享有陈述权、申辩权；有权依法申请行政复议或者提起行政诉讼；其合法权益因行政机关违法实施行政许可受到损害的，有权依法要求赔偿。

**第八条** 公民、法人或者其他组织依法取得的行政许可受法律保护，行政机关不得擅自改变已经生效的行政许可。

行政许可所依据的法律、法规、规章修改或者废止，或者准予行政许可所依据的客观情况发生重大变化的，为了公共利益的需要，行政机关可以依法变更或者撤回已经生效的行政许可。由此给公民、法人或者其他组织造成财产损失的，行政机关应当依法给予补偿。

第九条　依法取得的行政许可，除法律、法规规定依照法定条件和程序可以转让的外，不得转让。

第十条　县级以上人民政府应当建立健全对行政机关实施行政许可的监督制度，加强对行政机关实施行政许可的监督检查。

行政机关应当对公民、法人或者其他组织从事行政许可事项的活动实施有效监督。

## 第二章　行政许可的设定

第十一条　设定行政许可，应当遵循经济和社会发展规律，有利于发挥公民、法人或者其他组织的积极性、主动性，维护公共利益和社会秩序，促进经济、社会和生态环境协调发展。

第十二条　下列事项可以设定行政许可：

（一）直接涉及国家安全、公共安全、经济宏观调控、生态环境保护以及直接关系人身健康、生命财产安全等特定活动，需要按照法定条件予以批准的事项；

（二）有限自然资源开发利用、公共资源配置以及直接关系公共利益的特定行业的市场准入等，需要赋予特定权利的事项；

（三）提供公众服务并且直接关系公共利益的职业、行业，需要确定具备特殊信誉、特殊条件或者特殊技能等资格、资质的事项；

（四）直接关系公共安全、人身健康、生命财产安全的重要设备、设施、产品、物品，需要按照技术标准、技术规范，通过检验、检测、检疫等方式进行审定的事项；

（五）企业或者其他组织的设立等，需要确定主体资格的事项；

（六）法律、行政法规规定可以设定行政许可的其他事项。

第十三条　本法第十二条所列事项，通过下列方式能够予以规范的，可以不设行政许可：

（一）公民、法人或者其他组织能够自主决定的；

（二）市场竞争机制能够有效调节的；

（三）行业组织或者中介机构能够自律管理的；

（四）行政机关采用事后监督等其他行政管理方式能够解决的。

第十四条　本法第十二条所列事项，法律可以设定行政许可。尚未制定法律的，行政法规可以设定行政许可。

必要时，国务院可以采用发布决定的方式设定行政许可。实施后，除临时性行政许可事项外，国务院应当及时提请全国人民代表大会及其常务委员会制定法律，或者自行制定行政法规。

**第十五条** 本法第十二条所列事项，尚未制定法律、行政法规的，地方性法规可以设定行政许可；尚未制定法律、行政法规和地方性法规的，因行政管理的需要，确需立即实施行政许可的，省、自治区、直辖市人民政府规章可以设定临时性的行政许可。临时性的行政许可实施满一年需要继续实施的，应当提请本级人民代表大会及其常务委员会制定地方性法规。

地方性法规和省、自治区、直辖市人民政府规章，不得设定应当由国家统一确定的公民、法人或者其他组织的资格、资质的行政许可；不得设定企业或者其他组织的设立登记及其前置性行政许可。其设定的行政许可，不得限制其他地区的个人或者企业到本地区从事生产经营和提供服务，不得限制其他地区的商品进入本地区市场。

**第十六条** 行政法规可以在法律设定的行政许可事项范围内，对实施该行政许可作出具体规定。

地方性法规可以在法律、行政法规设定的行政许可事项范围内，对实施该行政许可作出具体规定。

规章可以在上位法设定的行政许可事项范围内，对实施该行政许可作出具体规定。

法规、规章对实施上位法设定的行政许可作出的具体规定，不得增设行政许可；对行政许可条件作出的具体规定，不得增设违反上位法的其他条件。

**第十七条** 除本法第十四条、第十五条规定的外，其他规范性文件一律不得设定行政许可。

**第十八条** 设定行政许可，应当规定行政许可的实施机关、条件、程序、期限。

**第十九条** 起草法律草案、法规草案和省、自治区、直辖市人民政府规章草案，拟设定行政许可的，起草单位应当采取听证会、论证会等形式听取意见，并向制定机关说明设定该行政许可的必要性、对经济和社会可能产生的影响以及听取和采纳意见的情况。

**第二十条** 行政许可的设定机关应当定期对其设定的行政许可进行评价；对已设定的行政许可，认为通过本法第十三条所列方式能够解决的，应当对设定该行政许可的规定及时予以修改或者废止。

行政许可的实施机关可以对已设定的行政许可的实施情况及存在的必要性适时进行评价，并将意见报告该行政许可的设定机关。

公民、法人或者其他组织可以向行政许可的设定机关和实施机关就行政许可的设定和实施提出意见和建议。

第二十一条　省、自治区、直辖市人民政府对行政法规设定的有关经济事务的行政许可，根据本行政区域经济和社会发展情况，认为通过本法第十三条所列方式能够解决的，报国务院批准后，可以在本行政区域内停止实施该行政许可。

## 第三章　行政许可的实施机关

第二十二条　行政许可由具有行政许可权的行政机关在其法定职权范围内实施。

第二十三条　法律、法规授权的具有管理公共事务职能的组织，在法定授权范围内，以自己的名义实施行政许可。被授权的组织适用本法有关行政机关的规定。

第二十四条　行政机关在其法定职权范围内，依照法律、法规、规章的规定，可以委托其他行政机关实施行政许可。委托机关应当将受委托行政机关和受委托实施行政许可的内容予以公告。

委托行政机关对受委托行政机关实施行政许可的行为应当负责监督，并对该行为的后果承担法律责任。

受委托行政机关在委托范围内，以委托行政机关名义实施行政许可；不得再委托其他组织或者个人实施行政许可。

第二十五条　经国务院批准，省、自治区、直辖市人民政府根据精简、统一、效能的原则，可以决定一个行政机关行使有关行政机关的行政许可权。

第二十六条　行政许可需要行政机关内设的多个机构办理的，该行政机关应当确定一个机构统一受理行政许可申请，统一送达行政许可决定。

行政许可依法由地方人民政府两个以上部门分别实施的，本级人民政府可以确定一个部门受理行政许可申请并转告有关部门分别提出意见后统一办理，或者组织有关部门联合办理、集中办理。

第二十七条　行政机关实施行政许可，不得向申请人提出购买指定商品、接受有偿服务等不正当要求。

行政机关工作人员办理行政许可，不得索取或者收受申请人的财物，不得谋取其他利益。

第二十八条　对直接关系公共安全、人身健康、生命财产安全的设备、设施、产品、物品的检验、检测、检疫，除法律、行政法规规定由行政机关实施的外，应当逐步由符合法定条件的专业技术组织实施。专业技术组织及其有关人员对所实施的检验、检测、检疫结论承担法律责任。

## 第四章　行政许可的实施程序

### 第一节　申请与受理

**第二十九条**　公民、法人或者其他组织从事特定活动，依法需要取得行政许可的，应当向行政机关提出申请。申请书需要采用格式文本的，行政机关应当向申请人提供行政许可申请书格式文本。申请书格式文本中不得包含与申请行政许可事项没有直接关系的内容。

申请人可以委托代理人提出行政许可申请。但是，依法应当由申请人到行政机关办公场所提出行政许可申请的除外。

行政许可申请可以通过信函、电报、电传、传真、电子数据交换和电子邮件等方式提出。

**第三十条**　行政机关应当将法律、法规、规章规定的有关行政许可的事项、依据、条件、数量、程序、期限以及需要提交的全部材料的目录和申请书示范文本等在办公场所公示。

申请人要求行政机关对公示内容予以说明、解释的，行政机关应当说明、解释，提供准确、可靠的信息。

**第三十一条**　申请人申请行政许可，应当如实向行政机关提交有关材料和反映真实情况，并对其申请材料实质内容的真实性负责。行政机关不得要求申请人提交与其申请的行政许可事项无关的技术资料和其他材料。

**第三十二条**　行政机关对申请人提出的行政许可申请，应当根据下列情况分别作出处理：

（一）申请事项依法不需要取得行政许可的，应当即时告知申请人不受理；

（二）申请事项依法不属于本行政机关职权范围的，应当即时作出不予受理的决定，并告知申请人向有关行政机关申请；

（三）申请材料存在可以当场更正的错误的，应当允许申请人当场更正；

（四）申请材料不齐全或者不符合法定形式的，应当当场或者在五日内一次告知申请人需要补正的全部内容，逾期不告知的，自收到申请材料之日起即为受理；

（五）申请事项属于本行政机关职权范围，申请材料齐全、符合法定形式，或者申请人按照本行政机关的要求提交全部补正申请材料的，应当受理行政许可申请。

行政机关受理或者不予受理行政许可申请，应当出具加盖本行政机关专用印章和注明日期的书面凭证。

**第三十三条**　行政机关应当建立和完善有关制度，推行电子政务，在行政机关的网站上公布行政许可事项，方便申请人采取数据电文等方式提出行政许可申请；应当与其他行政机关共享有关行政许可信息，提高办事效率。

第二节　审查与决定

**第三十四条**　行政机关应当对申请人提交的申请材料进行审查。

申请人提交的申请材料齐全、符合法定形式，行政机关能够当场作出决定的，应当当场作出书面的行政许可决定。

根据法定条件和程序，需要对申请材料的实质内容进行核实的，行政机关应当指派两名以上工作人员进行核查。

**第三十五条**　依法应当先经下级行政机关审查后报上级行政机关决定的行政许可，下级行政机关应当在法定期限内将初步审查意见和全部申请材料直接报送上级行政机关。上级行政机关不得要求申请人重复提供申请材料。

**第三十六条**　行政机关对行政许可申请进行审查时，发现行政许可事项直接关系他人重大利益的，应当告知该利害关系人。申请人、利害关系人有权进行陈述和申辩。行政机关应当听取申请人、利害关系人的意见。

**第三十七条**　行政机关对行政许可申请进行审查后，除当场作出行政许可决定的外，应当在法定期限内按照规定程序作出行政许可决定。

**第三十八条**　申请人的申请符合法定条件、标准的，行政机关应当依法作出准予行政许可的书面决定。

行政机关依法作出不予行政许可的书面决定的，应当说明理由，并告知申请人享有依法申请行政复议或者提起行政诉讼的权利。

**第三十九条**　行政机关作出准予行政许可的决定，需要颁发行政许可证件的，应当向申请人颁发加盖本行政机关印章的下列行政许可证件：

（一）许可证、执照或者其他许可证书；

（二）资格证、资质证或者其他合格证书；

（三）行政机关的批准文件或者证明文件；

（四）法律、法规规定的其他行政许可证件。

行政机关实施检验、检测、检疫的，可以在检验、检测、检疫合格的设备、设施、产品、物品上加贴标签或者加盖检验、检测、检疫印章。

**第四十条** 行政机关作出的准予行政许可决定，应当予以公开，公众有权查阅。

**第四十一条** 法律、行政法规设定的行政许可，其适用范围没有地域限制的，申请人取得的行政许可在全国范围内有效。

### 第三节 期限

**第四十二条** 除可以当场作出行政许可决定的外，行政机关应当自受理行政许可申请之日起二十日内作出行政许可决定。二十日内不能作出决定的，经本行政机关负责人批准，可以延长十日，并应当将延长期限的理由告知申请人。但是，法律、法规另有规定的，依照其规定。

依照本法第二十六条的规定，行政许可采取统一办理或者联合办理、集中办理的，办理的时间不得超过四十五日；四十五日内不能办结的，经本级人民政府负责人批准，可以延长十五日，并应当将延长期限的理由告知申请人。

**第四十三条** 依法应当先经下级行政机关审查后报上级行政机关决定的行政许可，下级行政机关应当自其受理行政许可申请之日起二十日内审查完毕。但是，法律、法规另有规定的，依照其规定。

**第四十四条** 行政机关作出准予行政许可的决定，应当自作出决定之日起十日内向申请人颁发、送达行政许可证件，或者加贴标签、加盖检验、检测、检疫印章。

**第四十五条** 行政机关作出行政许可决定，依法需要听证、招标、拍卖、检验、检测、检疫、鉴定和专家评审的，所需时间不计算在本节规定的期限内。行政机关应当将所需时间书面告知申请人。

### 第四节 听证

**第四十六条** 法律、法规、规章规定实施行政许可应当听证的事项，或者行政机关认为需要听证的其他涉及公共利益的重大行政许可事项，行政机关应当向社会公告，并举行听证。

**第四十七条** 行政许可直接涉及申请人与他人之间重大利益关系的，行政机关在作出行政许可决定前，应当告知申请人、利害关系人享有要求听证的权利；申请人、利害关系人在被告知听证权利之日起五日内提出听证申请的，行政机关应当在二十日内组织听证。

　　申请人、利害关系人不承担行政机关组织听证的费用。

　　**第四十八条**　听证按照下列程序进行：

　　（一）行政机关应当于举行听证的七日前将举行听证的时间、地点通知申请人、利害关系人，必要时予以公告；

　　（二）听证应当公开举行；

　　（三）行政机关应当指定审查该行政许可申请的工作人员以外的人员为听证主持人，申请人、利害关系人认为主持人与该行政许可事项有直接利害关系的，有权申请回避；

　　（四）举行听证时，审查该行政许可申请的工作人员应当提供审查意见的证据、理由，申请人、利害关系人可以提出证据，并进行申辩和质证；

　　（五）听证应当制作笔录，听证笔录应当交听证参加人确认无误后签字或者盖章。

　　行政机关应当根据听证笔录，作出行政许可决定。

### 第五节　变更与延续

　　**第四十九条**　被许可人要求变更行政许可事项的，应当向作出行政许可决定的行政机关提出申请；符合法定条件、标准的，行政机关应当依法办理变更手续。

　　**第五十条**　被许可人需要延续依法取得的行政许可的有效期的，应当在该行政许可有效期届满三十日前向作出行政许可决定的行政机关提出申请。但是，法律、法规、规章另有规定的，依照其规定。

　　行政机关应当根据被许可人的申请，在该行政许可有效期届满前作出是否准予延续的决定；逾期未作决定的，视为准予延续。第六节特别规定

　　**第五十一条**　实施行政许可的程序，本节有规定的，适用本节规定；本节没有规定的，适用本章其他有关规定。

　　**第五十二条**　国务院实施行政许可的程序，适用有关法律、行政法规的规定。

　　**第五十三条**　实施本法第十二条第二项所列事项的行政许可的，行政机关应当通过招标、拍卖等公平竞争的方式作出决定。但是，法律、行政法规另有规定的，依照其规定。

　　行政机关通过招标、拍卖等方式作出行政许可决定的具体程序，依照有关法律、行政法规的规定。

　　行政机关按照招标、拍卖程序确定中标人、买受人后，应当作

出准予行政许可的决定，并依法向中标人、买受人颁发行政许可证件。

行政机关违反本条规定，不采用招标、拍卖方式，或者违反招标、拍卖程序，损害申请人合法权益的，申请人可以依法申请行政复议或者提起行政诉讼。

**第五十四条** 实施本法第十二条第三项所列事项的行政许可，赋予公民特定资格，依法应当举行国家考试的，行政机关根据考试成绩和其他法定条件作出行政许可决定；赋予法人或者其他组织特定的资格、资质的，行政机关根据申请人的专业人员构成、技术条件、经营业绩和管理水平等的考核结果作出行政许可决定。但是，法律、行政法规另有规定的，依照其规定。

公民特定资格的考试依法由行政机关或者行业组织实施，公开举行。行政机关或者行业组织应当事先公布资格考试的报名条件、报考办法、考试科目以及考试大纲。但是，不得组织强制性的资格考试的考前培训，不得指定教材或者其他助考材料。

**第五十五条** 实施本法第十二条第四项所列事项的行政许可的，应当按照技术标准、技术规范依法进行检验、检测、检疫，行政机关根据检验、检测、检疫的结果作出行政许可决定。

行政机关实施检验、检测、检疫，应当自受理申请之日起五日内指派两名以上工作人员按照技术标准、技术规范进行检验、检测、检疫。不需要对检验、检测、检疫结果作进一步技术分析即可认定设备、设施、产品、物品是否符合技术标准、技术规范的，行政机关应当当场作出行政许可决定。

行政机关根据检验、检测、检疫结果，作出不予行政许可决定的，应当书面说明不予行政许可所依据的技术标准、技术规范。

**第五十六条** 实施本法第十二条第五项所列事项的行政许可，申请人提交的申请材料齐全、符合法定形式的，行政机关应当当场予以登记。需要对申请材料的实质内容进行核实的，行政机关依照本法第三十四条第三款的规定办理。

**第五十七条** 有数量限制的行政许可，两个或者两个以上申请人的申请均符合法定条件、标准的，行政机关应当根据受理行政许可申请的先后顺序作出准予行政许可的决定。但是，法律、行政法规另有规定的，依照其规定。

## 第五章 行政许可的费用

**第五十八条** 行政机关实施行政许可和对行政许可事项进行监

督检查，不得收取任何费用。但是，法律、行政法规另有规定的，依照其规定。

行政机关提供行政许可申请书格式文本，不得收费。

行政机关实施行政许可所需经费应当列入本行政机关的预算，由本级财政予以保障，按照批准的预算予以核拨。

**第五十九条**　行政机关实施行政许可，依照法律、行政法规收取费用的，应当按照公布的法定项目和标准收费；所收取的费用必须全部上缴国库，任何机关或者个人不得以任何形式截留、挪用、私分或者变相私分。财政部门不得以任何形式向行政机关返还或者变相返还实施行政许可所收取的费用。

## 第六章　监督检查

**第六十条**　上级行政机关应当加强对下级行政机关实施行政许可的监督检查，及时纠正行政许可实施中的违法行为。

**第六十一条**　行政机关应当建立健全监督制度，通过核查反映被许可人从事行政许可事项活动情况的有关材料，履行监督责任。

行政机关依法对被许可人从事行政许可事项的活动进行监督检查时，应当将监督检查的情况和处理结果予以记录，由监督检查人员签字后归档。公众有权查阅行政机关监督检查记录。

行政机关应当创造条件，实现与被许可人、其他有关行政机关的计算机档案系统互联，核查被许可人从事行政许可事项活动情况。

**第六十二条**　行政机关可以对被许可人生产经营的产品依法进行抽样检查、检验、检测，对其生产经营场所依法进行实地检查。检查时，行政机关可以依法查阅或者要求被许可人报送有关材料；被许可人应当如实提供有关情况和材料。

行政机关根据法律、行政法规的规定，对直接关系公共安全、人身健康、生命财产安全的重要设备、设施进行定期检验。对检验合格的，行政机关应当发给相应的证明文件。

**第六十三条**　行政机关实施监督检查，不得妨碍被许可人正常的生产经营活动，不得索取或者收受被许可人的财物，不得谋取其他利益。

**第六十四条**　被许可人在作出行政许可决定的行政机关管辖区域外违法从事行政许可事项活动的，违法行为发生地的行政机关应当依法将被许可人的违法事实、处理结果抄告作出行政许可决定的行政机关。

第六十五条 个人和组织发现违法从事行政许可事项的活动，有权向行政机关举报，行政机关应当及时核实、处理。

第六十六条 被许可人未依法履行开发利用自然资源义务或者未依法履行利用公共资源义务的，行政机关应当责令限期改正；被许可人在规定期限内不改正的，行政机关应当依照有关法律、行政法规的规定予以处理。

第六十七条 取得直接关系公共利益的特定行业的市场准入行政许可的被许可人，应当按照国家规定的服务标准、资费标准和行政机关依法规定的条件，向用户提供安全、方便、稳定和价格合理的服务，并履行普遍服务的义务；未经作出行政许可决定的行政机关批准，不得擅自停业、歇业。

被许可人不履行前款规定的义务的，行政机关应当责令限期改正，或者依法采取有效措施督促其履行义务。

第六十八条 对直接关系公共安全、人身健康、生命财产安全的重要设备、设施，行政机关应当督促设计、建造、安装和使用单位建立相应的自检制度。

行政机关在监督检查时，发现直接关系公共安全、人身健康、生命财产安全的重要设备、设施存在安全隐患的，应当责令停止建造、安装和使用，并责令设计、建造、安装和使用单位立即改正。

第六十九条 有下列情形之一的，作出行政许可决定的行政机关或者其上级行政机关，根据利害关系人的请求或者依据职权，可以撤销行政许可：

（一）行政机关工作人员滥用职权、玩忽职守作出准予行政许可决定的；

（二）超越法定职权作出准予行政许可决定的；

（三）违反法定程序作出准予行政许可决定的；

（四）对不具备申请资格或者不符合法定条件的申请人准予行政许可的；

（五）依法可以撤销行政许可的其他情形。

被许可人以欺骗、贿赂等不正当手段取得行政许可的，应当予以撤销。

依照前两款的规定撤销行政许可，可能对公共利益造成重大损害的，不予撤销。

依照本条第一款的规定撤销行政许可，被许可人的合法权益受到损害的，行政机关应当依法给予赔偿。依照本条第二款的规定撤销行政许可的，被许可人基于行政许可取得的利益不受保护。

**第七十条** 有下列情形之一的，行政机关应当依法办理有关行政许可的注销手续：

（一）行政许可有效期届满未延续的；

（二）赋予公民特定资格的行政许可，该公民死亡或者丧失行为能力的；

（三）法人或者其他组织依法终止的；

（四）行政许可依法被撤销、撤回，或者行政许可证件依法被吊销的；

（五）因不可抗力导致行政许可事项无法实施的；

（六）法律、法规规定的应当注销行政许可的其他情形。

# 第七章 法律责任

**第七十一条** 违反本法第十七条规定设定的行政许可，有关机关应当责令设定该行政许可的机关改正，或者依法予以撤销。

**第七十二条** 行政机关及其工作人员违反本法的规定，有下列情形之一的，由其上级行政机关或者监察机关责令改正；情节严重的，对直接负责的主管人员和其他直接责任人员依法给予行政处分：

（一）对符合法定条件的行政许可申请不予受理的；

（二）不在办公场所公示依法应当公示的材料的；

（三）在受理、审查、决定行政许可过程中，未向申请人、利害关系人履行法定告知义务的；

（四）申请人提交的申请材料不齐全、不符合法定形式，不一次告知申请人必须补正的全部内容的；

（五）未依法说明不受理行政许可申请或者不予行政许可的理由的；

（六）依法应当举行听证而不举行听证的。

**第七十三条** 行政机关工作人员办理行政许可、实施监督检查，索取或者收受他人财物或者谋取其他利益，构成犯罪的，依法追究刑事责任；尚不构成犯罪的，依法给予行政处分。

**第七十四条** 行政机关实施行政许可，有下列情形之一的，由其上级行政机关或者监察机关责令改正，对直接负责的主管人员和其他直接责任人员依法给予行政处分；构成犯罪的，依法追究刑事责任：

（一）对不符合法定条件的申请人准予行政许可或者超越法定职

权作出准予行政许可决定的;

(二)对符合法定条件的申请人不予行政许可或者不在法定期限内作出准予行政许可决定的;

(三)依法应当根据招标、拍卖结果或者考试成绩择优作出准予行政许可决定,未经招标、拍卖或者考试,或者不根据招标、拍卖结果或者考试成绩择优作出准予行政许可决定的。

**第七十五条** 行政机关实施行政许可,擅自收费或者不按照法定项目和标准收费的,由其上级行政机关或者监察机关责令退还非法收取的费用;对直接负责的主管人员和其他直接责任人员依法给予行政处分。

截留、挪用、私分或者变相私分实施行政许可依法收取的费用的,予以追缴;对直接负责的主管人员和其他直接责任人员依法给予行政处分;构成犯罪的,依法追究刑事责任。

**第七十六条** 行政机关违法实施行政许可,给当事人的合法权益造成损害的,应当依照国家赔偿法的规定给予赔偿。

**第七十七条** 行政机关不依法履行监督职责或者监督不力,造成严重后果的,由其上级行政机关或者监察机关责令改正,对直接负责的主管人员和其他直接责任人员依法给予行政处分;构成犯罪的,依法追究刑事责任。

**第七十八条** 行政许可申请人隐瞒有关情况或者提供虚假材料申请行政许可的,行政机关不予受理或者不予行政许可,并给予警告;行政许可申请属于直接关系公共安全、人身健康、生命财产安全事项的,申请人在一年内不得再次申请该行政许可。

**第七十九条** 被许可人以欺骗、贿赂等不正当手段取得行政许可的,行政机关应当依法给予行政处罚;取得的行政许可属于直接关系公共安全、人身健康、生命财产安全事项的,申请人在三年内不得再次申请该行政许可;构成犯罪的,依法追究刑事责任。

**第八十条** 被许可人有下列行为之一的,行政机关应当依法给予行政处罚;构成犯罪的,依法追究刑事责任:

(一)涂改、倒卖、出租、出借行政许可证件,或者以其他形式非法转让行政许可的;

(二)超越行政许可范围进行活动的;

(三)向负责监督检查的行政机关隐瞒有关情况、提供虚假材料或者拒绝提供反映其活动情况的真实材料的;

(四)法律、法规、规章规定的其他违法行为。

　　**第八十一条**　公民、法人或者其他组织未经行政许可，擅自从事依法应当取得行政许可的活动的，行政机关应当依法采取措施予以制止，并依法给予行政处罚；构成犯罪的，依法追究刑事责任。

## 第八章　附则

　　**第八十二条**　本法规定的行政机关实施行政许可的期限以工作日计算，不含法定节假日。

　　**第八十三条**　本法自 2004 年 7 月 1 日起施行。

　　本法施行前有关行政许可的规定，制定机关应当依照本法规定予以清理；不符合本法规定的，自本法施行之日起停止执行。

# 中华人民共和国行政处罚法

## 第一章 总 则

**第一条** 为了规范行政处罚的设定和实施，保障和监督行政机关有效实施行政管理，维护公共利益和社会秩序，保护公民、法人或者其他组织的合法权益，根据宪法，制定本法。

**第二条** 行政处罚的设定和实施，适用本法。

**第三条** 公民、法人或者其他组织违反行政管理秩序的行为，应当给予行政处罚的，依照本法由法律、法规或者规章规定，并由行政机关依照本法规定的程序实施。

没有法定依据或者不遵守法定程序的，行政处罚无效。

**第四条** 行政处罚遵循公正、公开的原则。

设定和实施行政处罚必须以事实为依据，与违法行为的事实、性质、情节以及社会危害程度相当。

对违法行为给予行政处罚的规定必须公布；未经公布的，不得作为行政处罚的依据。

**第五条** 实施行政处罚，纠正违法行为，应当坚持处罚与教育相结合，教育公民、法人或者其他组织自觉守法。

**第六条** 公民、法人或者其他组织对行政机关所给予的行政处罚，享有陈述权、申辩权；对行政处罚不服的，有权依法申请行政复议或者提起行政诉讼。

公民、法人或者其他组织因行政机关违法给予行政处罚受到损害的，有权依法提出赔偿要求。

**第七条** 公民、法人或者其他组织因违法受到行政处罚，其违法行为对他人造成损害的，应当依法承担民事责任。

违法行为构成犯罪，应当依法追究刑事责任，不得以行政处罚代替刑事处罚。

## 第二章 行政处罚的种类和设定

**第八条** 行政处罚的种类：

（一）警告；

（二）罚款；

（三）没收违法所得、没收非法财物；

（四）责令停产停业；

（五）暂扣或者吊销许可证、暂扣或者吊销执照；

（六）行政拘留；

（七）法律、行政法规规定的其他行政处罚。

**第九条**　法律可以设定各种行政处罚。

限制人身自由的行政处罚，只能由法律设定。

**第十条**　行政法规可以设定除限制人身自由以外的行政处罚。

法律对违法行为已经作出行政处罚规定，行政法规需要作出具体规定的，必须在法律规定的给予行政处罚的行为、种类和幅度的范围内规定。

**第十一条**　地方性法规可以设定除限制人身自由、吊销企业营业执照以外的行政处罚。

法律、行政法规对违法行为已经作出行政处罚规定，地方性法规需要作出具体规定的，必须在法律、行政法规规定的给予行政处罚的行为、种类和幅度的范围内规定。

**第十二条**　国务院部、委员会制定的规章可以在法律、行政法规规定的给予行政处罚的行为、种类和幅度的范围内作出具体规定。

尚未制定法律、行政法规的，前款规定的国务院部、委员会制定的规章对违反行政管理秩序的行为，可以设定警告或者一定数量罚款的行政处罚。罚款的限额由国务院规定。

国务院可以授权具有行政处罚权的直属机构依照本条第一款、第二款的规定，规定行政处罚。

**第十三条**　省、自治区、直辖市人民政府和省、自治区人民政府所在地的市人民政府以及经国务院批准的较大的市人民政府制定的规章可以在法律、法规规定的给予行政处罚的行为、种类和幅度的范围内作出具体规定。

尚未制定法律、法规的，前款规定的人民政府制定的规章对违反行政管理秩序的行为，可以设定警告或者一定数量罚款的行政处罚。罚款的限额由省、自治区、直辖市人民代表大会常务委员会规定。

**第十四条**　除本法第九条、第十条、第十一条、第十二条以及第十三条的规定外，其他规范性文件不得设定行政处罚。

## 第三章　行政处罚的实施机关

**第十五条**　行政处罚由具有行政处罚权的行政机关在法定职权范围内实施。

**第十六条**　国务院或者经国务院授权的省、自治区、直辖市人民政府可以决定一个行政机关行使有关行政机关的行政处罚权，但限制人身自由的行政处罚权只能由公安机关行使。

**第十七条**　法律、法规授权的具有管理公共事务职能的组织可以在法定授权范围内实施行政处罚。

**第十八条**　行政机关依照法律、法规或者规章的规定，可以在其法定权限内委托符合本法第十九条规定条件的组织实施行政处罚。行政机关不得委托其他组织或者个人实施行政处罚。

委托行政机关对受委托的组织实施行政处罚的行为应当负责监督，并对该行为的后果承担法律责任。

受委托组织在委托范围内，以委托行政机关名义实施行政处罚；不得再委托其他任何组织或者个人实施行政处罚。

**第十九条**　受委托组织必须符合以下条件：

（一）依法成立的管理公共事务的事业组织；

（二）具有熟悉有关法律、法规、规章和业务的工作人员；

（三）对违法行为需要进行技术检查或者技术鉴定的，应当有条件组织进行相应的技术检查或者技术鉴定。

## 第四章　行政处罚的管辖和适用

**第二十条**　行政处罚由违法行为发生地的县级以上地方人民政府具有行政处罚权的行政机关管辖。法律、行政法规另有规定的除外。

**第二十一条**　对管辖发生争议的，报请共同的上一级行政机关指定管辖。

**第二十二条**　违法行为构成犯罪的，行政机关必须将案件移送司法机关，依法追究刑事责任。

**第二十三条**　行政机关实施行政处罚时，应当责令当事人改正或者期限改正违法行为。

**第二十四条**　对当事人的同一个违法行为，不得给予两次以上罚款的行政处罚。

**第二十五条**　不满十四周岁的人有违法行为的，不予行政处罚，责令监护人加以管教；已满十四周岁不满十八周岁的人有违法行为的，从轻或者减轻行政处罚。

**第二十六条**　精神病人在不能辨认或者不能控制自己行为时有违法行为的，不予行政处罚，但应当责令其监护人严加看管和治疗。间歇性精神病人在精神正常时有违法行为的，应当给予行政处罚。

**第二十七条**　当事人有下列情形之一的，应当依法从轻或者减轻行政处罚：

（一）主动消除或者减轻违法行为危害后果的；

（二）受他人胁迫有违法行为的；

（三）配合行政机关查处违法行为有立功表现的；

（四）其他依法从轻或者减轻行政处罚的。

违法行为轻微并及时纠正，没有造成危害后果的，不予行政处罚。

**第二十八条**　违法行为构成犯罪，人民法院判处拘役或者有期徒刑时，行政机关已经给予当事人行政拘留的，应当依法折抵相应刑期。

违法行为构成犯罪，人民法院判处罚金时，行政机关已经给予当事人罚款的，应当折抵相应罚金。

**第二十九条**　违法行为在二年内未被发现的，不再给予行政处罚。法律另有规定的除外。

前款规定的期限，从违法行为发生之日起计算；违法行为有连续或者继续状态的，从行为终了之日起计算。

## 第五章　行政处罚的决定

**第三十条**　公民、法人或者其他组织违反行政管理秩序的行为，依法应当给予行政处罚的，行政机关必须查明事实；违法事实不清的，不得给予行政处罚。

**第三十一条**　行政机关在作出行政处罚决定之前，应当告知当事人作出行政处罚决定的事实、理由及依据，并告知当事人依法享有的权利。

**第三十二条**　当事人有权进行陈述和申辩。行政机关必须充分听取当事人的意见，对当事人提出的事实、理由和证据，应当进行复核；当事人提出的事实、理由或者证据成立的，行政机关应当采纳。

行政机关不得因当事人申辩而加重处罚。

## 第一节 简易程序

**第三十三条** 违法事实确凿并有法定依据，对公民处以五十元以下、对法人或者其他组织处以一千元以下罚款或者警告的行政处罚的，可以当场作出行政处罚决定。当事人应当依照本法第四十六条、第四十七条、第四十八条的规定履行行政处罚决定。

**第三十四条** 执法人员当场作出行政处罚决定的，应当向当事人出示执法身份证件，填写预定格式、编有号码的行政处罚决定书。行政处罚决定书应当当场交付当事人。

前款规定的行政处罚决定书应当载明当事人的违法行为、行政处罚依据、罚款数额、时间、地点以及行政机关名称，并由执法人员签名或者盖章。

执法人员当场作出的行政处罚决定，必须报所属行政机关备案。

**第三十五条** 当事人对当场作出的行政处罚决定不服的，可以依法申请行政复议或者提起行政诉讼。

## 第二节 一般程序

**第三十六条** 除本法第三十三条规定的可以当场作出的行政处罚外，行政机关发现公民、法人或者其他组织有依法应当给予行政处罚的行为的，必须全面、客观、公正地调查，收集有关证据；必要时，依照法律、法规的规定，可以进行检查。

**第三十七条** 行政机关在调查或者进行检查时，执法人员不得少于两人，并应当向当事人或者有关人员出示证件。当事人或者有关人员应当如实回答询问，并协助调查或者检查，不得阻挠。询问或者检查应当制作笔录。

行政机关在收集证据时，可以采取抽样取证的方法；在证据可能灭失或者以后难以取得的情况下，经行政机关负责人批准，可以先行登记保存，并应当在七日内及时作出处理决定，在此期间，当事人或者有关人员不得销毁或者转移证据。

执法人员与当事人有直接利害关系的，应当回避。

**第三十八条** 调查终结，行政机关负责人应当对调查结果进行审查，根据不同情况，分别作出如下决定：

(一)确有应受行政处罚的违法行为的，根据情节轻重及具体情况，作出行政处罚决定；

(二)违法行为轻微，依法可以不予行政处罚的，不予行政处罚；

(三)违法事实不能成立的，不得给予行政处罚；

(四)违法行为已构成犯罪的，移送司法机关。

对情节复杂或者重大违法行为给予较重的行政处罚，行政机关的负责人应当集体讨论决定。

**第三十九条**　行政机关依照本法第三十八条的规定给予行政处罚，应当制作行政处罚决定书。行政处罚决定书应当载明下列事项：

（一）当事人的姓名或者名称、地址；

（二）违反法律、法规或者规章的事实和证据；

（三）行政处罚的种类和依据；

（四）行政处罚的履行方式和期限；

（五）不服行政处罚决定，申请行政复议或者提起行政诉讼的途径和期限；

（六）作出行政处罚决定的行政机关名称和作出决定的日期。

行政处罚决定书必须盖有作出行政处罚决定的行政机关的印章。

**第四十条**　行政处罚决定书应当在宣告后当场交付当事人；当事人不在场的，行政机关应当在七日内依照民事诉讼法的有关规定，将行政处罚决定书送达当事人。

**第四十一条**　行政机关及其执法人员在作出行政处罚决定之前，不依照本法第三十一条、第三十二条的规定向当事人告知给予行政处罚的事实、理由和依据，或者拒绝听取当事人的陈述、申辩，行政处罚决定不能成立；当事人放弃陈述或者申辩权利的除外。

### 第三节　听证程序

**第四十二条**　行政机关作出责令停产停业、吊销许可证或者执照、较大数额罚款等行政处罚决定之前，应当告知当事人有要求举行听证的权利；当事人要求听证的，行政机关应当组织听证。当事人不承担行政机关组织听证的费用。听证依照以下程序组织：

（一）当事人要求听证的，应当在行政机关告知后三日内提出；

（二）行政机关应当在听证的七日前，通知当事人举行听证的时间、地点；

（三）除涉及国家秘密、商业秘密或者个人隐私外，听证公开举行；

（四）听证由行政机关指定的非本案调查人员主持；当事人认为主持人与本案有直接利害关系的，有权申请回避；

（五）当事人可以亲自参加听证，也可以委托一至二人代理；

（六）举行听证时，调查人员提出当事人违法的事实、证据和行政处罚建议；当事人进行申辩和质证；

（七）听证应当制作笔录；笔录应当交当事人审核无误后签字或

者盖章。

当事人对限制人身自由的行政处罚有异议的，依照治安管理处罚条例有关规定执行。

**第四十三条** 听证结束后，行政机关依照本法第三十八条的规定，作出决定。

## 第六章 行政处罚的执行

**第四十四条** 行政处罚决定依法作出后，当事人应当在行政处罚决定的期限内，予以履行。

**第四十五条** 当事人对行政处罚决定不服申请行政复议或者提起行政诉讼的，行政处罚不停止执行，法律另有规定的除外。

**第四十六条** 作出罚款决定的行政机关应当与收缴罚款的机构分离。

除依照本法第四十七条、第四十八条的规定当场收缴的罚款外，作出行政处罚决定的行政机关及其执法人员不得自行收缴罚款。

当事人应当自收到行政处罚决定书之日起十五日内，到指定的银行缴纳罚款。银行应当收受罚款，并将罚款直接上缴国库。

**第四十七条** 依照本法第三十三条的规定当场作出行政处罚决定，有下列情形之一的，执法人员可以当场收缴罚款：

(一)依法给予二十元以下的罚款的；

(二)不当场收缴事后难以执行的。

**第四十八条** 在边远、水上、交通不便地区，行政机关及其执法人员依照本法第三十三条、第三十八条的规定作出罚款决定后，当事人向指定的银行缴纳罚款确有困难，经当事人提出，行政机关及其执法人员可以当场收缴罚款。

**第四十九条** 行政机关及其执法人员当场收缴罚款的，必须向当事人出具省、自治区、直辖市财政部门统一制发的罚款收据；不出具财政部门统一制发的罚款收据的，当事人有权拒绝缴纳罚款。

**第五十条** 执法人员当场收缴的罚款，应当自收缴罚款之日起二日内，交至行政机关；在水上当场收缴的罚款，应当自抵岸之日起二日内交至行政机关；行政机关应当在二日内将罚款缴付指定的银行。

**第五十一条** 当事人逾期不履行行政处罚决定的，作出行政处罚决定的行政机关可以采取下列措施：

(一)到期不缴纳罚款的，每日按罚款数额的百分之三加处罚款；

（二）根据法律规定，将查封、扣押的财物拍卖或者将冻结的存款划拨抵缴罚款；

（三）申请人民法院强制执行。

第五十二条　当事人确有经济困难，需要延期或者分期缴纳罚款的，经当事人申请和行政机关批准，可以暂缓或者分期缴纳。

第五十三条　除依法应当予以销毁的物品外，依法没收的非法财物必须按照国家规定公开拍卖或者按照国家有关规定处理。

罚款、没收违法所得或者没收非法财物拍卖的款项，必须全部上缴国库，任何行政机关或者个人不得以任何形式截留、私分或者变相私分；财政部门不得以任何形式向作出行政处罚决定的行政机关返还罚款、没收的违法所得或者返还没收非法财物的拍卖款项。

第五十四条　行政机关应当建立健全对行政处罚的监督制度。县级以上人民政府应当加强对行政处罚的监督检查。

公民、法人或者其他组织对行政机关作出的行政处罚，有权申诉或者检举；行政机关应当认真审查，发现行政处罚有错误的，应当主动改正。

## 第七章　法律责任

第五十五条　行政机关实施行政处罚，有下列情形之一的，由上级行政机关或者有关部门责令改正，可以对直接负责的主管人员和其他直接责任人员依法给予行政处分：

（一）没有法定的行政处罚依据的；

（二）擅自改变行政处罚种类、幅度的；

（三）违反法定的行政处罚程序的；

（四）违反本法第十八条关于委托处罚的规定的。

第五十六条　行政机关对当事人进行处罚不使用罚款、没收财物单据或者使用非法定部门制发的罚款、没收财物单据的，当事人有权拒绝处罚，并有权予以检举。上级行政机关或者有关部门对使用的非法单据予以收缴销毁，对直接负责的主管人员和其他直接责任人员依法给予行政处分。

第五十七条　行政机关违反本法第四十六条的规定自行收缴罚款的，财政部门违反本法第五十三条的规定向行政机关返还罚款或者拍卖款项的，由上级行政机关或者有关部门责令改正，对直接负责的主管人员和其他直接责任人员依法给予行政处分。

第五十八条　行政机关将罚款、没收的违法所得或者财物截留、私分或者变相私分的，由财政部门或者有关部门予以追缴，对直接负责的主管人员和其他直接责任人员依法给予行政处分；情节严重构成犯罪的，依法追究刑事责任。

执法人员利用职务上的便利，索取或者收受他人财物、收缴罚款据为己有，构成犯罪的，依法追究刑事责任；情节轻微不构成犯罪的，依法给予行政处分。

**第五十九条** 行政机关使用或者损毁扣押的财物，对当事人造成损失的，应当依法予以赔偿，对直接负责的主管人员和其他直接责任人员依法给予行政处分。

**第六十条** 行政机关违法实行检查措施或者执行措施，给公民人身或者财产造成损害、给法人或者其他组织造成损失的，应当依法予以赔偿，对直接负责的主管人员和其他直接责任人员依法给予行政处分；情节严重构成犯罪的，依法追究刑事责任。

**第六十一条** 行政机关为牟取本单位私利，对应当依法移交司法机关追究刑事责任的不移交，以行政处罚代替刑罚，由上级行政机关或者有关部门责令纠正；拒不纠正的，对直接负责的主管人员给予行政处分；徇私舞弊、包庇纵容违法行为的，比照刑法第一百八十八条的规定追究刑事责任。

**第六十二条** 执法人员玩忽职守，对应当予以制止和处罚的违法行为不予制止、处罚，致使公民、法人或者其他组织的合法权益、公共利益和社会秩序遭受损害的，对直接负责的主管人员和其他直接责任人员依法给予行政处分；情节严重构成犯罪的，依法追究刑事责任。

# 第八章　附　则

**第六十三条** 本法第四十六条罚款决定与罚款收缴分离的规定，由国务院制定具体实施办法。

**第六十四条** 本法自 1996 年 10 月 1 日起施行。

本法公布前制定的法规和规章关于行政处罚的规定与本法不符合的，应当自本法公布之日起，依照本法规定予以修订，在 1997 年 13 月 31 日前修订完毕。

附：刑法有关条文

**第一百八十八条** 司法工作人员徇私舞弊，对明知是无罪的人而使他受追诉、对明知是有罪的人而故意包庇不使他受追诉，或者故意颠倒黑白做枉法裁判的，处五年以下有期徒刑、拘役或者剥夺政治权利；情节特别严重的，处五年以上有期徒刑。

# 森林资源监督工作管理办法

《森林资源监督工作管理办法》(国家林业局令第23号)已经2007年8月30日国家林业局局务会议审议通过,现予公布,自2008年1月1日起施行。

**第一条** 为了加强森林资源保护管理,规范森林资源监督行为,根据《中华人民共和国森林法实施条例》和国家有关规定,制定本办法。

**第二条** 国家林业局依照有关规定向各地区、单位派驻森林资源监督专员办事处(以下简称森林资源监督专员办)。

**第三条** 本办法所称的森林资源监督是指森林资源监督专员办对驻在地区和单位的森林资源保护、利用和管理情况实施监督检查的行为。森林资源监督是林业行政执法的重要组成部分,是加强森林资源管理的重要措施。

**第四条** 森林资源监督专员办实施森林资源监督,适用本办法。

**第五条** 国家林业局设立森林资源监督管理办公室,负责森林资源监督专员办的协调管理和监督业务工作。国家林业局森林资源管理司归口管理森林资源监督管理办公室和森林资源监督专员办。

**第六条** 森林资源监督专员办应当按照国家林业局的有关规定,结合实际,建立和健全内部管理制度及岗位责任制度,并报国家林业局备案。

**第七条** 森林资源监督管理办公室应当加强对森林资源监督专员办的管理,严格考核工作实绩,组织开展业务培训,检查内部管理制度和岗位责任制度落实情况。

**第八条** 森林资源监督专员办负责实施国家林业局指定范围内的森林资源监督工作,对国家林业局负责。其主要职责是:

(一)监督驻在地区、单位的森林资源和林政管理;

(二)监督驻在地区、单位建立和执行保护、发展森林资源目标责任制,并负责审核有关执行情况的报告;

(三)承担国家林业局确定的和驻在省、自治区、直辖市人民政府或者驻在单位委托的有关森林资源监督的职责；

（四）按年度向国家林业局和驻在省、自治区、直辖市人民政府或者单位分别提交森林资源监督报告；

（五）承担国家林业局委托的行政审批、行政许可等其他工作。

第九条　森林资源监督专员办在履行职责时，可以依法采取下列措施：

（一）责令被监督检查单位停止违反林业法律、法规、政策的行为；

（二）要求被监督检查单位提供与监督检查事项有关的材料；

（三）要求被监督检查单位对监督检查事项涉及的问题做出书面说明；

（四）法律、法规规定可以采取的其他措施。

第十条　森林资源监督专员办对履行职责中发现的问题，应当及时向当地林业主管部门或者有关单位提出处理建议，并对处理建议的落实情况进行跟踪监督，结果报国家林业局。对省、自治区、直辖市人民政府林业主管部门管辖的、有重大影响的破坏森林资源行为，森林资源监督专员办应当向国家林业局或者驻在省、自治区、直辖市人民政府报告并提出处理意见。对破坏森林资源行为负有领导责任的人员，森林资源监督专员办应当向其所在单位或者上级机关、监察机关提出给予处分的建议。破坏森林资源行为涉嫌构成犯罪的，森林资源监督专员办应当督促有关单位将案件移送司法机关。

第十一条　县级以上地方人民政府林业主管部门或者有关单位对森林资源监督专员办提出的处理建议应当及时核实，依法查处，并将处理结果向森林资源监督专员办通报。县级以上地方人民政府林业主管部门或者有关单位对森林资源监督专员办提出的处理建议有异议的，应当向森林资源监督专员办提出书面意见。对森林资源监督专员办提出的处理建议，既不依法查处，又不提交书面陈述的，森林资源监督专员办应当向省、自治区、直辖市人民政府提出督办建议，同时报告国家林业局。

第十二条　森林资源监督专员办应当积极支持县级以上地方人民政府林业主管部门加强森林资源管理工作，建立和实行以下工作制度：

（一）向省、自治区、直辖市人民政府林业主管部门通报国家有关林业政策和重大林业工作事项；

（二）与驻在省、自治区、直辖市人民政府建立工作沟通机制，及时向其通报森林资源监督工作情况；

（三）与省、自治区、直辖市人民政府林业主管部门建立林业行政执法联合工作机制；

（四）根据需要，适时与省、自治区、直辖市人民政府林业主管部门召开联席会议。

**第十三条**　县级以上地方人民政府林业主管部门应当积极配合森林资源监督专员办履行职责：

（一）向森林资源监督专员办及时提供贯彻国家有关林业政策法规、加强森林资源和林政管理等方面的情况；

（二）积极听取森林资源监督专员办反映的问题和建议，研究、落实改进措施；

（三）在研究涉及森林资源和林政管理的重大问题时，应当征询森林资源监督专员办的意见。

**第十四条**　森林资源监督专员办的工作人员应当具备以下条件：

（一）遵守法律和职业道德；

（二）熟悉林业法律法规和林业方针政策；

（三）具备从事森林资源监督工作相适应的专业知识和业务能力；

（四）新录用人员具有大学本科以上学历；

（五）适应履行监督职责需要的其他条件。

**第十五条**　森林资源监督专员办工作人员开展森林资源监督工作，应当客观公正，实事求是，廉洁奉公，保守秘密。

**第十六条**　森林资源监督专员办的工作人员滥用职权、玩忽职守、徇私舞弊的，依法依纪给予处分；构成犯罪的，依法追究刑事责任。

**第十七条**　东北、内蒙古重点国有林区林业（森工）主管部门派驻森工企业局的森林资源监督机构，其主要负责人的任免应当事前征求国家林业局派驻本地区或者单位的森林资源监督专员办的意见；其森林资源监督业务工作接受国家林业局派驻本地区或者单位的森林资源监督专员办的指导。

**第十八条**　本办法自 2008 年 1 月 1 日起施行。

# 占用征用林地审核审批管理办法

根据国家林业局令(2001 年第 2 号)《占用征用林地审核审批管理办法》,于 2000 年 11 月 2 日国家林业局第 3 次局务会议审议通过,其主要内容如下:

**第一条** 为了规范占用征收征用林地的审核和审批,根据《中华人民共和国森林法》及其实施条例的规定,制定本办法。

**第二条** 本办法适用于下列情况:

(一)进行勘查、开采矿藏和各项建设工程(以下简称建设工程)需要占用或者征收征用林地的审核;

(二)建设工程需要临时占用林地的审批;

(三)森林经营单位在所经营的林地范围内修筑直接为林业生产服务的工程设施需要占用林地的审批。

**第三条** 用地单位需要占用征收征用林地或者需要临时占用林地的,应当向县级人民政府林业主管部门提出占用或者征收征用林地申请;需要占用或者临时占用国务院确定的国家所有的重点林区(以下简称重点林区)的林地,应当向国务院林业主管部门或者其委托的单位提出占用林地申请。

**第四条** 用地单位申请占用征收征用林地或者临时占用林地,应当填写《使用林地申请表》,同时提供下列材料:

(一)项目批准文件;

(二)被占用或者被征用林地的权属证明材料;

(三)有资质的设计单位作出的项目使用林地可行性报告;

(四)与被占用或者被征收征用林地的单位签订的林地、林木补偿费和安置补助费协议(临时占用林地安置补助费除外)。

森林经营单位申请在所经营的林地范围内修筑直接为林业生产服务的工程设施占用林地的,应当提供前款(一)、(二)项规定的材料。

**第五条** 建设工程占用或者征收征用林地的审核权限,按照森林法实施条例第十六条的规定执行。

**第六条** 建设工程需要临时占用林地的,必须遵守下列规定:

(一)临时占用防护林或者特种用途林林地面积 5 hm$^2$ 以上,其他林地面积 20 hm² 以上的，由国务院林业主管部门审批；

（二）临时占用防护林或者特种用途林林地面积 5 hm² 以下，其他林地面积 10 hm² 以上 20 hm² 以下的，由省、自治区、直辖市人民政府林业主管部门审批；

（三）临时占用除防护林和特种用途林以外的其他林地面积 2 hm² 以上 10 hm² 以下的，由设区的市和自治州人民政府林业主管部门审批；

（四）临时占用除防护林和特种用途林以外的其他林地面积 2 hm² 以下的，由县级人民政府林业主管部门审批。

**第七条** 森林经营单位在所经营的范围内修筑直接为林业生产服务的工程设施需要占用林地的，应当遵守下列规定：

（一）国有森林经营单位需要占用林地的，由省、自治区、直辖市人民政府林业主管部门批准，其中国务院确定的国家所有的重点林区内国有森林经营单位需要占用林地的，由国务院林业主管部门或其委托的单位批准；

（二）其他森林经营单位需要占用林地的，由县级人民政府林业主管部门批准。

**第八条** 国务院林业主管部门委托的单位和县级人民政府林业主管部门在受理用地单位提交的用地申请后，应派出有资质的人员（不少于 2 人），进行用地现场查验，并填写《使用林地现场查验表》。

**第九条** 国务院林业主管部门委托的单位和县级人民政府林业主管部门对建设项目类型、林地地类、面积、权属、树种、林种和补偿标准进行初步审查同意后，应当在 10 个工作日内制定植树造林、恢复森林植被的措施。

**第十条** 按照规定需要报上一级人民政府林业主管部门审核或者审批的征收征用或者占用林地申请，县级以上地方人民政府林业主管部门或者国务院林业主管部门委托的单位应当逐级在《使用林地申请表》上签署审查意见后，将全部材料报上一级人民政府林业主管部门审核或者审批。

**第十一条** 县级以上人民政府林业主管部门按照规定审核同意或者批准占用征收征用林地申请后，按照规定预收森林植被恢复费，并向用地单位发放《使用林地审核同意书》，同时将签署意见的《使用林地申请表》等材料退被占用、被征收征用林地所在地的林业主管部门或者国务院林业主管部门委托的单位存档。

第十二条 对用地单位需要临时占用林地的申请，或者对森林经营单位在所经营的林地范围内修筑直接为林业生产服务的工程设施需要占用林地的申请，县级以上人民政府林业主管部门按照规定予以批准的，应当用文件形式批准。

第十三条 国务院林业主管部门委托的单位和县级以上地方人民政府林业主管部门对用地单位提出的申请，应当在收到申请或上报材料后，在15个工作日内提出审核或者审批意见。

第十四条 县级以上人民政府林业主管部门对用地单位提出的申请，经审核不予同意或者不予批准的，应当在《使用林地申请表》中明确记载不同意的理由，并将申请材料退还申请用地单位。

第十五条 县级以上人民政府林业主管部门应当建立占用征收征用林地审核和审批管理档案。

第十六条 省、自治区和直辖市人民政府林业主管部门应当在每年的第一季度，将上年度全省（自治区、直辖市）占用征收征用林地和临时占用林地，以及修筑直接为林业生产服务的工程设施占用林地的情况报告国务院林业主管部门。

第十七条 农村居民按照规定标准修建自用住宅需要占用林地的，应当以行政村为单位编制规划，落实地块，按照年度向县级人民政府林业主管部门提出申请，经过县级人民政府林业主管部门依法审查，在逐级报省、自治区和直辖市人民政府林业主管部门审核同意后，由行政村依照有关土地管理的法律、法规办理用地审批手续。

第十八条 《使用林地申请表》和《使用林地现场查验表》由国务院林业主管部门统一式样，省、自治区和直辖市人民政府林业主管部门统一印制。《使用林地审核同意书》由国务院林业主管部门统一印制。

第十九条 本办法由国家林业局负责解释。

第二十条 本办法自发布之日起施行。

# 最高人民法院关于审理破坏林地资源刑事案件
# 具体应用法律若干问题的解释

2005 年 12 月 19 日，最高人民法院审判委员会第 1374 次会议审议通过《最高人民法院关于审理破坏林地资源刑事案件具体应用法律若干问题的解释》（法释〔2005〕15 号）。2005 年 12 月 26 日，最高人民法院发出公告公布了《解释》，并规定自 2005 年 12 月 30 日起施行。《解释》内容如下：

为依法惩治破坏林地资源犯罪活动，根据《中华人民共和国刑法》、《中华人民共和国刑法修正案（二）》及全国人民代表大会常务委员会《关于〈中华人民共和国刑法〉第二百二十八条、第三百四十二条、第四百一十条的解释》的有关规定，现就人民法院审理这类刑事案件具体应用法律的若干问题解释如下：

**第一条** 违法土地管理法规，非法占用林地，改变被占用林地用途，在非法占用的林地上实施建窑、建坟、建房、挖沙、采石、采矿、取土、种植农作物、堆放或排泄废弃物等行为或者进行其他非林业生产、建设，造成林地的原有植被或林业种植条件严重毁坏或者严重污染，并具有下列情形之一的，属于《中华人民共和国刑法修正案（二）》规定的"数量较大，造成林地大量毁坏"，应当以非法占用农用地罪判处五年以下有期徒刑或者拘役，并处或者单处罚金：

（一）非法占用并毁坏防护林地、特种用途林地数量分别或者合计达到五亩以上；

（二）非法占用并毁坏其他林地数量达十亩以上；

（三）非法占用并毁坏本条第（一）项、第（二）项规定的林地，数量分别达到相应规定的数量标准的百分之五十以上；

（四）非法占用并毁坏本条第（一）项、第（二）项规定的林地，其中一项数量达到相应规定的数量标准的百分之五十以上，且两项数量合计达到该项规定的数量标准。

**第二条** 国家机关工作人员徇私舞弊，违反土地管理法规，滥用职权，非法批准征用、占用林地，具有下列情形之一的，属于刑法第四百一十条规定的"情节严重"，应当以非法批准征用、占用土地罪判处三年以下有期徒刑或者拘役：

（一）非法批准征用、占用防护林地、特种用途林地数量分别或者合计达到十亩以上；

（二）非法批准征用、占用其他林地数量达到二十亩以上；

（三）非法批准征用、占用林地造成直接经济损失达到三十万元以上，或者造成本条第（一）项规定的林地数量分别或者合计达到五亩以上或者本条第（二）项规定的林地数量达到十亩以上毁坏。

第三条　实施本解释第二条规定的行为，具有下列情形之一的，属于刑法第四百一十条规定的"致使国家或者集体利益遭受特别重大损失"，应当以非法批准征用、占用土地罪判处三年以上七年以下有期徒刑：

（一）非法批准征用、占用防护林地、特种用途林地数量分别或者合计达到二十亩以上；

（二）非法批准征用、占用其他林地数量达到四十亩以上；

（三）非法批准征用、占用林地造成直接经济损失数额达到六十万元以上，或者造成本条第（一）项规定的林地数量分别或者合计达到十亩以上或者本条第（二）项规定的林地数量达到二十亩以上毁坏。

第四条　国家机关工作人员徇私舞弊，违反土地管理法规，非法低价出让国有林地使用权，具有下列情形之一的，属于刑法第四百一十条规定的"情节严重"，应当以非法低价出让国有土地使用权罪判处三年以下有期徒刑或者拘役：

（一）林地数量合计达到三十亩以上，并且出让价额低于国家规定的最低价额标准的百分之六十；

（二）造成国有资产流失价额达到三十万元以上的。

第五条　实施本解释第四条规定的行为，造成国有资产流失价额达到六十万元以上的，属于刑法第四百一十条规定的"致使国家和集体利益遭受特别重大损失"，应当以非法低价出让国有土地使用权罪判处三年以上七年以下有期徒刑。

第六条　单位实施破坏林地资源犯罪的，依照本解释规定的相关定罪量刑标准执行。

第七条　多次实施本解释规定的行为依法应当追诉且未经处理的，应当按照累积的数量、数额处罚。

# 最高人民法院关于审理破坏野生动物资源刑事案件
# 具体应用法律若干问题的解释

2000 年 11 月 17 日最高人民法院审判委员会第 1141 次会议通过《最高人民法院关于审理破坏野生动物资源刑事案件具体应用法律若干问题的解释》（法释〔2000〕37 号）。

为依法惩处破坏野生动物资源的犯罪活动，根据刑法的有关规定，现就审理这类案件具体应用法律的若干问题解释如下：

**第一条** 刑法第三百四十一条第一款规定的"珍贵、濒危野生动物"，包括列入国家重点保护野生动物名录的国家一、二级保护野生动物、列入《濒危野生动植物种国际贸易公约》附录一、附录二的野生动物以及驯养繁殖的上述物种。

**第二条** 刑法第三百四十一条第一款规定的"收购"，包括以营利、自用等为目的的购买行为；"运输"，包括采用携带、邮寄、利用他人、使用交通工具等方法进行运送的行为；"出售"，包括出卖和以营利为目的的加工利用行为。

**第三条** 非法猎捕、杀害、收购、运输、出售珍贵、濒危野生动物具有下列情形之一的，属于"情节严重"：

（一）达到本解释附表所列相应数量标准的；

（二）非法猎捕、杀害、收购、运输、出售不同种类的珍贵、濒危野生动物，其中两种以上分别达到附表所列"情节严重"数量标准一半以上的。

非法猎捕、杀害、收购、运输、出售珍贵、濒危野生动物具有下列情形之一的，属于"情节特别严重"：

（一）达到本解释附表所列相应数量标准的；

（二）非法猎捕、杀害、收购、运输、出售不同种类的珍贵、濒危野生动物，其中两种以上分别达到附表所列"情节特别严重"数量标准一半以上的。

**第四条** 非法猎捕、杀害、收购、运输、出售珍贵、濒危野生动物构成犯罪，具有下列情形之一的，可以认定为"情节严重"；非法猎捕、杀害、收购、运输、出售珍贵、濒危野生动物符合本解释

第三条第一款的规定，并具有下列情形之一的，可以认定为"情节特别严重"：

（一）犯罪集团的首要分子；

（二）严重影响对野生动物的科研、养殖等工作顺利进行的；

（三）以武装掩护方法实施犯罪的；

（四）使用特种车、军用车等交通工具实施犯罪的；

（五）造成其他重大损失的。

**第五条** 非法收购、运输、出售珍贵、濒危野生动物制品具有下列情形之一的，属于"情节严重"：

（一）价值在十万元以上的；

（二）非法获利五万元以上的；

（三）具有其他严重情节的。

非法收购、运输、出售珍贵、濒危野生动物制品具有下列情形之一的，属于"情节特别严重"：

（一）价值在二十万元以上的；

（二）非法获利十万元以上的；

（三）具有其他特别严重情节的。

**第六条** 违反狩猎法规，在禁猎区、禁猎期或者使用禁用的工具、方法狩猎，具有下列情形之一的，属于非法狩猎"情节严重"：

（一）非法狩猎野生动物二十只以上的；

（二）违反狩猎法规，在禁猎区或者禁猎期使用禁用的工具、方法狩猎的；

（三）具有其他严重情节的。

**第七条** 使用爆炸、投毒、设置电网等危险方法破坏野生动物资源，构成非法猎捕、杀害珍贵、濒危野生动物罪或者非法狩猎罪，同时构成刑法第一百一十四条或者第一百一十五条规定之罪的，依照处罚较重的规定定罪处罚。

**第八条** 实施刑法第三百四十一条规定的犯罪，又以暴力、威胁方法抗拒查处，构成其他犯罪的，依照数罪并罚的规定处罚。

**第九条** 伪造、变造、买卖国家机关颁发的野生动物允许进出口证明书、特许猎捕证、狩猎证、驯养繁殖许可证等公文、证件构成犯罪的，依照刑法第二百八十条第一款的规定以伪造、变造、买卖国家机关公文、证件罪定罪处罚。

实施上述行为构成犯罪，同时构成刑法第二百二十五条第二项规定的非法经营罪的，依照处罚较重的规定定罪处罚。

第十条　非法猎捕、杀害、收购、运输、出售《濒危野生动植物种国际贸易公约》附录一、附录二所列的非原产于我国的野生动物"情节严重"、"情节特别严重"的认定标准，参照本解释第三条、第四条以及附表所列与其同属的国家一、二级保护野生动物的认定标准执行；没有与其同属的国家一、二级保护野生动物的，参照与其同科的国家一、二级保护野生动物的认定标准执行。

第十一条　珍贵、濒危野生动物制品的价值，依照国家野生动物保护主管部门的规定核定；核定价值低于实际交易价格的，以实际交易价格认定。

第十二条　单位犯刑法第三百四十一条规定之罪，定罪量刑标准依照本解释的有关规定执行。

# 最高人民法院关于审理走私刑事案件
# 具体应用法律若干问题的解释

（节录）

为严惩走私犯罪活动，根据刑法分则第三章第二节的规定，现就审理走私刑事案件具体应用法律的若干问题解释如下：

**第四条** 刑法第一百五十一条第二款规定的"珍贵动物"，是指列入《国家重点保护野生动物名录》中的国家一、二级保护野生动物和列入《濒危野生动植物种国际贸易公约》附录一、附录二中的野生动物以及驯养繁殖的上述物种。

走私国家二级保护动物未达到本解释附表中（一）规定的数量标准或者走私珍贵动物制品价值十万元以下的，属于走私珍贵动物、珍贵动物制品罪"情节较轻"，处五年以下有期徒刑，并处罚金。

走私珍贵动物及其制品，具有下列情节之一的，处五年以上有期徒刑，并处罚金：

（一）走私国家一、二级保护动物达到本解释附表中（一）规定的数量标准的；

（二）走私珍贵动物制品价值十万元以上不满二十万元的；

（三）走私国家一、二级保护动物虽未达到本款规定的数量标准，但具有造成该珍贵动物死亡或者无法追回等恶劣情节的。

具有下列情形之一的，属于走私珍贵动物、珍贵动物制品罪"情节特别严重"，处无期徒刑或者死刑，并处没收财产：

（一）走私国家一、二级保护动物达到本解释附表中（二）规定的数量标准的；

（二）走私珍贵动物制品价值二十万元以上的；

（三）走私国家一、二级保护动物达到本解释附表中（一）规定的数量标准，并造成该珍贵动物死亡或者无法追回的；

（四）走私国家一、二级保护动物达到本解释附表中（一）规定的数量标准，并具有是犯罪集团的首要分子或者使用特种车进行走私等严重情节的。

　　走私《濒危动植物种国际贸易公约》附录一、附录二中的动物及其制品的，参照本解释附表中规定的同属或者同科动物的定罪量刑标准执行。

　　**第六条**　刑法第一百五十三条规定的"应缴税额"，是指进出口货物、物品应当缴纳的进出口关税和进口环节海关代征税的税额。

　　走私货物、物品所偷逃的应缴税额，应当以走私行为案发时所适用的税则、税率、汇率和海关审定的完税价格计算，并以海关出具的证明为准。

　　刑法第一百五十三条第三款规定的"对多次走私未经处理的"，是指对多次走私未经行政处罚处理的。

　　**第七条**　刑法第一百五十四条规定的"保税货物"，是指经海关批准，未办理纳税手续进境，在境内储存、加工、装配后应予复运出境的货物。保税货物包括通过加工贸易、补偿贸易等方式进口的货物，以及在保税仓库、保税工厂、保税区或者免税商店内等储存、加工、寄售的货物。

　　**第八条**　刑法第一百五十五条规定的"直接向走私人非法收购走私进口的其他货物、物品，数额较大的"，是指明知是走私行为人而向其非法收购走私进口的其他货物、物品，应缴税额为五万元以上的。

　　直接向走私人非法收购国家禁止进口物品的，或者在内海、领海运输、收购、贩卖国家禁止进出口物品的，应当按照走私物品的种类，分别适用刑法第一百五十一条、第一百五十二条、第三百四十七条的规定定罪处罚。

　　直接向走私人非法收购走私进口的国家非禁止进口货物、物品，数额较大的，或者在内海、领海运输、收购、贩卖国家限制进出口货物、物品，数额较大，没有合法证明的，应当适用刑法第一百五十三条的规定定罪处罚。

　　刑法第一百五十五条第二项规定的"内海"，包括内河的入海口水域。

# 森林采伐更新管理办法

(1987年8月25日国务院批准　1987年9月10日林业部发布 根据2011年1月8日《国务院关于废止和修改部分行政法规的决定》修订)

## 第一章　总则

**第一条**　为合理采伐森林，及时更新采伐迹地，恢复和扩大森林资源，根据《中华人民共和国森林法》(以下简称森林法)及有关规定，制定本办法。

**第二条**　森林采伐更新要贯彻"以营林为基础，普遍护林，大力造林，采育结合，永续利用"的林业建设方针，执行森林经营方案，实行限额采伐，发挥森林的生态效益、经济效益和社会效益。

**第三条**　全民、集体所有的森林、林木和个人所有的林木采伐更新，必须遵守本办法。

## 第二章　森林采伐

**第四条**　森林采伐，包括主伐、抚育采伐、更新采伐和低产林改造。

**第五条**　采伐林木按照森林法实施条例第三十条规定，申请林木采伐许可证时，除提交其他必备的文件外，国营企业事业单位和部队还应当提交有关主管部门核定的年度木材生产计划；农村集体、个人还应当提交基层林业站核定的年度采伐指标。上年度进行采伐的，应当提交上年度的更新验收合格证。

**第六条**　林木采伐许可证的核发，按森林法及其实施条例的有关规定办理。授权核发林木采伐许可证，应当有书面文件。被授权核发林木采伐许可证的单位，应当配备熟悉业务的人员，并受授权单位监督。

国营林业局、国营林场根据林木采伐许可证、伐区设计文件和年度木材生产计划，向其基层经营单位拨交伐区，发给国有林林木采伐作业证。作业证格式由省、自治区、直辖市林业主管部门制定。

**第七条**　对用材林的成熟林和过熟林实行主伐。主要树种的主伐年龄，按《用材林主要树种主伐年龄表》的规定执行。定向培育的森林以及表内未列入树种的主伐年龄，由省、自治区、直辖市林业主管部门规定。

**第八条**　用材林的主伐方式为择伐、皆伐和渐伐。

中幼龄树木多的复层异龄林，应当实行择伐。择伐强度不得大于伐前林木蓄积量的 40%，伐后林分郁闭度应当保留在 0.5 以上。伐后容易引起林木风倒、自然枯死的林分，择伐强度应当适当降低。两次择伐的间隔期不得少于一个龄级期。

成过熟单层林、中幼龄树木少的异龄林，应当实行皆伐。皆伐面积一次不得超过 5 公顷，坡度平缓、土壤肥沃、容易更新的林分，可以扩大到 20 公顷。在采伐带、采伐块之间，应当保留相当于皆伐面积的林带、林块。对保留的林带、林块，待采伐迹地上更新的幼树生长稳定后方可采伐。皆伐后依靠天然更新的，每公顷应当保留适当数量的单株或者群状母树。

天然更新能力强的成过熟单层林，应当实行渐伐。全部采伐更新过程不得超过一个龄级期。上层林木郁闭度较小，林内幼苗、幼树株数已经达到更新标准的，可进行二次渐伐，第一次采伐林木蓄积量的 50%；上层林木郁闭度较大，林内幼苗、幼树株数达不到更新标准的，可进行三次渐伐，第一次采伐林木蓄积量的 30%，第二次采伐保留林木蓄积的 50%，第三次采伐应当在林内更新起来的幼树接近或者达到郁闭状态时进行。

毛竹林采伐后每公顷应当保留的健壮母竹，不得少于 2000 株。

**第九条**　对下列森林只准进行抚育和更新采伐：

（一）大型水库、湖泊周围山脊以内和平地 150m 以内的森林，干渠的护岸林。

（二）大江、大河两岸 150m 以内，以及大江、大河主要支流两岸 50m 以内的森林；在此范围内有山脊的，以第一层山脊为界。

（三）铁路两侧各 100m、公路干线两侧各 50m 以内的森林；在此范围内有山脊的，以第一层山脊为界。

（四）高山森林分布上限下 150m 至 200m 以内的森林。

（五）生长在坡陡和岩石裸露地方的森林。

**第十条**　防护林和特种用途林中的国防林、母树林、环境保护林、风景林的更新采伐技术规程，由林业部会同有关部门制定。

薪炭林、经济林的采伐技术规程，由省、自治区、直辖市林业主管部门制定。

**第十一条**　幼龄林、中龄林的抚育采伐，包括透光抚育、生长抚育、综合抚育；低产林的改造，包括局部改造和全面改造，其具体办法按照林业部发布的有关技术规程执行。

**第十二条**　国营林业局和国营、集体林场的采伐作业，应当遵守下列规定：

（一）按林木采伐许可证和伐区设计进行采伐，不得越界采伐或者遗弃应当采伐的林木。

（二）择伐和渐伐作业实行采伐木挂号，先伐除病腐木、风折木、枯立木以及影响目的树种生长和无生长前途的树木，保留生长健壮、经济价值高的树木。

（三）控制树倒方向，固定集材道，保护幼苗、幼树、母树和其他保留树木。依靠天然更新的，伐后林地上幼苗、幼树株数保存率应当达到60%以上。

（四）采伐的木材长度2 m以上，小头直径不小于8 cm的，全部运出利用；伐根高度不得超过10 cm。

（五）伐区内的采伐剩余物和藤条、灌木，在不影响森林更新的原则下，采取保留、利用、火烧、堆集或者截短散铺方法清理。

（六）对容易引起水土冲刷的集材主道，应当采取防护措施。

其他单位和个人的采伐作业，参照上述规定执行。

**第十三条**　森林采伐后，核发林木采伐许可证的部门应当对采伐作业质量组织检查验收，签发采伐作业质量验收证明。验收证明格式由省、自治区、直辖市林业主管部门制定。

## 第三章　森林更新

**第十四条**　采伐林木的单位和个人，应当按照优先发展人工更新，人工更新、人工促进天然更新、天然更新相结合的原则，在采伐后的当年或者次年内必须完成更新造林任务。

**第十五条**　更新质量必须达到以下标准：

（一）人工更新，当年成活率应当不低于85%，3年后保存率应当不低于80%。

（二）人工促进天然更新，补植、补播后的成活率和保存率达到人工更新的标准；天然下种前整地的，达到本条第三项规定的天然更新标准。

（三）天然更新，每公顷皆伐迹地应当保留健壮目的树种幼树不少于3000株或者幼苗不少于6000株，更新均匀度应当不低于60%。

择伐、渐伐迹地的更新质量，达到本办法第八条第二款、第四款规定的标准。

第十六条　未更新的旧采伐迹地、火烧迹地、林中空地、水湿地等宜林荒山荒地，应当由森林经营单位制定规划，限期完成更新造林。

第十七条　人工更新和造林应当执行林业部发布的有关造林规程，做到适地适树、细致整地、良种壮苗、密度合理、精心栽植、适时抚育。在立地条件好的地方，应当培育速生丰产林。

第十八条　森林更新后，核发林木采伐许可证的部门应当组织更新单位对更新面积和质量进行检查验收，核发更新验收合格证。

# 第四章　罚则

第十九条　有下列行为之一的，依照森林法第三十九条和森林法实施条例的有关规定处罚：

（一）国营企业事业单位和集体所有制单位未取得林木采伐许可证，擅自采伐林木的，或者年木材产量超过采伐许可证规定数量5%的；

（二）国营企业事业单位不按批准的采伐设计文件进行采伐作业的面积占批准的作业面积5%以上的；

集体所有制单位按照林木采伐许可证的规定进行采伐时，不符合采伐质量要求的作业面积占批准的作业面积5%以上的；

（三）个人未取得林木采伐许可证，擅自采伐林木的，或者违反林木采伐许可证规定的采伐数量、地点、方式、树种，采伐的林木超过半立方米的。

第二十条　盗伐、滥伐林木数量较大，不便计算补种株数的，可按盗伐、滥伐木材数量折算面积，并根据森林法第三十九条规定的处罚原则，责令限期营造相应面积的新林。

第二十一条　无证采伐或者超过林木采伐许可证规定数量的木材，应当从下年度木材生产计划或者采伐指标中扣除。

第二十二条　国营企业事业单位和集体所有制单位有下列行为之一，自检查之日起1个月内未纠正的，发放林木采伐许可证的部门有权收缴林木采伐许可证，中止其采伐，直到纠正为止：

（一）未按规定清理伐区的；

（二）在采伐迹地上遗弃木材，每公顷超过半立方米的；

（三）对容易引起水土冲刷的集材主道，未采取防护措施的。

**第二十三条** 采伐林木的单位和个人违反本办法第十四条、第十五条规定的,依照森林法第四十五条和森林法实施条例的有关规定处理。

**第二十四条** 采伐林木的单位违反本办法有关规定的,对其主要负责人和直接责任人员,由所在单位或者上级主管机关给予行政处分。

**第二十五条** 对国营企业事业单位所处罚款,从其自有资金或预算包干结余经费中开支。

## 第五章 附 则

**第二十六条** 本办法由林业部负责解释。

**第二十七条** 本办法自发布之日起施行。